黄金时代

哥伦比亚大学教师学院史

A History of Teachers College
Columbia University

U0331162

[美] 劳伦斯·A. 克雷明（Lawrence A. Cremin）　　[美] 戴维·A. 香农（David A. Shannon）

[美] 玛丽·伊芙琳·汤森（Mary Evelyn Townsend）　著　　何珊云　杨依林　译

华东师范大学出版社

·上海·

图书在版编目（CIP）数据

黄金时代：哥伦比亚大学教师学院史/（美）劳伦斯·A.克雷明,（美）戴维·A.香农,（美）玛丽·伊芙琳·汤森著;何珊云,杨依林译. —上海：华东师范大学出版社,2020

ISBN 978-7-5760-0988-0

Ⅰ.①黄… Ⅱ.①劳… ②戴… ③玛… ④何… ⑤杨… Ⅲ.①哥伦比亚大学教师学院—校史 Ⅳ.①G649.712.8

中国版本图书馆 CIP 数据核字（2020）第 230544 号

History of Teachers College，Columbia University
by Lawrence A. Cremin，David A. Shannon，Mary Evelyn Townsend
Copyright © 1954 by Lawrence A. Cremin, David A. Shannon, and Mary Evelyn Townsend.
Simplified Chinese translation copyright © East China Normal University Press Ltd，2020.

上海市版权局著作权合同登记 图字：09-2019-847 号

黄金时代：哥伦比亚大学教师学院史

著　　者　[美]劳伦斯·A.克雷明 [美]戴维·A.香农 [美]玛丽·伊芙琳·汤森
译　　者　何珊云　杨依林
策划编辑　王冰如
责任编辑　孙　娟
责任校对　李琳琳　时东明
装帧设计　卢晓红

出版发行　华东师范大学出版社
社　　址　上海市中山北路 3663 号　邮编 200062
网　　址　www.ecnupress.com.cn
电　　话　021-60821666　行政传真 021-62572105
客服电话　021-62865537　门市(邮购)电话 021-62869887
地　　址　上海市中山北路 3663 号华东师范大学校内先锋路口
网　　店　http://hdsdcbs.tmall.com/

印 刷 者　上海昌鑫龙印务有限公司
开　　本　787×1092　16 开
印　　张　16.75
字　　数　263 千字
版　　次　2021 年 3 月第 1 版
印　　次　2021 年 3 月第 1 次
书　　号　ISBN 978-7-5760-0988-0
定　　价　56.00 元

出 版 人　王　焰

（如发现本版图书有印订质量问题,请寄回本社客服中心调换或电话 021-62865537 联系）

120 街教师学院外景（一）

贺拉斯曼楼外侧

教师学院办公室走廊

教师学院历史上著名的罗素院长

教师学院一楼休息室，这里也时常举行
午餐会、讨论会等小型活动

120 街教师学院外景(二)

*I believe that education is the fundamental
method of social progress and reform.*

John Dewey, 1897

教师学院入门大厅墙上杜威语录

序 言

托马斯·S.波普科维兹（Thomas S. Popkewitz）[①]

通常来说，一所学院或大学的历史是为了创造当下的记忆，其重要性很少会超越大学的本土情境。对于七十年前（20世纪50年代）写成的书而言，情况更是如此。但是，哥伦比亚大学教师学院的历史为理解大学在19世纪末至20世纪中叶时期，在美国以及世界范围内普及教育的种种努力与斗争提供了重要的档案文件。塑造教师学院的不同历史路线在组织实践和知识生产处交汇，镶嵌在学校中的组织、教学和文化模式的理性化之中。因此，我的这一篇序言将把本书历史性地视为现代学校文化和社会形态的产物——历史化其历史（historicizing its history），而不是复制或综述作者的描述及其细节。

序言一开始将从我的自传开始，随后将转到教师学院特殊的社会想象。我接受了这种想象，并在书中呈现的大学历史的一般制度史中探索了它的表达方式。一个自治机构的历史往往受制于其内部发展以及与其周围环境的相互作用。书中的教师学院发展似乎没有中心，没有提及国家、立法或任何看似文化或社会的运作方式。这种看似缺乏中心的历史叙述框架将被作为美国治理的特殊性来进行探讨。在美国，普通学校的建立将集体归属和作为主体性"家园"的国家联系起来。我认为，这种共通性是通过教育科学中

---

① 托马斯·S.波普科维兹（Thomas S. Popkewitz）教授是美国威斯康星大学麦迪逊分校（University of Wisconsin-Madison）教育学院课程系前主任，美国知名的课程理论专家。他的研究关注知识研究、课程理论的理性体系，包括亚洲、欧洲、拉丁美洲、南部非洲和美国国家教育改革的现状、民族志和比较研究的历史。他的作品已被翻译成十二种语言，他被六所世界知名大学授予荣誉博士学位，并当选为俄罗斯教育学院的高级国际院士。波普科维兹教授还被授予美国教育研究协会课程研究领域终身成就奖。作为美国哥伦比亚大学教师学院校友，他在2005年被教师学院授予杰出成就校友奖。

的知识生产而得以实现的,而教师学院和高等教育的历史有助于阐明这一共通性。文章的最后一部分将着重论述同样也是本书叙述涉及的二战后美国的特殊文化形态。

（1）自传

我与哥伦比亚大学教师学院的第一次接触很偶然,并在后来与我的学术工作联系在一起。我在纽约市资助的公立教育机构亨特学院（Hunter College）中完成大学学业,并在曼哈顿上城任教。随后,我决定攻读硕士学位。当我父母得知我的决定时,他们与我当教师的叔叔和婶婶讨论了一下,我的叔叔曾在教师学院学习。我叔叔和婶婶都认为,如果我去教师学院,会对我的未来颇有助益,但当时我还不明白这一点。教师学院就在曼哈顿岛上我所任教小学的附近,且是私立的哥伦比亚大学的一部分。教育社会学家皮埃尔·布迪厄（Pierre Bourdieu）曾撰写有关文化资本的概念,我的叔叔和婶婶就是将这一社会学概念应用在我的职业生涯中。后来,我发现我在伊利诺伊州立大学做教育学教授的表哥,也是在教师学院获得博士学位的。于是,我申请了教师学院,并在那里获得了教学法（teaching and instruction）的硕士学位。

我以自传的方式介绍我与教师学院机缘巧合的关系,并将影响现代学校形成和变化的复杂条件的知识联系在一起。通过20世纪初到20世纪50年代期间专业教育、心理研究、教育和教学科学、课程开发模式以及课程发展等领域的培养方案,教师学院不断占据美国学校历史中的制度空间。

（2）一个适应性机构与现代化学校的故事

教师学院的历史叙事表面上描述了致力于实现民主理想的人士、培养方案和组织机构的发展。叙事描写了一个成熟的组织,从一个工业化的教师培训机构不断演变,并在1887年成为一个高等教育机构。整个故事围绕一个适应性组织,致力于通过研究寻找解决教育问题的方法,为学校课程方案与改革开发实用知识,并创建研究课程来应对日益复杂的教育,例如特殊教育、早期儿童教育和教育管理。学院组织机构的发展离不开全美教育史上那些重要领导者,例如在课程研究、教育哲学、教育社会学、教育心理学以及教师专业教育领域中的重要贡献者。本书的第一作者劳伦斯·A.克雷明（Lawrence A. Cremin）在撰写本书时,刚刚开始他的学术生涯,他随后成为20世纪初美国进步教育史研究的重要学者,并担任了教师学院的院长。

学院培养方案的故事中还嵌入了国际化的沟通与交流,甚至讨论了当代学术界流行的全球化。从教师学院建立初期开始,国际化就涉及学院生活的各个层面。教师学院早期的许多教授都在欧洲(尤其是德国)获得博士学位,这在 19 世纪晚期的美国很典型。教授之间关于美国学校形成的许多争论都借鉴了裴斯泰洛齐(Pestalozzi)、福禄贝尔(Froebel)、赫尔巴特(Herbart)、斯宾塞(Spencer)等欧洲学者的思想,以抨击当时借鉴了德国教育传统与赫尔巴特主义中文化时代(cultural epoch)和兴趣(interest)概念的主流美国教育理论。从 19 世纪末早期开始,教师学院就招收了大量国际学生,这在当时的美国高等教育中独树一帜。这些国际留学生中的许多后来成为世界各地的教育领导者。几年前,我在南京师范大学就曾举行了陶行知杰出教授讲座。这一荣誉教职的命名就是为了纪念曾在教师学院追随约翰·杜威(John Dewey)学习的教育家和改革者陶行知。早在 1923 年,教师学院就建立了一个国际教育研究所。学院教员在战后时代对国际和比较教育学科的建立与发展发挥了重要的作用,这一领域强调学校教育研究中人文和心理测量的传统。

(3) 无中心的治理历史①

从表面上看,教师学院的历史是一家服务社会的自治机构的历史。该学院的建立得益于纽约社会和经济精英中的慈善捐助者及其与哥伦比亚大学的隶属关系,它服务于美国学校的发展。学院的历史和美国学校的发展都发生在没有中央集权的"无舵"治理系统中。实际上,直到这本书完成之后,直到 20 世纪 60 年代美国都没有教育部。作为国家机构,美国教育部甚至在它可以做出规定的教育政策和学校课程领域,也受到限制,尤其是在高等教育方面。教育的法律结构使得人们在学术写作中忽略了这一中心。在这种法律结构中,教育被视为各个州的特权,地方社区选举自己的教育委员会来决定学校经费、教育标准和专业资格。

从学院形成的广泛背景来看,这一段由扮演着教师学院"英雄"的不同社会因素构成的历史看起来似乎有些奇怪,居然没有提到国家。在大多数国家中,学校教育和教师教育的责任是国家对于集体福祉的守护。与大多数国家相比,这一历史中缺乏中央

---

① 接下来的一些论述在我 2008 年和 2020 年的书中有所提及。

机构和集中程序。

　　但是，如果我们超越大学历史讲述的特定方式，那么教师学院的历史中也包括建立起一个全国性的教育体系。该体系并不是通过正式组织及其法律治理而建立的，而是通过辨别、区分和分类学校教育产生的重要言论、思想、行动和感受而建立，进而进行治理。这是知识形式的产生，用于对美国学校连贯性和可理解性的（不）可能的边界进行排序和分类。因为没有中央教育部，通过知识体系的书写实现治理权力是显而易见的，对于"什么是学校"在全国范围内都具有共同和一致的答案。① 加利福尼亚州和弗吉尼亚州的学校虽然相距 3218 公里，但对于"学校"的定义却几乎一样。重要的是，如果您走进全美学校的教学楼并与老师交谈，就会发现对于儿童学习、课堂管理和课程模式的区别和分类是相似的，并且形成了从组织社会学以及心理学中提取有关童年和学习的全国性语言。发展与教育相关的某种特殊知识的重要性在 20 世纪初的几十年间在威斯康星州北部城市高中的研究中尤为明显。本书中描述的正是美国教育体系全面变革的时期，这一时期识字率达到了 90% 左右。高中的设计通过多个社会群体与城市的互动形成，特别是妇女群体和阅读国家文学的当地精英们。他们从芝加哥和纽约引进了教育专家规划新学校的物理设施和教学组织。这些高中通过全国性关于教育、童年以及教育计划和教学的新科学赋予儿童"自然"，并逐渐形成框架。正是这种通过特殊的理性风格产生教育语言的空间，使教师学院的历史具有了重要意义。这种专业知识包括理解教师学院运作的不同历史路线的差距。它检视了高等教育中的理论、方法和研究是如何体现构成教师学院实践基础的文化和社会原则的。

　　（4）科学是教育的灯塔和社会的想象

　　这本书描绘了 20 世纪初和战后时期，科学和技术作为影响社会变革的"角色"成为了公众想象中的一部分。在西欧和北美大部分地区，科学促进人类精神的解放和社

---

① 在我进行的全国学校改革和教师教育研究中，可以明显看出构成学校的语言的这种共性。在加利福尼亚州、德克萨斯州、纽约州、北卡罗来纳州和明尼苏达州等州的农村和城市学校，教师和学校管理人员通过运用相同语言对儿童与学习理论的特定领域进行相同的甄别、分类。具体可参见我的另一本书《为灵魂而奋斗：学校政治和教师建设》(*Struggling for the soul: The politics of schooling and the construction of the teacher*)。

会进步的实现。美国进步教育以及国际新的教育学术促进了科学在现代学校发展中的作用。教育项目不仅关乎社会生活的条件，而且关乎改变人们以激活理想社会的形象和叙事，例如使孩子成为国家的负责任公民、好父母和具有生产性的工人。由此，新学校的理论、科学和培养方案将重点放在了理性、自主、自由以及教育学观念中成长、发展和变化的概念上。

人文科学在社会计划和组织中的重要意义在美国进步主义政治运动中得到了激发。这一政治运动创建了福利国家和进步教育（科学中的社会变革理论将启蒙运动关于理性的世界主义思想与学校教育行为的合理性联系在一起，并通过科学心理学触及到儿童内在）。

科学是国家现代性智慧的典范，其形式具有制度性特征。这一特征在教师学院的发展和壮大中得到了证明：坚信科学为民主理想服务；以组织变革作为战略促使人们成为具有生产力的公民和使儿童成长为负责任、掌握经济技能的成年人。科学的制度性还可以通过建立跨越多个教育领域的研究机构而实现，同样在书中的"讲述"（telling）中可以看见早期社会学家和心理学家在学院建立中起到重要作用。如教师学院教育心理学教授爱德华·L.桑代克（Edward L. Thorndike）研究中的教育科学和心理学计量学的目的是取代道德哲学成为善良和美德的决定因素。

有趣的是，这些研究模式中形成的知识认知结构在国际学生的研究生教育中得到具体刻画。① 在20世纪的前二十年中，来自巴西、中国和南非等国的留学生撰写了21篇学位论文。这些论文质量有所差异，运用不同的原则对学校进行不同的理性分析，这些原则包括设置或创设问题的界线，认识和甄别学校目标，发现可理解且可实验的学校管理模式。这些论文的理性推理提供了一种模式，通过学院文化中体现的认知形式重新想象国家、归属和"家园"之间的关系。

（5）大学是传道者，提供专业教育

大学对科学的重视在一定程度上很好地定位本书所述的教师学院与哥伦比亚大

① 现在教师学院的丹尼尔·弗里德里希斯（Daniel Friedrichs）教授正在研究国际学位论文。这些档案将成为了解知识政治以及全球化和殖民主义问题的来源。

学之间不断变化的、有时具有争议的关系的历史空间。科学作为管理工具的重要性使教师学院与哥伦比亚大学之间的关系成为焦点。哥伦比亚大学位于纽约市区,1754年建立时是一所教育长老会牧师的大学,是东海岸包括哈佛大学、耶鲁大学和宾夕法尼亚大学在内的"常春藤联盟"大学之一。

教师学院和哥伦比亚大学之间的关系很好地说明了科学和大学的重要性,体现了美国高等教育与欧洲高等教育不同的特殊性质。美国大学体现了上述的分权式教育体系,包括哥伦比亚大学等公立和私立机构。20世纪初,美国大学进行了重组,结合了当时欧洲三种不同的高等教育模式:英国红衣主教纽曼(Newman)模式,以教育作为思想装饰服务贵族和士绅;法国职业技术学院;德国科技大学。与德国科技大学模式相比,与欧洲不同的是,社会科学被并入了美国大学的结构,并成为体制的一部分。

结合这三个传统,可以从历史上思考哥伦比亚大学与教师学院的联合所体现的大学、科学和专业教育之间的关系。芝加哥大学的第一任校长肯定这种关系,他在世纪之交时断言大学是"传道者",在社会及其发展方面担当着"牧羊人"的角色。[①] 科学带有改良主义倾向,对美国进步主义时代的政治改革具有重要意义,这种政治改革创造了现代福利国家,而社会改革努力中就包括大众化教育的形成。科学根植在哥伦比亚大学,还有芝加哥大学、威斯康星大学、密歇根大学等大学之中,形象体现了欧洲启蒙运动关心社会和人民的世界主义、城市智慧。早在1897年创建贺拉斯·曼学校时,就可以看到教师学院在建立实验学校中对科学的重视。实验学校的概念从科学的文化想象中汲取意义,具体是从生物和物理科学中汲取灵感的,目的是研究和改善教育过程,这在教师学院和哥伦比亚大学的复杂关系中得到体现,这就是所谓的"社会问题"。社会问题引发了大西洋两岸的新教徒改革运动,关注工业化、城市化和移民对城市生活及其人口的影响。经济混乱、贫困和道德失序造成了儿童犯罪、家庭破裂和缺乏宗教信仰等危机。例如,新的城市社会学,儿童心理研究和学习教育心理学形成了旨在改善城市社会环境并进行改革以回应社会问题的策略。

教师学院和哥伦比亚大学提供了一个社会空间,用于构建回应"社会问题"的知

---

① 我在2010年的书中关于另一个著名的教育家杜威有所讨论。

识。教师学院的慈善捐助者和两个机构的领导人明确表达了大学的社会责任和专业教育用于应对城市生活条件、社会问题。许多领导人参与了发展大众学校和工业教育的运动，也参与了社区改良运动（Settlement House Movement）。纽约市的社区改良运动针对的是来自非新教的南欧和东欧移民人群，还有华裔人群也开始在纽约市建立华裔社区，非洲裔美国人则在20世纪初期的几十年从美国南部开始迁移到纽约地区。

与大多数有教师教育传统的师范学校等教育机构不同，①教师学院及其与哥伦比亚大学的关系为研究机构提供了与大学规范性、科学性和专业性传统互动的表达，也展现了其本身的持续和脆弱。在某种程度上，这种关系是世纪之交美国大学的义务，即为社会发展提供所需的关于社会条件和人口的科学设想的专业知识。

另一方面，哥伦比亚大学的文化体现了世界主义"思想"的都市品质，并在纽曼主教的教育理念中保持了其责任感。这些责任感不一定与教师学院象征性的专业教育相关的实用性、工具性文化倾向相同。书中提到的培养方案和研究强调理性教学、指导和学校管理的实践，例如儿童对"科学方法"的使用，对"教学方法"和课堂观察的标准化和编码以及评价的统计方法的使用。

（6）书写学校：大学是光的源头

要想理解贯穿本书的特定历史脉络，就必须将本书视为第二次世界大战后美国特定历史时期的著作。这本书中充满着第二次世界大战后的乐观情绪。在欧洲和亚洲，法西斯主义的失败使人们普遍相信"意识形态的终结"。美国社会学家的那句话反映了一种更广泛的信念，即美国社会的挑战在于社会工程中的科学与技术的流动。人们认为，社会和经济进步需要政策和科学的正确结合。在这本书出版之际的50年代早期，国家为社会重新构想中的科技流动的努力已经显而易见。尽管在接下来的十年中，受到越南战争、民权运动和女权运动等的不断考验，但国家的话语还是将早先的美国例外主义中的国家视为一个致力于迎接自由、民主和经济繁荣新时代的进步社会。

---

① 这种传统较少涉及教育科学，而更多地侧重于作为一种手工艺品的教师教育以及与信仰和理想主义哲学有关的研讨传统。

本书的描写反映了教师学院历史讲述中对于通过教育实现社会进步的乐观。历史的叙述被持续地描绘为教师学院在美国国家理念和国际理念图景中的发展和成长。学院中的研究和培养计划通过矛盾地将理念表现为普遍的社会共识之一,从而识别社会发展中的不公平问题。

(7) 阅读教师学院的历史

关于教师学院的历史讨论不是一个单一机构的故事,而是现代学校和高等教育中多个机构以及社会文化因素的集聚和联系。书中讨论的具体发展和计划为思考当今教育中法典和标准的明显的局限性提供了条件,这些局限性往往体现在研究和教学知识中,不仅是儿童学习。因此,教师学院的历史可以看作是生产性实践(productive practices)的一部分,学校和高等教育在这一过程中都是建立现代国家、全球化和现代性治理实践的"参与者"。

参考文献

Popkewitz, T. (1998). *Struggling for the soul: The politics of schooling and the construction of the teacher*. New York: Teachers College Press.

Popkewitz, T. S. (2008). *Cosmopolitanism and the age of school reform: Science, education and making society by making the child*. New York: Routledge.

Popkewitz, T. S. (2010). The university as prophet, science as its messenger, and democracy as its revelation: John Dewey, University of Chicago President William Rainey Harper and Colonel Francis Parker. In T. Schlag, D. Tröhler, & F. Osterwalder (Eds.), *Pragmatism and modernization* (pp. 99-122). Rotterdam: Sense Publishers.

Popkewitz, T. (2020). *The impracticality of practical research: A history of sciences of change that conserve*. Ann Arbor: The University of Michigan Press. (Also translated into Chinese and Spanish)

Popkewitz, T., Pettersson, D., & Hsiao, K. (Eds.). (2021). *The international emergence of educational sciences in the post-World War Two years: Quantification, visualization, and making kinds of people*. New York: Routledge.

前　言

　　创建于 1887 年的哥伦比亚大学教师学院（Teachers College，Columbia University）的历史，是美国教师教育历史的缩影。在教师学院诞生之际，严谨详尽的教师专业教育的整体概念尚停留在理想层面，远未成为现实，但过去半个世纪以来，教师学院始终屹立于美国教育每一项重大运动、问题以及冲突的前沿。来自美国各地以及世界各个主要国家的学生走进教师学院的教室和实验室；从学院大门走出的男性和女性以不同的方式，塑造了两代儿童的教育命运。这本书讲述了教师学院的故事：成立之时的环境、给予它生命的创建者、初创时的困难、随后在美国舞台上的卓越地位、它的理念与实验、学生和教师、品质与精神。

　　写下这段历史的最初想法提出时，正逢哥伦比亚大学建校二百周年纪念预备之际[①]，由最近从教学和社会科学系（Department of the Teaching of Social Science）荣休的教授玛丽·伊芙琳·汤森（Mary E. Townsend）受命完成这一任务。然而重病影响了汤森教授按其原计划完成这一任务，因此本书的后半部分，由教师学院的戴维·A.香农（David A. Shannon）教授和劳伦斯·A.克雷明（Lawrence A. Cremin）教授负责撰写。正因为如此，本书中并没有通常合著中作者之间的持续合作。汤森教授主要负责本书的整体框架，并撰写了第一章至第五章；香农教授主要承担了第六、七、八、十二及十四章的写作；而克雷明教授则完成了第九、十、十一、十三和十五章的写作，并负责书稿最终的统稿。

[①] 美国哥伦比亚大学于 1754 年依据英国国王乔治二世颁布的《国王宪章》而建，1954 年是建校二百周年。——译者注

在写作过程中，三位作者都得到了教师学院及哥伦比亚大学教职员工极大的支持。威廉·F.罗素（William F. Russell）校长和他的行政助理弗朗西丝·谢里登（Frances Sheridan）女士从校长办公室繁多的文件中整理出写作所需的文档，提供了宝贵的帮助；院长霍利斯·卡斯韦尔（Hollis L. Caswell）、财务总管萨德·洪加特（Thad Hungate）、教务长米尔顿·德尔·曼佐（Milton C. Del Manzo），以及他们各自的助手也给予了类似的帮助。教师学院的图书馆工作人员提供了完整的教师学院的作品集（被称为 Collegiana），并无私地花费了大量时间帮助查找原始资料。约瑟夫·麦格拉思（Joseph McGrath）先生在收集和整理研究材料方面，提供了远超其职责范围的持续的帮助。在书稿写作的各个阶段，手稿的不同部分都得到罗素校长、克拉伦斯·林顿（Clarence Linton）教授、乔治·S.康茨（George S. Count）教授和弗里曼·巴茨（R. Freeman Butts）教授，以及教师学院的各位同仁的审读和他们提出的建设性意见。《哥伦比亚大学二百年历史》（Columbia University Bicentennial History）的总编辑德怀特·曼纳（Dwight Miner）教授在整个写作过程中提供了宝贵的帮助和鼓励，同时也阅读了整部手稿，并给出批评意见。教师学院的海伦·斯罗普（Helen Throp）小姐热心地完成终稿的打字工作。

本书的价值很大程度上都归功于以上诸公及其他同事，而本书中的不足之处主要由作者负责。

劳伦斯·A.克雷明

戴维·A.香农

玛丽·伊芙琳·汤森

纽约市

哥伦比亚大学

1953 年 10 月

目　录

第一部分

1927年前

第一章
学院背后的理念

整个文明史能且只能由形成制度（institutions）的理念书写。[1]

在 1894 年 11 月一个阳光明媚的秋日，晨边高地（Morningside Heights），当时也被称作是布鲁明戴尔高地（Bloomingdale Heights），出现了一个不同寻常的景象。来自四面八方的纽约客（New Yorker），聚集在林荫大道（Boulevard）（现在的百老汇大道）和阿姆斯特丹大道之间的西 120 街上。教师学院所在的新大楼在这喜庆的场合中正式落成。这一创建日（Founders Day），1894 年 11 月 15 日，将开启美国教师教育史一个全新且不凡的时代。

这个新大楼是砖和红砂岩结构，共有四层楼，独自矗立在空旷的街区之中。作为一所教育机构，它所处的环境有些奇怪：120 街对面就是布鲁明戴尔疯人院（Bloomingdale Insane Asylum）；120 街和晨边车道（Morningside Drive）的拐角处有一个养牛场；附近的碎石荒地上到处都是棚户区和他们畜养的山羊。[2]除了视野不错，偶尔能吸引游客从河滨车道（Riverside Drive）误入，或是从哈莱姆区（Harlem）经过长长楼梯爬上来，那里几乎没有其他可取之处了。的确有这样的探访者，注意到这栋新楼和周围环境的不协调。当他问一位住在附近棚户区的女士这栋楼是做什么的时候，得到的回答是："很明显，这是师傅之家（Taychers Home）。"

这栋新楼的开幕仪式很简单，发言人包括纽约主教亨利·C.波特（Henry C. Potter）、哥伦比亚大学校长瑟斯·劳特（Seth Low）、哈佛大学校长查尔斯·W.艾略特（Charles W. Eliot）以及约翰·霍普金斯大学校长丹尼尔·科特·吉尔曼（Daniel Coit Gilman），教师学院校长沃尔特·赫维（Walter Hervey）担任典礼的主持人。不同于其他类似的场合,本次典礼中的致辞都简短扼要。瑟斯·劳特谈到了教师学院与哥伦比亚大学的关系,明确了这次联合给双方带来重要的互惠。艾略特校长阐述了在教师学院创立时慈善业的力量,随后继续讨论了各个年龄段教育问题的根本相似性。吉尔曼博士则选择讨论了教师学院培养方案中最为核心的原生(germinal)理念,即所有年级的教师都必须基于他们的使命接受知识与技能的教育。最后,董事会主席斯宾塞·特拉斯克(Spencer Trask)简要介绍了教师学院的起源,并以对创始人之一格蕾丝·H.道奇(Grace H. Dodge)的致敬结束了讲话。尽管考虑到道奇女士的意愿并没有直接提及她的名字,但是从特拉斯克主席的发言中可以确定是在向她致以敬意。特拉斯克最后总结道:"如果不提起这一位为眼前这栋大楼的落成付出最多的人,我将不知道能如何讲述曾发生的一切。"[3]

从下午到晚上,董事会的成员和师生们为数百名访客介绍了这栋宽敞的新大楼。他们参观了一楼的校长办公室、董事会房间、礼堂、幼儿房间和其他主要办公室;二楼的贺拉斯·曼(Horace Mann)学校;还有三楼的布赖森图书馆和会议室;以及四楼的科学系。[4]

这漫长且收获满满的一天以董事会成员和发言的人们在学院财务主管格蕾丝·道奇家中进行晚餐结束。在那里,他们肯定了教师学院建立的成就,因为学院现在拥有了新家。

在这欢庆的创建日背后,是历经十四年的艰苦奋斗和持之以恒的努力——慈善事业的、人道主义的、教育的、传道的和学术的努力。在 19 世纪 80 至 90 年代间,是什么将这些努力汇聚起来催生了教师学院? 约翰·霍普金斯大学校长吉尔曼在创建日的演讲中,将教师学院描述成一个"呼吸着时代精神"的独特机构。很显然,回答这一问题需要理解构成这种影响学院的"精神"的理念、力量和潮流。正是出于这个目的,后文进行了简短的探讨。

从问题的核心上来说,美国当时最根本的时代主题可能是从一个年轻的农业国家向一个成熟的工业国家进行的显著转型。亨利·斯蒂尔·康马格(Henry Steele Commager)把这些年称作是美国历史上的重大分水岭。得益于良好的政府政策、持续的廉价劳动力供应、丰富的自然资源以及稳定不断的创造性机械发明,美国工业以前所未有的速度扩张。银行业、商业以及交通运输业蓬勃发展,同时在内战前就已开始的大规模城市化运动依然有增无减。到 1890 年,30% 的美国人生活在城市社区中。纽约、芝加哥和费城等城市各自的人口早已超过一百万。每一年都有来自乡村和海外的新移民不断地涌入大都市,使得这些大都会中心清晰地呈现出巨大的贫富差异,而这一巨大反差正是十九世纪末美国社会极为重要的构成部分。

美国工人面对剥削和压迫逐渐开始意识到个人的无助,开始坚定地集中他们的力量。最终,兴起了如劳工骑士团(the Knights of Labor)、美国劳工联合会(the American Federation of Labor)以及其他一些铁路工人兄弟会(railroad brotherhoods)等组织。农场见证了这些年名副其实的革命。在机械化和耕地面积扩大的刺激下,农作物产量飙升,却给农民带来了毁灭性的打击。农产品价格一路下跌,曾经意气风发的土地农场主(freeholders)慢慢陷入抵押贷款和租赁市场。与工人们一样,全国性的组织很快集结起来捍卫共同的权益,像农庄和农民联盟(Grange and the Farmers' Alliances)这样的团体开始对农业州的政治生活产生相当大的影响。

同样地,在教育领域也发生了相同程度的变化。各级大众教育(popular education)迅速发展,公立学校的入学人数在 1880 年到 1890 年的十年间,从 990 万增加到 1 270 万。公立小学教育迅速普及,而中等教育,尤其是在 1890 年之后的半个世纪中得到了极大的扩张,程度之于使那些最激进的支持者也感到震惊。义务教育的法规在北部和西部地区的普及度也越来越高,随之,文盲率从 1880 年的 17% 降低到了世纪交替时的不足 11%。

高等教育也在以惊人的速度迅速发展。高校的数量从 1880 年的 350 所增加到了 1900 年的约 500 所。而在这二十年间,高校入学率增涨了 50% 以上。出现这一现象的一部分原因在于打破了长久以来对女性接受高等教育的反对——这一胜利在女子学院的强势发展和州立大学迅速采取男女同校制度中得以体现。同样重要的是,为了满足系统性科学研究的持续需求,兴起了研究生院(graduate faculties)的创建运动。成立于 1876 年的约翰·霍普金斯大学就是一个很好的例子。在这一时期,数十个学院转型为大学,在合并原有专业机构的基础上,创设新的专业机构。由于在美国本土几乎没有培训和配备研究生院的工作人员,因此紧接着的 19 世纪 80 年代,规模浩大的迁徙发生了：超过两千名年轻的美国学者被派遣至德国高等教育院校进行学习。

就教育培养方案本身而言，创新是当下的法则。例如，新工业主义的一个重要产物是工业培训运动（industrial training movement），旨在使青年适应美国正在进入的崭新的社会和经济环境。这一运动在欧洲已经有相当长时间的历史了，到了 1880 年代，工业培训学科也已经成了重要的课程。在美国，对提供工业培训的广泛兴趣实际上可以追溯到 1876 年的费城百年展（Philadelphia Centennial Exhibition）。在展览上，沙俄政府展示了由莫斯科帝国培训学校（Moscow's Imperial Training School）学生制作的木艺和铁艺制品，这些制品使美国的教育者以及商人深深着迷。他们第一次觉得自己发现了一种高效的、能传授亟需工业技能的学校方案。展会的一个主要成果是圣路易斯的华盛顿大学理工学院（Polytechnic School of Washington University）的校长克莱文·伍德沃德（Calvin Woodward）协助该市商人创办了一所手工培训高中（manual training high school）。此后不久，类似的学校在芝加哥、费城、托莱多和克利夫兰出现，而第一所公立的手工培训高中于 1884 年在巴尔的摩开设。当这些专业化的工业培训显示出有效性和实用性之后，普通高中很快就将这一培训项目纳入他们的培养方案中。在世纪之交，这类培训课程就普遍存在于中等学校的开设之列。

其他最重要的教育改变发生在教师专业化培训要求的提升上。可以肯定地说，近几十年来众多公立和私立的师范学校已经致力于解决此问题。然而，由于它们主要关心小学教师的培养，因此常常忙于简单的学科内容和方法。此外，这些学校也如预期的一样，在特点和质量上表现出巨大的差异。尤其是在相对贫困的地区，一些师范学校仅在中学阶段开设为期一年的课程，而相似的情况在 1840 年代的新英格兰地区就已经被叫停。而其他师范学校正飞速地向高等教育阶段的四年学制发展。

随着高中入学人数的增加，学校董事会开始追求更高的专业能力等级，由此发生了许多重要的转变。首先，一些比较好的师范学校开始精心设立本科项目，从而转型为教师学院。从 1890 年始，随着位于纽约奥尔巴尼（Albany）的州立师范学校重组成为纽约州立师范学院（New York State Normal College），这一运动很快席卷全国各地。另一个改变则是将教育学科引入大学和文理学院。因此，爱荷华大学（University of Iowa)在 1855 年建立了师范系,在此基础上于 1873 年设立了第一个大学教育学终身教席。其他大学也紧随其后,设立了师范系或是固定的教育学教职。文理学校受到大学的影响,也创设了教师教育学科。这项运动推进迅速,到 1890 年,国内超过四分之一的高等院校提供正式的教育学工作。

随着教育培养方案设立得越来越多,入学人数也不断增多,作为研究对象的教育学内容也随之扩展。基于欧洲在教育史、教育哲学和教育心理学上的开创性工作,美国学者开始为教育学这一新学科奠定基础。亨利·巴纳德(Henry Barnard)、威廉·佩恩(William Payne)和埃尔默·埃尔斯沃思·布朗(Elmer Ellsworth Brown)等人开始了对教育史的首次认真研究,而威廉·詹姆斯(William James)、威廉·T.哈里斯(William T. Harris)和查尔斯·德加谟(Charles DeGarmo)则完成了首篇有关心理学在教育中应用的论文。诸如《论坛》(*Forum*)的编辑约瑟夫·梅耶·赖斯(Joseph Meyer Rice)等其他人则开始设计有关教育过程和方法的首个对照实验。这些学者们将最新的科学技术应用于教育研究,实际上就是在建立一门新的学科,而这门新学科在未来就是教师教育的核心。

与这一努力密切相关的是新的科学理论对教育改革的影响。在本世纪最后的几十年中,众多因素共同打破了对教育传统不加否定的全盘接受。裴斯泰洛齐(Pestalozzi)、福禄贝尔(Froebel)、赫尔巴特(Herbart)和赫伯特·斯宾塞(Herbert Spencer)等欧洲学者直接抨击了当时最为主流的教育理论,并开始用感官唯实论(sense realism)、联系主义(associationism)以及统觉(apperception)这些学说代替它们。众多在德国留学的美国青年学者将这些理念带回来。比如说查尔斯·德加谟和麦克默里(McMurry)兄弟成为美国赫尔巴特学说(Herbartianism)最有力的支持者。而威廉·T.哈里斯(William T. Harris)多年来一直是美国福禄贝尔运动(Froebel movement)最重要的领导者。尽管他们的学说未能塑造美国本土的教育哲学,但在激发创造性的教育思维中起到显著作用。

或许更基础且影响更为持久的贡献是由另两位同样也是在德国留学的改革者所做出的,他们是帕克(Parker)和 G.斯坦利·霍尔(G. Stanley Hall)。帕克上校在马萨诸塞州昆西市(Quincy)以及之后在伊利诺伊州库克县(Cook County)应用了新的教学方法后,取得了惊人的成果;而霍尔对青少年生长和发展所做的大量研究为未来的儿童研究运动奠定了基础。他们的工作激励了众多追随者,而这些追随者们将改革的精神带到了全国各地的学校。

"时代精神"中另一个对教师学院成立产生重要影响的因素是十九世纪最后二十五年间慈善事业的复兴。有意思的是,工业化不仅给时代带来了令人觉醒的贫困和潦倒,它同样也提供了改变所需的资金。达尔文主义与宗教之间的斗争也给传统信条带来重击;随之而来的结果是,许多人的基本信念遭遇到了巨大的冲击,他们在更实际的基督教、社会服务、改革和善行中寻求庇护。值得一提的是,1870年之后的二十年见证了克拉拉·巴顿(Clara Barton)为组建美国红十字会所做出的努力,见证了纽约州慈善援助协会(State Charities Aid Association)的成立,见证了社区协会(Neighborhood Guild)的开幕,也见证了由简·亚当斯(Jane Addams)创立的赫尔之家(Hull House)。实际上,财富开始被许多人视作是一种责任而非单纯的占有,是一种主要对上帝负责的管理工作。

这些理念构成了吉尔曼博士在1894年11月那个下午演讲中所提及的"精神"。对工业和实用教育浓厚的兴趣;对教师专业化教育愈来愈多的强调;虽然时有停滞不前,但不断增长的对教育研究的兴趣;根深蒂固的教育改革运动;以及对慈善和人道主义事业的热忱——所有这一切,构成了哥大教师学院创建者期望建立一个持续繁荣的机构的背景。正是因为他们的梦想、他们最初的尝试以及他们最终的成功,这个故事在今天才能引起如此广泛的关注。

注释

1 Nicholas Murray Butler, *Address at the Fortieth Anniversary Luncheon of Horace Mann School* (New York, 1927), p. 3.

2 Brooklyn *Citizen*, January 29, 1905.

3 *Teachers College Bulletin*, No. 5 (1895), p. 17.

4 虽然站在幕后但仍然重要,学院管家和总管范妮·莫顿(Fanny Morton)女士,进行了房间的安排和准备,在道奇小姐的指导下,组织了学院首次的公务接待活动。范妮·莫顿是学院所拥有的最忠诚的服务人员之一。在 1923 年她的葬礼上,院长写道:"我已经记不清她当了多少年学院总管了……她尽职尽责,真真正正地在为我们服务中过完了她的一生。"*Report of the Dean*,1923,p. 9. 谈到她自己和学院时,范妮·莫顿过去总用她独特的伦敦东区方言宣布:"我和院长决定(Me and the Dean'ave decided)……"她总是提到院长的"H'ell, H'ell, D. Degree."

第二章
创建者

上一章介绍了学院的理念，而本章主要围绕学院中的人物展开。理念本身无法"自己形成制度"，需要先驱者和英杰们来实现它——这些充满勇气和主动性的人，敢于打破传统和习俗的束缚。这就是教师学院的创建者，他们或者是时代的产物，或者是清楚意识到前行的新潮流而走在时代前沿的人。他们因此能将想法转化为实际，并创造出这样一个独特的学院。依照时间和所作贡献的顺序，这些创建者是格蕾丝·霍德利·道奇（Grace Hoadley Dodge）、尼古拉斯·默里·巴特勒（Nicholas Murray Butler）和詹姆斯·厄尔·罗素（James Earl Russell）。他们每一位都代表或体现了上一章所提及的一种甚至多种理念。格蕾丝·道奇是慈善家、公益事业推广者，也是企业家；尼古拉斯·默里·巴特勒是哲学家，教育学学习者，同时是教师专门培训的坚信者；詹姆斯·厄尔·罗素是专业教育的设计者、教育改革家，也是具有创造性的先知。

格蕾丝·霍德利·道奇

格蕾丝·霍德利·道奇女士真的是难能可贵的基督教慈善事业与社会人道主义的典范。她是威廉·E.道奇（William E. Dodge）的长女，也是纽约市最富有的商人和商界领袖之一，来自于一个因其财富、商业头脑、广泛的慈善以及对人类福祉的长久关心而闻名三世的家族。这个家族不仅拥有像铜矿、丝绸、铁路和金融这样的物质财富，也拥有丰富的非物质财富，比如关于财富托管和公共服务的虔诚和坚定的信念。"看家族中有多少'服务精神'是十分有趣的……比如像罗斯福家族（The Roosevelts）和道奇家族（the Dodges），不论何时你都能依靠他们。"约瑟芬·肖·洛威尔（Josephine

Shaw Lowell)夫人在一封有关她管理下的纽约慈善组织的发展的信中这样写道[1]。正如其在商界涉猎之广泛,道奇家族的足迹也同样遍布慈善事业。他们的长女在耳濡目染各种形式的"善事"中成长,包括基督教青年会(Y. M. C. A.)、大学、家庭和教会等各类慈善组织的教诲。

在接待这些来访的慈善家、大学校长和传教士的工作中,格蕾丝·道奇展现出浓厚的兴趣[2]——这种兴趣来自于她自身的虔诚本性和多年的宗教训练,也来自于她对父亲的爱,以及后来由于母亲病弱而不得不作为女主人招待宾客的需要。相较于同龄女孩,她的身形更为高大,也极其敏感。因此,面对年轻的同龄人时,她腼腆而内敛,更多时候,她更愿意在家和成年人待在一起,做一些他们感兴趣的事情。此外,不同于其他许多处境相似的女孩,格蕾丝·道奇并不是只会学习:比起书本她更偏好行动,比起学习她更愿做善行。因而,她的气质和体格似乎并不适合纽约富裕家庭的年轻小姐通常会选择的"踏入社会"的一般方式,她选择从别处寻找成就感和满足感。

在完成主要由家庭教师教导的学业和欧洲游历后,她决定投身于帮助那些没有她幸运的人,并开始了"做善事"。她醉心于教会工作,与儿童援助协会(Children's Aid Society)和国家慈善援助协会(State Charities Aid Association)的联系密切,对贫民窟的情况及其对家庭的危害有了深深的担忧。年轻的家庭主妇们对烹饪、缝纫以及各种财物预算一无所知,挣扎着支撑起她们的家庭,这种困境引起了格蕾丝·道奇的注意。为了帮助她们渡过难关,她在西32街(现在的宾夕法尼亚铁路终点站)建立了一个社会服务所,并在那儿为曼哈顿西区附近的移民女孩们开设缝纫课、读经班以及家政课。这个简朴的开端拉开了后来遍布全国的职业女性俱乐部(Working Girls' Club)运动的帷幕。

为了慈善事业的利益与发展,格蕾丝·道奇十多年来一直无私地奉献自我,她开展实践工作,进行讲演并组织活动,募集资金,编写文章和宣传册。最终,职业女性协会(Association of Working Girls Societies)得以成立。然而,当这个联盟团体开始转向更广泛的社会和经济利益,并与工人运动合作结盟时,格蕾丝·道奇决定不再领导这个组织。认识到自己社会观和训练的局限性,她由衷地赞同维达·斯卡特(Vida Scudder)对她的评价,斯卡特写道:"她胸中有对人格建立健全的热切关怀,但我不认为她对现代意义上，经济条件对人性的影响有任何了解。她没有觉察此事的习惯。"[3]

离开职业女性协会后，格蕾丝·道奇将注意力转到另一项需要她余生更多精力和商业才能的活动上，即菜园协会（The Kitchen Garden Association），也就是后来的工业教育协会（Industrial Education Association）。考虑到她在纽约人道主义者中的上层地位，很自然，像"菜园运动"这种新的慈善活动会聘请她来当第一联络秘书。同样地，她也毫不意外地成为这个协会的领导者和财政支持者。[4]事实上，这个新运动的开幕典礼也于 1880 年 1 月 14 日，在一直热衷于慈善事业的道奇家中举行。[5]

"菜园"的理念主要是用家具的微缩模型替代幼儿园的玩具、积木、方块和球。很显然这是为了教孩子们做各种各样的家务。从一开始，这个想法就广受欢迎，并且这样的课程遍布了纽约市的各个教会和教育机构。这些课程由"主妇志愿者"教授，但很快这些志愿者便意识到她们自己需要接受培训。因此，为了这些主妇志愿者，正式的培训课程被组织起来。针对儿童与教师双方课程快速发展的需求需要特定的组织来满足。1880 年，在"合并仁慈、慈善、科学和传教宗旨的法案"指导下，菜园协会成立，满足了这一需求。根据其章程，该章程公认的目标为：（1）确保该系统所依据的原则得到广泛而正确的传播；（2）防止其退化为草率且不稳定的教学方式；（3）提升所有菜园学校行动的一致性；（4）建立一个对本系统感兴趣的人可参考咨询的场所；（5）保证其存续性。[6]

在 1880 到 1884 这几年间，该协会在其章程指导下运作，不断扩大其规模和活动。在 1881 年，据报道，有 990 名儿童在纽约市或附近被有薪或志愿教师教导，同时在其他城市也开展了这样的课堂教学。[7]三年后，美国各地，以及欧洲各国、中国、日本和印度也有成千上万的儿童接受这样的教育。[8]分支机构如雨后春笋一样被孕育出来；像《家庭经济》（*Household Economy*）、《高级菜园课程》（*Advanced Kitchen Garden Lessons*）和《歌谣》（*Songs*）这样的书籍被出版；芝加哥分会甚至推出了一本杂志。整个过程中，订阅和捐赠维持了协会的财务支出。

尽管菜园协会的慈善目标在这些年间依然保持优先，但教师培训和教育改革这样的次要目标的重要性也在逐渐提升，甚至菜园协会在 1881 年的第一份报告中写道："教师在接受培训时不应承受过多的压力。"[9]菜园协会的最后一份报告对两点问题表示了关心,一是防止"草率且不稳定的教学方式"的必要性,二是拓宽其包括工业教育这一更大领域在内的工作内容的需求。[10]"师范班级(Normal Classes)"由菜园协会的领导者定期举办,并且学校中普遍推广工业教育成为公认的目标。然而从始至终,相较于作为菜园协会基础的慈善动机,教育性目标仍是次要的。

鉴于菜园协会在满足快速发展的工业化社会需求方面的成功,要求其扩大规模的压力不断增加。菜园协会在 1884 年 3 月 21 日一致决议解散,并重组为工业教育协会。这一改变的核心因素是:更高级工作的需要,集合男孩和成人两个群体的需要,在学校中普遍引入工业教育的需要,以及最后对已有的其他体系的整合需要。[11]

在从菜园协会到工业教育协会的转变中,格蕾丝·道奇是主要推动者。正如她自己所说,她与董事会的其他四人,都特别"感受到更广泛工作的需求"。[12]从她个人关于女性的大量工作中,格蕾丝·道奇逐渐认识到,就对生存的准备而言,公立学校的教育存在令人吃惊的缺陷。她暗下决心改善纽约市的学校,让它们朝更"实用"的教育方向发展,更强调道德和精神价值而非学术知识。

随着工业教育协会的成立,尽管教育作为目标的重要性得到提升,但其主要的目的仍然是慈善。推广男性和女性工业培训是主要目标,而其他目标还包括教学材料的出版和合格教师的培养。综上,这些目标考虑了 1884 年以前的发展。

建成新协会的压力之大和需求之迫切可通过其配套行政安排设计的复杂性来衡量。比如说,该组织不再完全由女性运营。亚历山大·韦伯(General Alexander Webb)将军被任命为主席,格蕾丝·道奇为副主席,还有几位杰出的社会领导者被授予委员会的职务。此外,为了应对增加的工作,协会以一千二百美元的年薪聘用了一位行政秘书。

在整个重组过程中,格蕾丝·道奇都发挥着主导者的作用。此时她获得了更多的经验,比菜园协会时期更为活跃。由于亚历山大·韦伯同时担任纽约市学院(College of the City of New York)的校长,十分忙碌,作为副主席的格蕾丝·道奇实际上承担了主席的职责。事实上,格蕾丝·道奇参与了工业教育协会每一个阶段的行政工作,并发挥出了她最大的能力和本领。

工业教育协会的工作迅速增多,好像以此证明自己精心设计的组织机构是有效的。它通过将产业引入精神病院、孤儿院和少管所以及开设讲习会（vacation schools），拓展其业务范围。同时，它最初的财政、书籍和印刷、工业与内部经济四个委员会，扩大成为多种子委员会。对其倍增的活动的支持大大超出了创建人的预期，其年度预算在四年间从 2 015.52 美元增长到 38 702.81 美元。[13]

由于其职能的不断扩大，工业教育协会需要不断地寻找更大的空间，道奇小姐又一次发挥了她的首创精神。1884 年秋季，她将在国家慈善援助协会租用的办公间换作在大学大道（University Place）21 号所租的房间。在 1886 年 1 月，工业教育协会又在东十一大街的 54 号另外租下了一栋大型房屋。这里有适合公立学校孩子和老师的工业培训，也有为年轻女性准备的家政培训。在这里还有房间留给接受九十天培训课程的 15 个住宿学生——这是首次尝试。然而，在三个月内，这个新场地也已经变得非常拥挤，工业教育协会开始将目光转向在大学大道 9 号的旧联合神学院大楼（Union Theological Seminary Building），希望能将其租下。然而账面中仅有 500 美元，管理委员会认为他们的资金和精力已无法再承受。但格蕾丝·道奇并不这么认为。当听说这栋楼在七月将作为仓库被出租，想要留下这栋楼需要尽快采取行动，于是她主动以个人的名义租下这栋楼，租期为八年零一个季度。[14]

在 1886 年的整个夏天，道奇小姐都在努力让人们对这个项目感兴趣，并募集资金以及添置家具。在她的辛勤努力下，共获得了十万美元的可用资金。在她的监管下，房屋得到了彻底的修缮和装修，尽管她并不清楚管理委员是否会在秋天承担这份租契。当管理委员会同意接受时，他们接管的是一栋"装修精良、没有设备债务并且前景繁荣的大楼"。"9 号楼"（No. 9）共有五层，一楼有办公室、一个礼堂和一个模拟烹饪室，二楼有教室和一个用于展览的大型博物馆。最上面的三层是住宿区域，而在地下室则有一个"小管家"的教室。正式的开幕典礼在 1886 年 12 月 14 日举行，约翰·霍普金斯大学的丹尼尔·科特·吉尔曼（Daniel Coit Gilman）校长担任演讲嘉宾。一个新的篇章开启了，未来教师学院建立的序幕就此拉开。

在工业教育协会的前两年中，慈善仍然是最主要的动因。然而，教育作为目标已经越来越突出和明显，且这一目标是学术意义上的而非慈善意义上的。许多发展表明了这种变化，但最重要的是工业教育协会与公共教育之间日益密切的合作。为了实现将工业培训引入学校的目标,工业教育协会举办公共见面会和讲座,大量发行宣传册和传单,为教师建立了图书馆、教育博物馆以及办事处[15],并且最重要的是,扩大并提升了手工劳动领域教师的培训。除了在菜园协会时期举办的"师范班"外,在 1885 年至 1886 年间,教师自发组织了一大批公立学校教师学习工业绘画、泥塑和烹饪。[16]东十一大街 54 号提供的扩建设施正好可以实施这个项目。

此外,工业教育协会还建立了与教育局的例会制度。尽管有些挫折,比如纽约教育局拒绝协会使用学校建筑进行每周一个下午的课程实施,但是协会仍然取得了显著的进步。协会委员会和霍肯伯(Hoboken)教育局的联系促成了霍肯伯公立学校开设工业课程,并启动了一项为霍肯伯提供壮观的手工培训大楼的筹备运动。纽约教育局在 1884 年至 1885 年任命了其第一个工业教育的委员会,而工业教育协会的工作则为教育局的初步规划提供了相当大的帮助。

然而,在教育领域取得的最大成就是儿童工业展览(Children's Industrial Exhibition)。这一展览由工业教育协会组织,并在第 41 大街和百老汇大道交叉口的大都会大楼(Cosmopolitan Hall)举办了一周。一共有 70 所学校和机构,超过 200 件展品参加展览,吸引了七千余名参观者参观。[17]

事实上,其中许多展品都是粗糙、简陋的,它们仅仅强调了工业教育协会的目标。来自多个城市的学校管理者,一些教育局官员和数百名教师参观了展览;它还受到了报纸的专栏报导。[18]这给工业教育带来了不可估量的推进。

这一推进,与对工业教育所有的宣传一起,对工业教育协会产生了最为重要的影响:迫使其将注意力集中在教师培训上。由于工业教育协会广泛提倡的培训存在着人力资源的需求,这一需求无法全部被满足,由此产生的压力使教师培训这个目标的实施变得紧迫起来。换句话说,它发现"搬起石头砸了自己的脚"。因此,如同启用"9号楼"一样,工业教育协会开始应对新的挑战,开启了工作的新篇章。

实现这个目标的第一个准备步骤是全面重组,以加强对教育目标的重视。1887年 1 月,管理委员会改组为董事会,纳撒尼尔·A.普伦蒂斯(Nathaniel A. Prentiss)担任董事长(后来成为纽约教育局一位活跃的成员)。所有的子委员会都被解散,他们的工作委托给七人组成的执行委员会以及董事会的成员。亚历山大·韦伯不再担任主席,格蕾丝·道奇不再担任副主席。鉴于她在工业教育协会的工作,在1886年秋天她被任命为纽约首位女性学校专员(school commissioner)。作为新执行委员会的成员,道奇小姐以崭新的热情和对教育目标日益增长的兴趣,继续为工业教育协会工作,由此助推了协会在此方向上的发展趋势。

为确保其对教育的重视,工业教育协会还着手起草了一项原则声明,以巩固其对更广阔目标的追求,并保障它的工作不会"退化成为一个手工培训学校"。这些原则由董事会的秘书威廉·波特(William Potter)(波特主教的兄弟)起草,被称为"十大原则"。这十条原则都涉及了工业教育协会的教育理念,并强调了工业培训与通识教育相结合的重要性;涉及了在工业教育中创造公共利益的必要性,工业培训的"道德"价值,发展智力"机能"的重要性,打破对手工劳动的偏见。[19]除了关于工业教育的条款,该原则还简明地阐述了时代主流的教育哲学。

然而,即使是新的精简的管理部门,也很快因工业教育协会的工作持续增多而负担沉重。1886年到1887年间的冬天,有4 383名儿童接受了教育,其中有992名儿童是在"9号楼"中接受培训的。因此,对教师的需求也变得越来越紧迫。很明显,"师范班"已经无法满足师资培训的需求,教师培训的长远计划必须要有"相对应的培训学院,需要有训练有素的专家教育者的指导"。[20]

道奇小姐本人认为工业教育协会"似乎需要一位强大的受薪主席"[21],但是哪里去找到薪水呢?她以一贯以来的能力从以下的方法中筹得款项。乔治·W.范德比尔特(George W. Vanderbilt)对协会的工作开始产生兴趣,并向她提供了一笔管理经费,用以建立"9号楼"的图书馆的中心。她回复范德比尔特先生:"我们首先需要一些有头脑的人来开展工作,使其在职位上站稳脚跟同时教导人们如何使用图书馆。"范德比尔特先生对工作的需要、如何找到负责人以及可能的薪资金额提出了一些具有见解性的问题。第二天早上,道奇小姐从他那里收到了一张一万美元的支票和附带的几句话:"这是近一两年的'头脑钱'(领导者薪酬),现在去找到那个有头脑的人吧。"[22]幸运的是,很快找到了这个有头脑的人(理想的领导者)。在1887年二月,哥伦比亚大学的哲学系副教授尼古拉斯·默里·巴特勒被任命为工业教育协会的主席,他被认为是"协会原则的坚定拥护者同时是青史留名的教育学家"。

尼古拉斯·默里·巴特勒

巴特勒博士担任工业教育协会主席后在所作的第一份报告(1888 年 5 月)中乐观地写道:"有趣的是,一个为了慈善事业而创建的组织已经成为一支强大的教育力量,并且其人道主义的平台已变为纯粹的教育改革和进步的平台。"[23] 为了证明这一点,报告指出"本年的伟大工作就是纽约教师培训学院(New York College for the Training of Teachers)的成立"。在新主席的领导下,教师培训成为首要任务而非次要任务,这是因为新主席在协会中注入其自身对教师专业培训的深刻信念,并且在协会中看到了能够将信念付诸实践的方式。正如格雷丝·道奇代表了教师学院所诞生时代的慈善行动一样,尼古拉斯·默里·巴特勒象征着教师专门培训和将教育视为一门严肃研究的学科的新思想。

对教育的兴趣贯穿巴特勒的早年生活。在新泽西州帕特森(Paterson)市的父亲家中,甚至在他成为哥伦比亚学院的学生之前,他就一直受到周边的各种影响,使他对公共教育的重要性留下深刻印象。第一,他在帕特森的公立学校中接受教育。其次,他的父亲曾担任当地教育局的主席,并且在他们迪威臣街(Division Street)的家中,时常聚集着城里的名人要士,共同谈论市政和教育问题。"回看我在帕特森的校园时光,"巴特勒告诉我们,"我对这座城市公立学校给予我的教育感激不尽。"[24] 无疑,巴特勒早年接触过公共教育及其中的问题,这让他在哥伦比亚学院大三时尤其关注弗雷德里克·巴纳德(Frederick Barnard)校长的尝试,虽然一开始他并没有完全接受校长的思想,但这让他对教育学科产生了兴趣。

多年来,巴纳德校长最热衷的工作就是进行系统的教育研究。他认为教育学科在美国一直以来没有得到足够的重视,他也成为首批提倡对这门学科精耕细作的人之一。"教育,"他指出,"没人将它视作科学,也从未有人尝试阐明其真正的哲学。在这方面,我们远远落后于欧洲大陆。"[25] 早在 1858 年,他就曾建议在南方大学(University of the South)中设立教育学的教席或者这类学院,虽然此计划没能实现。[26] 1864 年,在哥伦比亚学院的就职演讲中,他特别提到了将"教育原理与艺术(the Principles and

Art of Education)"的教学作为哥伦比亚学院的基本目标。[27]此外,他将教育的科学研究作为其1881年年度报告的主题,并将这一主题延续到1882年的报告中。[28]他在报告中提议哥伦比亚学院开设课程,并最终促进教育研究教席的设置和科系的建立。然而哥伦比亚学院董事会对此事一直持怀疑态度,并拒绝接受他的请求。

遭到校董会的拒绝后,巴纳德校长继续影响着他的个别学生,以期至少能让一个人改变想法。年轻的巴特勒就是其中之一。巴纳德校长给巴特勒不同的书,比如韦斯(Wiese)的《德国英语教育书简》(*German Letters on English Education*)和冯·罗默(Von Raumer)的《教育史》(*Geschichte der Padagogik*);他也向巴特勒介绍英语、法语和德语的教育文献以及有关此问题的经典著作;[29]同时也带他认识亨利·巴纳德(Henry Bernard),他与贺拉斯·曼(Horace Mann)一起,是美国公立学校制度创建的重要推动力量之一。通过亨利·巴纳德,巴特勒熟悉了《美国教育期刊》(*American Journal of Education*)、《贺拉斯·曼报告》(*the Horace Mann Reports*)以及全国教育协会(National Educational Association),并在1885年积极地加入了此协会。在巴特勒自己的教学过程和将哥伦比亚学院转变为大学这一计划的酝酿中,他对教育的兴趣得到了进一步的激发。1882年从哥伦比亚学院毕业后,他决定以"教育哲学研究为基石,大学建设为根本"开展学术事业。[30]

1884年,巴特勒在哥伦比亚学院获得哲学博士学位之后,这位年轻的毕业生在海外继续进行了一年的深造。他进入柏林和巴黎的大学,同时也接触到了欧洲最优秀的一些人才,并在他们的指导下学习。从他对柏林大学哲学教授弗里德里希·鲍尔生(Friedrich Paulsen)的评价中,我们可以窥见这段经历是如何加强了他对教育研究的信念:"他关于教育理论的讲座,开辟了一个对于年轻的美国来说全新且未知的探究领域。这个被称作教育的伟大活动和人类权益,需要科学的检验与分析,并且被证实需要明确哲学原理的指导,这完全就是一种启蒙。"[31]

回到哥伦比亚学院后,这位新任哲学助理教授积极地为实现他的两个目标而努力。向校董会直接提议的方式失败后,他很快选择了一个"曲线救国"的方法:在周六上午,巴特勒博士就"新兴重要"的教育问题,准备了针对纽约市及附近的教师们的四场演讲。这也构成了哥伦比亚学院免费公共系列讲座中的第二个。尽管反对者并不看好,并且预言没人会感兴趣,也没人会来参加,但是哥伦比亚学院最大的礼堂中还是挤满了来听讲的人群,甚至不得不因为场地有限而拒绝了一千五百名教师想要参加讲座的请求。[32]

鉴于这种间接方法的结果,他们认为向校董会直接提议可能也会成功。因此,在1887年2月7日,在巴纳德校长的帮助下,巴特勒博士向哥伦比亚学院董事会递交了建议开设教育学课程的提案。[33]然而,经过两个月的考虑后,董事会再次决定拒绝这项议案。他们认为对教育学课程感兴趣的哥伦比亚学院的学生太少,这个议案本身没有必要性,而且认为巴特勒博士建议将教育学课程开放给"所有……渴望得到这一学科教学法的人",将会使女性进入大学,这背离了"董事会的既定方针"。[34]

随着此计划第二次被正式拒绝,这两位倡导者决定"在大学外建立教师学院,并在以后与大学产生有机联系,而非直接由董事会控制并且支付费用来建立教师学院"。因此在1886年秋季,他们对实施这一方案所需的实际步骤进行了反复斟酌。这个学院的计划由巴特勒博士详细制定,经过巴纳德校长的批准,并"提交给欧洲的杰出教育家们,他们都认为实行这一项计划将会迈出教育史上令人难忘的一步"。[35]

当巴特勒博士当选为工业教育协会的主席后,实现这个计划的机会出现了。实际上,他接受这一任命的条件是,在他的领导下,工业教育协会将会致力于实现其主要目标之一:教师培训。[36]此外,巴特勒博士不像他的前任那样只是名誉主席,而是一名受薪的行政高管,他将会把尽可能多的时间投入这项新的事业中。

因为主席的背景,他对工业教育协会的基本目标的理解必然远比组织本身和其管理者的理解更广泛。他们的观念和实践局限于帮助教师在手工训练和工艺上做好准备;而巴特勒的观念和实践包括对教师全方面的培训,手工培训只是一部分,尽管是最重要的一部分。换句话说,工业教育协会的中心思想过去一直是与慈善紧密结合的手工培训;但在巴特勒博士的领导下,其主要任务变成了发展纽约教师培训学院及其主要部门,即教育系。整个运动"从慈善事业转变为教育进步和改革"的构想随之形成。

然而,在接受重点转换的过程中,并不是没有阻力,尤其是来自委员会中女性的阻力。这些女士"害怕她们所关心的慈善事业将会被学术兴趣和学术理想所掩盖"。[37]然而不久后,学院收并了工业教育协会,并且纽约教师培训学院成为联合体的名字。学院在 1889 年,也就是成立(1887)的两年后,获得了临时特许证(provisional charter);一旦筹到 10 万美元的捐赠,将获得永久特许证(permanent charter)。这个许可证,称学院是"纯粹的专业学校",具有授予教育学学士、硕士和博士学位的资格。其宣称的目标是"在教育史、教育哲学、教育科学、心理学、教学科学和艺术,同样也在手工培训和此门类下各学科所包含的教学方法方面,给予指导"。[38]

在 1887 至 1891 的这四年间,巴特勒博士担任学院的校长。学院由三个部门组成:教师培训学校、儿童示范学校和特殊班级(special classes)。巴特勒负责学院计划、课程和行政管理,并且与员工一起为学院对美国教育的影响负责。在第一份《资讯通告》中,学院被描述为一个专业学校,而不是通常意义上的"师范学校"(normal school)。中等教育不在教学范畴,而是学生在入学时必须具备的学历。学习课程为期两年,其中包括心理学,教育史和教育科学,示范学校的教学、观察和实践方法,美国、英国、法国和德国的学校组织和管理,幼儿园的理论与实践,自然科学,历史,以及在手工训练下所包括的学科,比如说工业技术、机械制图和木工。学校对男女学生一视同仁,也欢迎特殊学生选修任何课程。全年的学费为 60 美元,学生宿舍(针对 25 名女学生)的费用从 120 美元至 150 美元不等;食宿和洗衣的费用为 350 美元。[39]

1887 到 1888 的第一年时间里,除了学院的校长外,有 5 名教师,另外还有 29 名客座讲师,其中包括现在的一些知名学者,如乔治・H.贝克(George H. Baker)、弗朗西斯・W.帕克上校(Colonel Francis W. Parker)、威廉・A.邓宁(William A. Dunning)、W.H.卡朋特(W. H. Carpenter)、亨利・W.麦克拉肯(Henry W. MacCracken)和查尔斯・H.汉姆(Charles H. Ham)等。学院一年级的班里有 18 名学生,86 名特殊学生,还有包括幼儿园、小学和文法学校三个学段在内的示范学校的 64 名孩子。[40]

如上所述,在学院的组织中可以看出,它强调工业教育协会一以贯之的手工训练是自己通识教育的组成部分。学院赞同安德鲁・D.怀特(Andrew D. White)所说的这些话:"有太多让人用智力谋生的训练,但让人们用双手谋生的训练却远远不足"[41];它也赞同华盛顿・格拉登(Washington Gladden)说的"对眼和手的训练……在所有良好的教育中(是)十分重要和基本的内容"[42]。学院并不像德雷克塞尔(Drexel)学院和普拉特(Pratt)学院那样成了贸易学校,也不仅是一所师范学校。相反,它是一所专业学校，"旨在培养学生充分具备从事教学工作的能力"。[43]

　　在学院的组织和管理工作之外，巴特勒校长还积极推动工业教育协会有关培养手工训练兴趣和将其引入公立学校的工作。为此，他积极使用出版物、讲座，并与国内外教育工作者通信。正如工业教育协会过去在这方面成为光明和力量的中心一样，这个新学院也认为它继承了同样的使命，并在推进手工训练方面增加了对教师的通识培训。在巴特勒博士的指导下，出版刊物的数量和影响力都有所增加。比如说，他创办了《教育宣传单》(Educational Leaflets)，旨在让教师了解教育思想，尤其是与手工培训相关的内容；还有由知名教育学家编写的双月刊《教育专著》(Educational Monographs)系列；后来还有《教育评论》(Educational Review)(1890)。在 1890 年，他还创办了"伟大的教育家系列丛书"，目的是以传记的形式呈现教育发展历史。除了这些文字的推广手段外，他帮助董事会造出了一些具有代表性的教育家作为协会的通讯成员，如伦敦的菲利普·马格努斯(Philip Magnus)爵士、瑞士莫里斯(Mollis)的罗伯特·塞德尔(Robert Seidel)和瑞典纳斯(Naas)的奥托·所罗门(Otto Solamon)博士。[44]最后，与其他教员一起，为了这份事业，他越来越多地参与公开演讲。在 1888 年，巴特勒本人，在纽约教师协会(New York Teachers Association)、纽约州立大学大会(Convocation of the University of the State of New York)[45]、美国教育院(American Institute of Instruction)[46]以及许多小型组织中，就手工培训是通识教育不可或缺的一部分的主题多次发表演说。

　　在巴特勒博士的领导下，学院逐渐成为一个活力四射的机体，并成为各种类型援助的观测点；不局限于手工培训方面，而且在整体的教师培训方面。学院被亲切地称呼为"9 号楼"，成为来自美国和欧洲各地教育朝圣者的圣地。"它成为教育科学研究和忠于实用教育目标的象征。"[47]参观者、教育局领导、校长和教师们都受到欢迎，他们的咨询也得到解答。在 1887 年，学院图书馆中有近千册有关教育的书籍，并且其面向纽约及附近地区所有的教师开放。这个图书馆是由工业教育协会最初的委员会成员之一的妻子彼得·布赖森(Peter Bryson)夫人捐赠的。在图书馆的阅览室里，可以找到美国、德国、英国和法国主要的教育和文学期刊。在 1889 年冬季，巴特勒博士和示范学校幼儿园系主任安吉琳·布鲁克斯(Angeline Brooks)小姐，与幼儿园运动的领导者合作组织成立了纽约幼儿园协会(the New York Kindergarten Association)。同样地,来自布鲁克林的查尔斯·普拉特(Charles Pratt)的想法和教育计划得到了查尔斯·理查德(Charles Richards)先生和学院机械技术系(Department of Mechanical Arts)其他人的认可;理查德先生从他的学院工作中被临时召来协助建立普拉特学院(Pratt Institute)。

巴特勒博士受邀担任的许多职位是培训学校及其校长取得的地位和影响力的另一种反映。1889年,本杰明·哈里森(Benjamin Harrison)总统邀请他担任联邦教育专员(United States Commissioner of Education);1890霍拉斯·戴维斯(Horace Davis)选择他作为继任者;1891年,利兰·斯坦福(Leland Stanford)州长以十万美元的年薪力劝他成为利兰斯坦福大学(Leland Stanford University)的首位校长。他拒绝了所有这些职位。尽管如此,他还是成为新泽西教育局(Board of Education of New Jersey)的一员,在1889年的巴黎博览会担任新泽西州特别专员,并且在1895年担任美国教育协会(American Educational Association)的主席。

1891年,巴特勒被选为哥伦比亚学院哲学、伦理学和心理学系主任后,辞去了纽约教师培训学院校长的职位。沃尔特·赫维(L. Hervey)继任了校长。在1892年12月,也就是巴特勒辞职后的一年,学院从纽约州立大学理事会(the Regents of the University of the State of New York)获得了永久特许证,并改名为教师学院。[48]

教师学院的两位创建人,格蕾丝·道奇和尼古拉斯·默里·巴特勒为学院留下了"丰厚的遗产"。首先,学院的人数有了显著增长和扩张。学院第一年(1887年—1888年)的学生人数和教员人数,与巴特勒博士最后一年任期(1890年—1891年)的学院人数相比较,普通学生人数增加至85人,特殊和继续教育学生人数增加至147人。继续教育学生的大幅度增加是因为周六为在职教师开设的特别课程,并向公立和私立的学校外派熟练的教师。1889年,在示范学校中加入高中部后,其入学人数增加至129人,而没有参加贺拉斯·曼学校但登记参加手工训练特别课程的男生女生人数攀升至1400人。培训学校的教员包括了七名教授和十六名教师。[49]

所有这些人数上的增长都同样需要物质上和财政上的增长。大家都记得格蕾丝·道奇小姐是工业教育协会获取"9号楼"的主要推动者。然而,到了19世纪90年代,"9号楼"已经变得拥挤不堪了:实验室和教室侵占了宿舍的空间,礼堂被用来当讲堂,屋顶成了艺术课的地方。尽管租用了后楼及其设备用来作为手工艺术的辅助课堂,但是空间不足的压力依旧存在,为此还任命了一个委员会来寻找新的场所。[50]

与此同时,哥伦比亚学院校董会的一个委员会也在寻找新的场地。巴特勒博士也参与到他们的考察活动中。当委员会选择布鲁明戴尔高地作为可选择地点中最合适的地方时,巴特勒博士向他信任的好友,也是教师学院的一名董事的乔治·范德比尔特先生真诚地建议,买下"任何毗邻哥伦比亚可能收购地方"的土地。[51]因此,当教师学院校董会在1892年听取委员会有关学院和大楼的选址报告时,他们也都支持选择布鲁明戴尔高地作为新的场地。

然而最大的问题是120街地块的要价。范德比尔特先生像以前一样挺身而出,宣布他将以十万美元的价格买下二十个地块供学院使用。[52]四十八个小时后,有消息宣布,哥伦比亚学院在过去一年收购了120街对面布鲁明戴尔疯人院的地产。几乎在同一时间,该市宣布了铺设120街路面的计划,教师学院的地价增值了一倍。在道奇小姐的带领下,为修建大楼而筹集资金的运动使得在120街建设主楼得以成为可能,学院也在1894年顺利搬入。

除了丰富且增长的物质遗产外,格蕾丝·道奇和尼古拉斯·默里·巴特勒还给学院留下了同样重要但难以估价的精神遗产。它或许可以被称作"教师学院的精神"。后一项遗产主要是格蕾丝·道奇留下的。简单来说,就是她对手工和实用教育、专业培训和教育研究的重视。她将其看作是实现更美好家园、更美好的儿童、更美好的社区、更美好的道德——总而言之,实现一个更美好世界的手段。正如詹姆斯·厄尔·罗素后来在其担任院长二十五周年纪念日上指出的:"道奇小姐的教育概念并不完全是循规蹈矩的。她不是一个书呆子。她或许低估了教育的学术基础,但这仅是因为她对道德和精神因素的重视而弱化了其学术性……因此,我们应该将教师学院的核心和灵魂归功于格蕾丝·道奇。她在此留下的精神,是我们今天最宝贵的财富。"[53]

正如格蕾丝·道奇留下了主要的精神遗产一样,巴特勒校长也在一些确切教育和行政政策的形成方面发挥了领导作用:对外联系;对特殊和非全日制学生的服务;起始于1887年的假期或暑期班;推广工作;校外讲座和实地工作;教育出版物;服务理念,以及对所有寻求帮助和建议的回应;最后是在教育界形成一种管理的理念。更具体地说,巴特勒博士在超越师范学校,对教师进行通识教育这一观念的觉醒上作出了很大贡献[54],同样也对学院内教育的严肃研究作出很大贡献。然而,在哥伦比亚学院校董会的阻挠下,他未能成功实现他长期追求的目标——将培训学校纳入大学体系。这个教师学院成立的重要因素,在哥伦比亚学院内获得专业学院的地位,与其他许多宏愿一样,将由第三位创始人詹姆斯·厄尔·罗素来完全实现。

詹姆斯·厄尔·罗素

1897 年 10 月,詹姆斯·厄尔·罗素来到教师学院,被聘为教师技术培训心理学和通用方法系(the Department of Psychology and General Method in the technical training of teachers)的主任。同年 12 月,他被选为院长。他的迅速晋升主要有三个原因:他个人的研究、思想和教育视野使他能满足学院的独特需求;在建校五年后,学院走到了"抉择的岔路口";最后,与哥伦比亚学院校长瑟斯·劳特(Seth Low)的合作,像前一任校长一样,瑟斯·劳特也坚信教师需要专业培训且大学有责任担当此任。

罗素于 1864 年 7 月出生于纽约哈姆登(Hamden),一个严格的苏格兰长老会教会社区。他有苏格兰血统,祖父是一个有能力且有地位的人,在运输业务中发了财,却因为铁路建设的失败而破产。因此罗素不得不艰难地完成大学学业,并养活他寡居的母亲和妹妹。

在他早年的学校教育中,尤其是在大学预科学院中,他似乎对传统中学教育枯燥的形式主义和极度乏味的学习工作异乎寻常地了解或者说非常敏感。[55]然而,在康奈尔大学他获得了一份有竞争力的奖学金,并结识了两位了不起的教师,雅各布·古尔德·舒尔曼(Jacob Gould Schurman)和本杰明·艾德·惠勒(Benjamin Ide Wheeler)。两者都在他们激进的教育理念中,向他展现了"新时代"的前景。

罗素在 1887 年以哲学一级荣誉获得学士学位,随后,他教授了六年拉丁语和希腊语的预科课程,并担任位于纽约伊萨卡(Ithaca)的私立学校卡斯卡迪拉学校(Cascadilla School)的校长。然而,他发现,在他所遭受的这个体系的严苛要求之下,即使是学校中最好的教师，他们的思想与理想也无法在其中取得进展，他反抗了。他借钱去了欧洲，"去看看有没有更好的办法"。[56]在欧洲期间，他还担任了纽约州立大学的特别专员以及华盛顿教育局的欧洲事务代表。

这位探索者在随后的两年间，为了追寻一个更好和更自由的教育体系，在耶拿（Jena）大学、柏林（Berlin）大学和莱比锡（Leipzig）大学学习，并于1894年获得莱比锡大学的博士学位。他的海外导师包括心理学的席辰（Zichen）、冯特（Wundt）和寇尔佩（Kulpe），教学法的赖茵（Rein）、里希特（Richter）和鲍尔生。他对德国的中学进行了深入的研究，还安排了去法国和英国的短期访问。他发现大学学者所阐述的自由主义教育理论与学校僵化、形式化的实践间存在着惊人的差距。此外，他在德国还感觉到，"普遍的启蒙"——单纯的普及教育——无法维持和维护民主，因为在德国，他看到了一种全国统一的制度以及旧式的专制主义。[57]因此，他带着这样的信念回到了家乡：要维持一个受欢迎的政府，就必须要有一种明确且特殊的教育。这将是一种与家庭、教会、媒体和其他社会力量的影响紧密相关的教育，从而使学校成为"教育的工具和教学的手段"。[58]随着教育理念的扩展，"能够提供这种服务的教师将是真正的专业工作者，他们与法律、医学和工程的专家处于一样的高度"，这样的想法随之而来。因此，既然大学为其他专家提供专业培训，"为何不开设教师培训的专业院校，这个被国父们认为是维系共和国不可或缺的职业类别"。[59]

将这些新思想付诸实践的机会出现在年轻且可塑性强的科罗拉多大学（University of Colorado）中。1895年至1897年这两年间，罗素在科罗拉多大学担任哲学和教育学教授。三十五年后，当他描述这段经历时，他将自己描绘成一个摸索教师专业培训新概念的年轻人，并断言：

此前我从未与高出平均能力的大学教职工一起共事过，并且我相信当时没有一所大学拥有比我们更努力的员工了。我想说的是，我要向詹姆斯·H.贝克（James H. Baker）挑选年轻人的非凡智慧致以最崇高的敬意。他寻找所有特定职位的潜在候选人时的坚持不懈、他对一个人是否合适该职位的判断是非常出色的，我从未见过在这些方面比他更出色的人。从来没有比贝克校长领导下的科罗拉多大学更好的例子能证明一所大学是由人,而不是建筑和设备构成的。[60]

在科罗拉多州,他收到并接受了他原来的老师本杰明·艾德·惠勒邀请他加入教师学院的邀请。1897 年赫维辞职后,惠勒暂时接受了校长一职。毫无疑问,正是因为有了与惠勒合作的机会,罗素才从科罗拉多州来到了当时鲜为人知的教师学院。

简而言之,这些就是罗素博士为他的新职位所做的准备。1897 年秋天,他来到了一个什么样的机构呢?[61]自从巴特勒于 1891 年辞去校长职务以来,这所学院一直在沃尔特·赫维校长的科学管理之下。在任期中,赫维的管理主要取得了三项重大进展:在 1892 年到 1893 年间,首次与哥伦比亚学院建立正式联盟;在 1893 年至 1894 年间,提升入学标准;最重要的是,搬迁到 120 街的新校址以及启用新大楼。

与哥伦比亚学院的首次正式结盟于 1893 年生效,这对教师学院未来的历史是最为重要的。这不禁让人回忆起巴纳德校长和巴特勒博士每每提议在哥伦比亚学院设立教育教授席位或是教育系时,都遭到校董会的拒绝。因此,他们采取了建立一所独立学院的替代方案。他们认为,这所学院日后可能可以并入哥伦比亚学院。只要巴特勒博士还是纽约教师培训学院的校长,那么学院与哥伦比亚学院的关系,尽管非正式,但仍然十分密切。然而,随着 1891 年巴特勒博士的离职,这种关系被打破了,教师学院的地位被削弱了,它被纳入大学体系的可能性也降低了。与此同时,在 1893 年经济危机之前,金融前景反映出越来越让人沮丧的不确定性。因此,在 1892 年 1 月 27 日,学院的董事会,也许是厌倦了他们的"教育的弗兰肯斯坦(教育的怪人)(educational Frankenstein)"[62],提议将教师学院移交给哥伦比亚学院,并以研究生院的形式并入。根据拟定的协议计划,教师学院将在不向哥伦比亚学院支付费用的情况下进行五年工作,然后将机构全部移交给哥伦比亚学院,包括完全免于债务负担的新的土地、建筑和设备,估值约有 50 万美元。[63]

然而,哥伦比亚学院的校董会基于两个理由拒绝了这项提议:(1)接受这项提议将意味着,正在转型成为大学的哥伦比亚学院需要参与其中,而一个学校(贺拉斯·曼学校)"将从正确的轨道上转移其行政精力";(2)接受提议将"使大学实行错误的男女同校政策"。甚至连哥伦比亚学院中与教师学院保持友好关系的"朋友们"也不赞成这一合并提议。他们认为这一提议太过仓促，因此许多看法并不成熟。[64]然而，尽管哥伦比亚校董会拒绝了合并教师学院的提议，他们一致认为，结盟"对双方都有利"。哥伦比亚学院将获得一个宝贵的盟友和独特的教学指导机会，而教师学院将达到高水平的学术研究和大学教学标准，并从大学的氛围和图书馆中获益。[65]随后，他们开始起草这一个联盟条款，两个学院的董事会于 1893 年 1 月 23 日批准了这一协议。

1893 年签订的结盟条款包括：（1）在教师学院教授的文学学士（A. B.）、文学硕士（A. M.）和哲学博士学位的所有课程，将由哥伦比亚学院哲学系（Columbia's Faculty of Philosophy）管理；（2）教师学院将保留独立的组织机构，其中非学位项目的教学完全由其自主管理；（3）学位由哥伦比亚学院授予；（4）哥伦比亚学院在教师学院每年至少开设一门涉及教育史和教育机构、一门涉及哲学和一门涉及心理学和伦理学的课程；（5）经哥伦比亚学院校长批准，教师学院校长以及在学士学位最后一年给学生毕业作业和/或授课的教授，当哥伦比亚学院哲学系在决定教师学院相关事务时，拥有参议席位和投票权；（6）所有有资格进入巴纳德学院（Bernard College）的教师学院女生，都可以通过在巴纳德学院注册申请获取哥伦比亚学院学位，而有资格进入哥伦比亚学院的男生也可以通过同样的方法申请哥伦比亚学院的学位。[66]劳特校长在 1894 年11 月 15 日的讲话中对该协议做出如下评价：

> 很明显……对教师学院而言，与哥伦比亚学院的联合有很大的优势。他们可以从我们的哲学讲座中获益，教师学院的学生可以在各个学科中获得比预想更多的知识。另一方面，哥伦比亚学院获得的益处也是实实在在的。教师学院中有许多关于教育主题的讲座，这是我们学生十分乐意参加的；两者的实验室由双方负责，并服务于双方；由此，哥伦比亚学院与国家公立学校体系建立了至关重要的联系，我们认为这是十分宝贵的。[67]

尽管两所学院之间物理距离相距遥远（1894 年教师学院搬到新址后），但是两者之间的联盟运作良好。然而，随着时间推移，教师学院发现，在本学院开展一般高校常规工作的难度日益增加[68]，因此与哥伦比亚学院之间建立起更紧密的联盟就变得十分必要。当哥伦比亚学院搬到晨边高地时,"一个建立更紧密联盟的机会出现了",似乎这正是一个合适的时机。[69]

最为积极工作和计划来促成这个更紧密的联盟的就是赫维校长。他通过提高教师学院入学标准迈出了准备工作的第一步。在他 1894 年的年度报告中,他对过去浪费在条件不够的学生身上的时间表示遗憾,并对提高入学和课程学习水平的标准予以赞赏。对于前者,从 1894 年开始,入学学生需满足以下条件:(1)高校毕业生;(2)受过培训和有经验的教师;(3)中学毕业生并至少拥有相当于在大学或培训学校度过一、二年级的同等学历。这些要求标志着"在专业院校的标准水平上有了显著提高",在这方面,教师学院"处于专业学校的前列"。

相应地,学院内部的专业工作也得到了提升。赫维校长很好地描述了这一点:

> 以前为高年级设置的科目现在可以在低年级或是入门课程(作为过渡课程,并且一旦建立可让高中生在一两年内做好进入教师学院准备的机构,该课程就会被弃用)中找到,并且那些低年级的课程也有相同的变化,它们出现在更低年级的课程中;现在高年级和低年级完成的工作,很大程度上是以前从未有过的尝试。[70]

这一标准的提高既需要丰富课程,也需要在学院内部进行重组。1893 年前,学习课程一般都需要两年的时间,涵盖了从幼儿园培训到高级学科的所有内容。特殊学生被允许选择任何能满足他们需要的课程,因此增加了较多的课程。1893 年,英文文学系、拉丁和希腊语系以及历史系成立;1896 年,地球科学系成立;1897 年,生物科学系和数学系成立。到 1894 年,常规的两年制课程已经被新建成的十一个专业科系所替代。这些科系围绕着被称作心理学和通用方法系(Department of Psychology and General Method)的这个核心系,所有学生都必须修读它的课程。这种根本性的改变需要提高收入和增加人员,但是鉴于当时拮据的财政情况,这是最难实现的。

如上所述,这些前进的脚步是在面临极大的困难下完成的。其中最主要的是财政负担的增加以及学院管理体系内部支持慈善为主要目标的成员与支持教育为主要目标的成员之间的冲突。学院的财政困难由多种因素造成:办学标准的提高减少了学生的人数和学费收入；1893 年大危机①影响了捐赠经费和投资收入；学校搬迁到晨边高地后一方面使许多学生无法入学，另一方面在建筑、设备和人员上又需要大笔的支出。[71] 此外，许多慷慨支持纽约教师培训学校及其前身工业教育协会的人，主要是出于慈善而非教育的目的。搬迁到 120 街后，教育目标成了首要任务，因此需要对教育关注且有兴趣的新赞助者。如何来做以及有何结果将在下一章提及。[72] 这里主要说明，由于财务主管道奇小姐的非凡努力，"危机之年"的燃眉之急得到了解决。尽管如此，解决困难的斗争仍在继续，鉴于开支不断上涨和建设计划，将这处房产抵押，获得了12.5 万美元。到 1897 年，年度赤字已经达到了 8 万美元。[73]

之前提及的慈善目标优先者与教育目标优先者在管理上的分歧，使财务问题变得极为复杂。在赫维校长任职期间的大部分时候，两个集团常常相互抗衡，这也往往导致无所作为。到了 1897 年，慈善优先派领导者夏洛特·威廉姆斯（Charlotte Williams）夫人的两次辞职以及后来过世，为政策的重大转变扫清了障碍。[74] 因此当詹姆斯·罗素受邀加入教师学院时，学校正处于"选择的岔路口"：它与哥伦比亚学院的关系只是暂时性的；它的课程需要进一步丰富；它的财务状况依然极具挑战；以及它的办学目标在慈善和教育之间存在分歧。

1897 年秋天，当詹姆斯·罗素来到教师学院时，他很快听到了一个令人不安的消息：他的朋友惠勒教授决定不接受校长一职。寻找一个新的候选人是一项十分困难的任务，因为一个有研究经验、学术水平，并对教育和教师培训有浓厚兴趣的候选人在当时是十分难寻的。在参加董事会寻找另一位校长的咨询会上，罗素博士立刻提出了这样的建议：如果教师学院是一所真正隶属于哥伦比亚学院的专业学校，那么教师学院就不需要校长了。他的这一建议被要求以书面形式提交时，他提出了学院既是大学的一部分又是具有"独立主权"的教师专业培训学院的整体规划。[75] 这个计划很有魄力，但也称不上大胆，这是由于他并不知道教师学院与哥伦比亚学院过去和现在的关系，也不知道哥伦比亚学院校董会长久以来，对任何比 1893 年联盟协议所规定的更亲密关系的敌意。不过，他的计划是经过慎重考虑的，因此促使对两者关系进行更全面的思考。

---

① 1890 年后由于欧洲撤回在美国的证券投资而引起的金融危机。——译者注

劳特校长似乎一直以来都是这一想法的主要推动者。1897 年 12 月 2 日,他代表教师学院董事会写信给道奇小姐[76],信中他在一定程度上根据罗素的建议,起草了一份新的协议。这份新协议将取代 1893 年联盟协议,他把后者称之为临时协议,认为其在性质上是创新意义大于实际价值。[77]经过一些小的调整,这项新协议被哥伦比亚大学和教师学院的校董会批准,成为 1898 年联盟协议。[78]

根据新计划,哥伦比亚大学"接受教师学院作为其教师培训的专业学院",并在校内将其列为与法学院、医学院同等级别的学院。但是,大学仍然完全控制学位所需修习课程以及学位授予。哥伦比亚大学的校长也成为教师学院当然之校长。罗素被任命为院长,他和另外一名教师学院成员在大学理事会(University Council)中享有席位。和过去一样,教师学院在财务问题上仍然完全独立,对自己的运转负责。[79]

1898 年联盟协议与罗素最初提出的在大学轨道内建立"独立主权国家"的设想依然距离很远。然而,这是很难指望的,正如罗素院长自己所言,"一所脱胎于传统学院的大学,竟然有信心接受一种既没有足够的资金支持,也没有充足的人员的专业教育新形式"。[80]事实证明,根据实际表现让学院获得在大学中的地位是十分明智的。[81]罗素院长也成功地"表现",到了 1900 年,学院被授予学士学位课程的管理权,并在 1915 年被哥伦比亚大学认可是其当然院系之一,最终成为一个"独立主权国家"。

巴纳德校长、巴特勒校长和赫维校长为教师学院在大学里所获得的地位,作了长期的准备和努力,这一成就在最初更多是抱负而非物质。虽然已经依法取得大学的等级,但确定一种与该等级相应的专业教育和创建一所特别的高级教师培训学校仍是一项重要任务。这就是罗素作为创始人的第一个伟大贡献。在后来的几年里,他在评价自己在院长任上的成绩时说,他在 1898 年找到了"一所独立师范学校"。[82]尽管在提高标准和重组学院方面取得了长足的进步,但财政支持不足和机构目标的内部矛盾阻碍了赫维院长殷切希望和不懈努力的充分实现。引用一位当时教员的话来说,1897 年的四年制课程是"简单且组织松散的。这是快速成长的问题,是对迅速变化的环境的一系列适应:把这个机构塑造成一所真正的学院,仍有许多工作要完成。无论是校长还是教员都没有任何范例可以参考。他们得根据教育界的需要,决定要做的工作,以及最能满足这些需求的学院类型。"[83]在专业教育方面缺乏先例的确是一个严重的问题。密歇根大学、爱荷华大学、哈佛大学和加利福尼亚大学等大学在专业教育方面所做的工作仅局限于一个科系，而那些师范学校由于环境所迫，除了培训小学教师外，几乎也做不了其他工作。

尽管存在这些障碍，但罗素院长通过丰富的课程和努力吸引高水平学生，来解决创建一所大学水平的专业学校的问题。早在1898年春天，他自己就开设了一门"外国学校系统"的课程，仅限于具备法语和德语阅读能力、本科以上学历的学生参加。原以为并没有很多学生修读，但经过筛选后共有23人进行注册上课。同时，他开设了一门"学校督导和管理"的课程，并邀请了新泽西州纽瓦克市的督学查尔斯·B.吉尔伯特（Charles B. Gilbert）前来指导。吉尔伯特和塞缪尔·达顿（Samuel Dutton）、乔治·斯特雷耶（George Strayer）及其同伴是这一领域的重要先驱。到了1898年，学院共开设了13门高阶教育学课程；到1906至1907年，共开设了72门。罗素院长在全国范围内寻求可堪重任的英才。下一章所提到的"先驱者"证实了罗素的选择是何等敏锐以及他取得的成就是多么卓越。他们对教师学院的贡献为其在20世纪的影响力和实力奠定了基础。

与此同时，罗素院长对教师教育的理念也在不断地清晰，他通过教师队伍的明智选择，同时规划和实施教师学院的未来课程模式。早在1899年，他就奠定了课程的基本理念，共有四个目标：通识文化、专业学术（special scholarship）、专业知识（professional knowledge）和技术技能。[84]他所说的通识文化，不仅意味着被普遍接受的大学教育，也包括"训练学生，使其能够看到存在于各个知识领域的各种关系，甚至是所有知识的统一"。它"必须足够自由来激发对知识的尊重，足够宽广来证明独立知识的合理性，足够准确来引发对真理的热爱"。

有关第二个目标专业学术，罗素院长坚持对教授学生的教材持续进行专业化，"不仅是要进行更多的学术性学习，而且使学生能以专业方式运用知识"。"不让任何人，"他继续说道，"贬低专业教育中必不可少的学术。从任何领域选择合适的材料，都是以对该领域既全面又经过评估的知识为前提的。"为了进一步阐明，他比较了学术目的的专业化和专业目的的专业化，前者主要是为知识而积累知识并在研究中取得成果，而后者强调对所积累材料的处理以及解决使其以专业的方式服务于研究的问题。

罗素院长项目的第三个目标是专业知识，他意识到有必要去更多地了解学习者和学习（教育心理学）；了解过去的成就和目前国内外的实践（教育史）；了解学校管理及其目的与教师、学生和社会的关系。为此，他设想对学生进行教育基础探究和教育理念阐释的训练。这启发了研究；并且从早年起，他就开始尝试把医学和工程学中运用的同样严谨的研究、同样的病例研究和同样的控制观察应用于教育。

最后，他的模式中的第四个因素，技术培训，对罗素院长而言，意味着培训如何和何时采取行动，为何一种程序比另一种程序更可取，实现特定目的需要什么知识、技能及其原因。"任何领域中的艺术家使用他们的工具时都必须具备精湛的技巧。教师必须精通教育艺术的技能。"早期阶段对罗素院长来说，这个项目构成了"教育科学"；并且大学有义务推广这一科学。他总结道："大学的教育系具有探索教育基础、解释教育理念、发明教育方法和应用教育原则的特殊功能。"

罗素院长对专业教育定义的基础是他的教育本身的概念，这个概念比通常认为它只是教学或研究的概念要广泛得多。正如之前已经指出的，当他 1895 年从德国回国时，他已经得出结论，一种特殊的教育对民主是至关重要的，它在各方面都与人们的生活息息相关。因此，他很早就主张将学院的工作扩展到"公共教育领域之外"，无论"其他形式的教育上的努力对我们提出什么要求"。他说："私立学校、改革学校（reform schools）、庇护所和其他慈善机构都需要训练有素的教师和称职得力的领导人。"这样亟需的教师和人员是如何增加的，只有在 20 世纪复杂的专业化延伸到人类生活和奋斗的每个阶段时才能知道答案。但在 1900 年，罗素已经预见到了这种需要，并且在构想时没限制教育对此的回应。因此，他不可避免地提倡一种专业训练，这种训练承认教育过程的功能有更广泛的概念。

随着教育角色概念的拓展，罗素院长接受并拓展"教育服务于公共利益"这一使命。考虑到这一目标，他积极关注美国南方的重建和恢复，与普通教育委员会（General Education Board）合作，挑选年轻能干的男性，后来也包括年轻能干的女性在教师学院接受培训。[85] 他多次参加由罗伯特·奥格登（Robert Ogden）、罗素·塞奇（Russell Sage）和弗兰克·钱伯斯（Frank Chambers）等慈善家组织的南部各州的考察，其产生的直接结果是于 1901—1902 年在教师学院设立了几个南方奖学金。

罗素对纽约社区的兴趣不亚于他对南方复兴的兴趣，多年来期待进步教育对"环境"（environment）的关注。早在 1898 年，在他作为院长的第一份报告中，他就主张建立一所"实验学校"，不仅要在教学中进行实验和实践，而且要造福社区；在他的第二份报告（1899 年）中，他讲述了这所学校的建立，这所学校后来成为斯派尔学校（Speyer School）。在此，他指出：

> 不仅将在普通的学校科目中给予指导，而且还将做出特别努力，使社区中的孩子对工业和家务技能、美术，以及有助于培养正直品德和良好公民素质的职业和娱乐活动产生兴趣。有了合适的地方和足够的捐款，就有可能把现在计划作为实验学校的地方扩大成为实验学院，进一步促进对各种形式的公共教育和社会服务的理性研究。[86]

正是以这种方式——通过促进实现公共利益的教育——罗素院长不仅延续了道奇小姐的意愿[87]和精神，而且协调了在过去十年中教育家和慈善家关于办学目标所形成的诸多分歧和冲突。多年后，他说："在 1897 年，我遇到的第一个大问题是如何确保管理上的统一。"他把看似不同的目标和信念结合在一起，将这些融入到他广泛和自由的民主教育的概念中，从而解决了问题。

作为专业培训不可或缺的一部分，教育改革是罗素作为教师学院第三位创始人的最后一项贡献，或许也是最重要的。他早已反抗了"旧教育"的形式主义、僵化和教条，认同那些将兴趣、欣赏和感知作为指导教学的原则的新声音，他发现自己面临着挑战，被奉为神旨的"工业教育协会十大原则"正控制着学院的理念。[88]这些原则强调"培训全体教员"、正规纪律和记忆的重要性；它们被当作"抵御不断高涨的教育异端学说的堡垒"，它们代表的是罗素所反对的一切。

罗素院长通过招募新教师来解决这样的情况。这些新教师要么精通新的教学理念，要么至少是"思想开放、不受学术传统条条框框束缚的人"。他还从一开始就确立了统筹所有教师资源来制定专业培训计划的习惯，以此抨击权威主义。[89]这些教师会议多年来一直在他的餐桌旁定期举行，其目的不仅是确定政策和确定学生的需要，而且是培养团队合作和建设性的互相批评的能力。在这些会议上，"直到最后一位反对者同意时，一项提案才会获得通过"。[90]

因此，和其他创始人一样，罗素给这所年轻的学院留下了丰厚的遗产：他为一所大学水平的学校设计了专业教育；他广泛而民主的教育理念涵盖了人类生活的方方面面；他把教育看作是一种社会力量，从而协调了学院内部相互矛盾的目标；最后，他拥护自由教育理念，这对美国和世界教育产生了不可估量的影响。

他们是教师学院的三位创始人，每一位都在各自的任期中融入一种或多种使教师学院建立的基本理念。在这里，我们将再次与他们在历史中相遇：格蕾丝·道奇，不懈地促进学院发展，协调董事会、学院和大学之间的冲突，将她的商业才能用于学院的财政支持上，并在 1915 年过世时遗赠给学院两百五十万美元；尼古拉斯·默里·巴特勒，始终忠于学院的大学地位并促进其利益，始终是教育研究的学习者和支持者；詹姆斯·罗素，在他负责学院三十年的行政管理工作期间，不断扩展、精细化并贯彻其早期作为院长领导学院时提出的专业教育模式的每一项内容。

注释

1　William R. Stewart, *The Philanthropic Work of Josephine Shaw Lowell* (New York，1911)，p. 129.

2　Speech of Lucia Daniell at the Memorial Servie for Grace Dodge, January 4, 1915. *Teachers College Record*，XVI (1915)，109.

3　Abbie Graham, *Grace Dodge: Merchant of Dreams* (New York，1926)，p. 114.

4　James E. Russell, *Founding Teachers College* (New York，1937)，p. 42.

5　Unpublished file re Kitchen Garden Association, Teachers College Library.

6　*Report of the Kitchen Garden Association*，1881，pp. 19–23.

7　同上，1881，p. 5.

8　同上，1884，pp. 5–8.

9　同上，1881，p. 9

10　同上，1884，pp. 5–8.

11　同上，1884，p. 8. 另请参阅 Sara Sands Paddock 代表工业教育协会在第十一届全国慈善与教养大会(the Eleventh National Conference of Charities and Correction)上宣读的的论文 *Industrial and Technological Training* (Boston，1884)，在文中她表明工业教育是"当今最

重要的问题之一"。

12 Grace Dodge，*A Brief Sketch o f the Early History of Teachers College* (New York，1899)，
p. 6.

13 Walter L. Hervey，"Historical Sketch of Teachers College from Its Foundation to 1897,"
Teachers College Record ，I (1900)，15.

14 Dodge，*A Brief Sketch*，pp. 16 - 17.

15 Walter L. Hervey，"Historical Sketch of Teachers College from Its Foundation to 1897,"
Teachers College Record ，I (1900)，17.

16 *Report of the Industrial Education Association*，1886，p. 14.

17 同上，pp. 27 - 32.

18 See the New York *Times*，April 5，1886.

19 *Report of the Industrial Education Association*，1887，pp. 9 - 11.

20 同上，p. 11.

21 Dodge，*A Brief Sketch*，p. 21.

22 同上，p. 22.

23 *Report of the Industrial Education Association*，1888，p. 5.

24 Nicholas Murray Butler，*Across the Busy Years* (New York，1939)，I，59.

25 *Report of the President of Columbia College*，1881，p. 39.

26 同上，p. 43.

27 *Proceedings at the Inauguration of Frederick A. P. Barnard，S.T.D.，LL.D.，as President
of Columbia College，on Monday，October 3，1864* (New York，1865)，p. 78.

28 *Report of the President of Columbia College*，1881;同上，1882.

29 Butler，*Across the Busy Years*，I，73.

30 同上，p. 92.

31 同上，p. 127.

32 同上，p. 177.

33 同上，pp. 177 - 178.

34 同上，p. 178.

35 Nicholas Murray Butler，"The Beginnings of Teachers College," *Columbia University
Quarterly*，I (1899)，343 - 344.

36 Butler，*Across the Busy Years*，I，181.

37 同上。

38 Frank D. Fackenthal (ed.)，*Columbia University and Teachers College: Documents and
Correspondence* (New York，1915)，p. 4. Hereafter cited as Fackenthal，*Documents and
Correspondence*.

39 *Circular of Information*，*New York College for the Training of Teachers*，1888，p. 10.

40 同上，p. 32.

41 *Teachers College Bulletin*，No. I（1894），p. 7.

42 同上，pp. 5 - 6.

43 *Circular of Information*，*New York College for the Training of Teachers*，1890，p. 10.

44 *Report of the Industrial Education Association*，1888，p. 8.

45 Nicholas Murray Butler，*Manual Training as an Element in Public Education*，the 26th Convocation of the University of the State of New York，1888.

46 Nicholas Murray Butler，*Manual Training*，the Annual Session of the American Institute of Instruction，July，1888.

47 Fackenthal，*Documents and Correspondence*，p. 206.

48 同上，p. 5.

49 *Report of the Industrial Education Association*，1891，pp. 5 - 7，51.

50 *Teachers College Bulletin*，No. I（1894），p. 17.

51 Butler，*Across the Busy Years*，I，168.

52 Dodge，*A Brief Sketch*，pp. 32 - 33.

53 *Teachers College Record*，XXIV（1923），308 - 309.

54 Nicholas Murray Butler，*The Duty of the University to the Teacher*，Address delivered before the New York State Professional Teachers Association，July 8，1890. 这所大学,只有这所大学,有传统、有学识、有资源、有机会,能对教育学科进行深刻而准确的探讨,这种探讨在过去五百年来已经成为科学研究精神上和物质上的特点。

55 Russell，*Founding Teachers College*，p. 13.

56 同上，p. 16.

57 James E. Russell，*German Higher Schools*（New York，1899），pp. 411 - 413.

58 Russell，*Founding Teachers College*，p. 19.

59 "没人会否认,公共教育的利益与法律、医学或工程学的利益同样重要和紧迫。因此,大学对教师进行专业培训是忠于自身目标的。" James E. Russell，"The Function of the University in the Training of Teachers," *Columbia University Quarterly*，I（1898 - 99），332.

60 James E. Russell，"Education in Colorado Thirty-Five Years Ago," *Teachers Journal and Abstract*，V（1930），511. A speech delivered at the 40th Anniversary of Colorado State Teachers College，October 10，1930.

61 赫维在 1891 至 1892 年间担任代理校长,随后从 1893 年开始担任学院校长直至 1897 年辞职。

62 Russell，*Founding Teachers College*，p. 26.

63 Fackenthal，*Documents and Correspondence*，pp，6 - 8.

64 *Report of the President of Columbia University*，1937，p，39，"……对大学内教师学院的朋友来说这是十分明晰的……合并它……在那时会抑制其成长并限制其重要性。"

65 Fackenthal，*Documents and Correspondence*，pp. 9 - 11.

66 同上，pp. 21 - 23.

67 *Teachers College Bulletin*，No. 5 (1895)，p. 8.

68 See President Low's Address at the Commencement of Teachers College，June 2, 1898, in Fackenthal，*Documents and Correspondence*，p. 46.

69 同上。

70 *Report of the President of Teachers College*，1895，p. 6.

71 *Teachers College Bulletin*，No. I (1894)，p. 14. 董事会知道"紧急之年"要到来。学院要离开老选区，搬到一个满是"强占空地者搭建的棚屋和供奶山羊的地方"。

72 见第 4 章。

73 Russell，*Founding Teachers College*，p. 25.

74 同上，p. 23.

75 同上，p. 26.

76 Fackenthal，*Documents and Correspondence*，pp. 26 - 31.

77 *Report of the President o f Columbia University*，1898，p. 12.

78 Columbia University，*Reports in Relation to the Discontinuance of the Faculty of Fine Arts* (December 1, 1913)，p. 7.

79 Fackenthal，*Documents and Correspondence*，p. 39.

80 Russell，*Founding Teachers College*，p. 29.

81 See Chapter IV.

82 Russell，*Founding Teachers College*，p. 25.

83 Franklin T. Baker，"A Sketch of the History of Teachers College," *Columbia University Quarterly*，IX (1907)，317.

84 *Report of the Dean*，1900，pp. 13 - 14. See also James E. Russell，"The Function of the University in Training Teachers," *Columbia University Quarterly*，1 (1898 - 99)，323 - 342.

85 *Report of the Dean*，1902，p. 14.

86 *Report of the President of Columbia University*，1899，p. 14.

87 "学院和创始人的基本目标,是为了提升人们的生活水平,尤其是贫困的人和年轻人"：Speech，William F. Russell，October，1947.

88 见第 16 页。

89 Russell，*Founding Teachers College*，p. 52.

90 同上，pp. 50 - 51.

第三章
先驱者和他们的后继者

　　20 世纪初的文化和教育环境为专业教育学院提供了丰富的机会。美国已从美国-西班牙战争中崛起,赢得了新的国际威望,同时 19 世纪 90 年代日益加强的政治集权,给国家事务带来了新的统一感。在经济领域,工业主义的力量加速向前推进,始于 1865 年"美国资本主义的胜利"的美国生活的巨变持续进行着。在这种转变之后,随之而来的是与美国工业化有关的趋势的加强:城市的崛起、权力的集中、社会权益的组织以及社会抗议和改革运动的压力。连同知识普及这样广泛的知识改变、各级学校人数的增长,以及对课程传统观念的抨击一起,这些力量给教师学院带来了无与伦比的"涨潮",正如莎翁所言"人间大小事,有其潮汐;把握涨潮,则万事无阻"。[1]

　　在应对这些年来严峻的挑战时,教师学院的优势在很大程度上归功于三个因素:(1) 詹姆斯·罗素在学院早期精心设计且具有预见性的专业教育的多维理念的应用与发展;(2) 实施其关于教育在民主中发挥广泛和包容作用的信念;(3) 在教育改革过程中积极接受和采纳这些新思想。由于所有这些思想和理论都需要具体实施,在新世纪的头十年,一批先驱者受邀来到学院,对时代的迫切需要做出最根本的响应。这些先驱者反过来建立了一种传统,并传承了一笔遗产,这笔遗产注定会使学院在二十年内成为美国教育思想和实践的主要力量之一。

　　文献资料的缺乏是制约教育研究和教师专业培训最严峻的因素之一。保罗·孟禄(Paul Monroe)的工作是教师学院对这一需求的首个回应。他受过良好的历史和社会学研究方法的训练,罗素院长推选他去实现学院对教师教育的首要要求之一,即"在教育基础的探究、教育历史成就和当前国内外教育实践领域进行培训的需要"。孟禄是当时教育研究领域的一位大师,掌握全面的、学术性的探究方法——教育史,他进而发展了一门学科,这门学科在教育思想的各个领域都树立了一个可敬的标准。

孟禄教授不仅培养了数百名凭自己能力成为该领域领导者的学生,还对教育学的文献资料和研究主题作出了重大贡献。[2]在他的影响和指导下,他的许多学生都积极参与处理美国教育史上新阶段和新时期的新问题,从而大大丰富了美国学校发展中所需的准确知识。同样,孟禄作为麦克米伦(Macmillan)出版公司"教育学教科书系列"和"教育学资料集丛书"的编辑,在当时分散且未成体系的教育知识领域中,他为收集和整理真实资料的工作作出了不可估量的专业贡献。他最重要的贡献是担任《教育百科全书》(Cyclopedia of Education)(五卷,1910—1913)的主编,这本著作多年来一直是教育领域话题和研究中最准确、最全面的指南。

这样的一位开拓者必然会在他自己的学院内有追随者,而这些追随者们则会进一步照亮前路。其中包括爱德华·赖斯纳(Edward Reisner),他的长篇系列著作丰富了这一领域的文献[3],还有威莉斯汀·古塞尔(Willystine Goodsell),她对女性教育的深入调查很快成为标准的参考资料[4]。

爱德华·李·桑代克(Edward Lee Thorndike)是罗素院长引进学院的第二位早期开拓者,他不仅构建了大量独特的教育材料,还对20世纪教育改革的不断要求做出回应。作为第一批从儿童研究运动早期就理解其深远意义的学生之一,桑代克于1895年从卫斯理大学毕业,1897年在哈佛大学获得硕士学位,1898年在哥伦比亚大学取得博士学位。他的老师威廉·詹姆斯(William James)和詹姆斯·麦肯·卡特尔(James McKeen Cattell)向罗素院长推荐了他。罗素在参观桑代克在西储大学(Western Reserve University)①的第一堂课后,邀请他进入教师学院。尽管院长发现他"进行的是对老鼠和猴子的研究",但他离开西储大学时,"确信桑代克的研究值得在人类身上进行"。[5]

桑代克博士杰出的事业和成就多亏了院长的判断。1899年,二十五岁的他来到教师学院,不到五年就从一名讲师成为正教授,并担任教育心理学系主任。他在教师学院和他所选择的领域服务了四十年,从各个方面来说,他都是那个时代杰出的教育

① 1826年创办于康涅狄格西部保留地。——译者注

心理学家。桑代克主要受詹姆斯和 G.斯坦利·霍尔(G. Stanley Hall)的影响,他首先在前人的工作基础上发展,但之后他的成就远超前人。他提出教育心理学的第一种形式"以实验和观察为基础的、连贯的、相对全面的知识体系,并始终以人在特定情境刺激下的实际行为作为其最终参照依据"。[6] 他的三卷本《教育心理学》(*Educational Psychology*)(开始于 1903 年,完成于 1913 年)不仅系统化了当时人类行为学的知识,而且明确地为人性极为复杂的大量细节确立了一种科学的方法。桑代克本人曾简要地说过,心理学是一门研究包括人类在内的动物的智力、性格和行为的科学。这一研究不仅可以明确和拓展教育目标,而且有助于理解实现这些目标的适当手段。因此,对桑代克来说,教室是一个"伟大的实验室",在里面,把本能和能力转变成习惯和力量是教育研究的核心和永无止境的主题。[7]

到 1940 年,桑代克发表的论文已超过 500 篇。尽管这里不可能完整地列出他丰富的出版物,但简要地列举桑代克在心理学领域的主要贡献是可行的。大体上有:第一项对动物智力和学习的科学研究;解构"教师"(faculty)理论与形式训练理论;发展标志着心理学中心理过程方法(记忆、知觉、理性等)终结之始的"学习定律"(Laws of Learning);构建"准备律与效果律"(laws of readiness and effect);"培训迁移理论"(theory of the transfer of training)构成了课程研究的个人和社会效用方法的基础;在教育和心理学中引入统计法,并发明了衡量表现质量(quality of performance)的量表;发起成就测试(achievement test)运动,推动群体智力测验(group intelligence tests)发展;广泛探索遗传与环境的相互作用;发展个体差异的概念和天赋的科学研究;成人学习方面的研究发现奠定了成人教育的基础;研究城市、商业、工业等社会制度以及美学、语义、兴趣、态度、聪慧儿童、少数族裔等问题;推动众多学校科目教学的详细方法与材料的发展;词汇的研究;以及人性与社会的理论。[8]

像所有的先驱们一样,桑代克激励了无数追随者和领导者继续在他革命性的教育工作中前行。他们中的许多人成为他在教师学院的同事,其中包括以资优儿童研究闻名的莱塔·S.霍林沃思(Leta S. Hollingworth)和矫正阅读领域的先驱亚瑟·I.盖茨(Arthur I. Gates)。后来加入该学院的学者有儿童心理学专业的亚瑟·T.杰西德(Arthur T. Jersild)、测试与测量专业的欧文·洛格(Irving Lorge)、指导专业的露丝·

斯特朗(Ruth Strang)和社会心理学专业的古德温·沃森(Goodwin Watson)。

　　一如爱德华·桑代克是教育心理学的领军人物,约翰·杜威(John Dewey)是教育哲学的杰出先驱。在哈佛大学,杜威受到查尔斯·桑德斯·皮尔斯(Charles Sanders Peirce)和威廉·詹姆斯这些初露头角的实用主义者的影响,试图将经验和实验的学说应用于日常生活,进而应用于教育之中。1896 年,他创办了芝加哥大学实验学校(Chicago University Laboratory School),希望通过这个示范学校为"未来学校"铺平道路。在那里,他把他从新的心理学中挑选出来的三个革命性信念付诸实践:为了使孩子充分发挥他的才能,教育应该是主动的而不是被动的;为了使孩子为民主社会做好准备,学校应该是社会性的而不是个人主义的;为了使孩子创造性地思考,应该鼓励实验探究而不是模仿。

　　同年在全国赫尔巴特学会(National Herbart Society)上,杜威用一篇重要的论文尖锐地抨击了赫尔巴特的"兴趣"(interest)学说。他驳斥了赫尔巴特教学法(Herbartian pedagogy)中对"兴趣"和"努力"是对立的假定,他认为两者在儿童世界中是相互关联的。因此,他谴责那些不能满足特定需求的重复性学习任务,以及奖牌、奖品等老套的人为激励措施。他更加强烈地反对历史悠久的惩罚方式,因为惩罚毁灭了兴趣,挫败了积极性和努力。杜威还批判了赫尔巴特的概念,即认为思想是独立于且先于活动的,并在此基础上提出了心灵(mind)的概念,这一概念有力地支持了在全国范围内建立"活动学校"(activity schools)的运动。在 20 世纪的最初几年,杜威十分多产,写出了许多意义深远的教学论文[9];他的《民主主义与教育》(*Democracy and Education*)在 1916 年首次出版,多次印刷再版,被翻译成六种语言,并为进步教育学的一个时代提供了理论基础。

　　杜威虽然不是教师学院的一员,但在 1906 年,他被请到教师学院讲课,对其他先驱者和他们的学生都产生了巨大的影响。此外,作为哥伦比亚大学哲学系的一员,根据 1900 年签订的联盟协议,杜威也隶属于教育学院,因此在影响教师学院高年级学生方面具有独特的地位。后来,当教育研究系(Department of Educational Research)成立时,杜威是首批被任命组建该部门的七名教授之一。

　　可以肯定的是,在 1900 年到 1910 年的十年间,整个学院都受到了广泛流传的教育改革思想的影响。但是约翰·杜威,在哥伦比亚大学多年的教学生涯中,直接把这些思想集中到非常明确的道路上,从而给教师学院留下了不可磨灭和不可估量的影响。的确,可以肯定地说,桑代克和杜威这两位思想家是20世纪教育理论的两股巨大的形成力量,并共同建立了他们同时代人和后继者工作的参考框架。

其他先驱者们正是在桑代克和杜威开创的反抗现有教育的框架中,也出于对日益增长的教育实践和方法改革需求的响应,被召集到这所学院来。詹姆斯·罗素曾说过专业教育的基本特征之一是方法上的技术训练,而这些先驱者中最早来到学院的弗兰克·麦克默里(Frank McMurry)则是罗素这一断言的首个实施者。在德国教育思想对美国教育产生巨大影响时,麦克默里和他的哥哥查尔斯(Charles)一起在耶拿大学和莱比锡大学学习。在那里,受到赖茵(Rein)教授和席勒(Ziller)教授的指导,他完全沉浸在赫尔巴特主义和新赫尔巴特主义的教育理论之中。回国后,他成为美国最重要的赫尔巴特学说的诠释者,试图通过"兴趣"、"统觉"、"文化时代"和"五段教学法"等新学说,来对抗传统教学方法的僵化。

麦克默里活跃于全国教育协会(National Educational Association)和全国教育科学研究学会(National Society for the Scientific Study of Education),其中,他的哥哥查尔斯担任全国教育科学研究学会的执行秘书。很快,麦克默里引起了詹姆斯·罗素的注意。最后在1898年秋天,他加入了教师学院,并立即吸引了大批学生来他的班上听课。

虽然麦克默里的贡献不断增加,但作为约翰·杜威的同代人,他接受了杜威的实用主义方法哲学(pragmatic philosophy of method)来取代赫尔巴特理论,并且他自己也成为这种被称为"功能性"(functional)方法的倡导者。他自己对方法原理的研究出现在1907年的著作《如何学习和教如何学习》(*How to Study and Teaching How to Study*)中,随后还有对同一主题的大量补充探讨。他的兴趣也扩展到了小学课程;[10]他在这个领域的教学和写作很快使他成为现代进步教育理论的先驱。

和其他先驱一样,弗兰克·麦克默里也有他的追随者和反对者,在教师学院的同事和后继者中两者都存在。由于教学法(method)的概念与教育心理学和哲学的新理论密切相关,不可避免地会引发激烈的讨论和强烈的派别之争。情况显然就是这样;

正是由于这些差异,才产生了丰富的实验和研究,使教师学院成为思想的发源地,并使学生做好充分准备以应对来自该领域迅速发展的挑战。

在这方面,尤其是在与杜威思想的关系方面,威廉·赫德·克伯屈(William Heard Kilpatrick)的著作和影响显得十分重要。1909 年,在公立学校和摩斯大学取得了一定的成就之后,克伯屈来到教师学院,成为杜威哲学和教学法的忠实信徒和阐释者。自 1913 年加入教师学院后的 25 年里,他注定要成为校园里最受欢迎同时也是最具争议的人物之一。他的传记曾有过估计,在 25 年间他教过来自 60 多个不同国家的 35 000 多名学生,为教师学院赚取了超过一百万美元的收入。[11]

克伯屈的教育理论提出了三个基本论点:学校应自觉地选取一种社会取向,即学校的一切都应该为孩子的有偏好的社会生活做好准备;教学法始终是目的性的活动;课程应该包括现在有用的内容,而非将来有用的内容。事实上,克伯屈成为杜威首创的"问题-项目"教学法("problem-project" method)的主要阐释者和推广者。简而言之,这是一种尝试,即让孩子们在每个学习行为的开始就带着一个能引起兴趣和思考的问题,从而有目的地学习。它建立在杜威和桑代克的心理学基础上,而不是建立在支撑麦克默里早期理论的赫尔巴特的统觉概念上。因此,项目式教学法(project method)取代了赫尔巴特"五段教学法"。对克伯屈和他的追随者来说,这种有目的的思考和行动在维护和改善民主社会方面起到了至关重要的作用;因为,如果民主学校要为社会服务,它们就必须让年轻人做好准备,有远见、有目标,也要有智慧地行动。克伯屈通过在教师学院向成百上千的学生传授这种教育理念,在发行量和声望很高的刊物中推广这一理念,而成为"美国公立教育进步最具影响力的六位教师与领导者之一"。[12]

亨利·萨兹洛(Henry Suzzallo)[13] 和大卫·斯内登(David Snedden)[14] 是另外两位杜威思想的阐释者,他们在早期就将自己的观念应用于教育原则和方法之中。两者都对教育管理的早期发展作出了重大贡献,同时斯内登还是教育社会学发展的领导者。此外,还有弗雷德里克·G.邦瑟(Frederick G. Bonser),他和麦克默里一样,早期也采用了教学法的功能性概念。后来,邦瑟将他的兴趣集中在开发工业技术项目上,并成为小学课程最重要的学者之一。

不用说，学院中还有这些先驱的其他后继者们，他们对抗新思想，因此为有关教育的原则、方法和哲学的激烈辩论作出了贡献。在二十世纪的第二个十年中，首屈一指的人物的是威廉·C.巴格莱（William C. Bagley）。他是一位著名的心理学家，是落基山地区第一本学校刊物《山间教育家》（Intermountain Educator）的创始人和编辑，以及《教育心理学杂志》（Journal of Educational Psychology）的创始人和编辑之一。他与教师学院大卫·斯内登就通识教育和职业教育的辩论，引起了罗素院长的注意。院长说，教师学院"应该让巴格莱这样的人代表学院而不是在学院外和我们斗争"。[15]因此，他从伊利诺伊大学被邀请加入教师学院，并于1917年成为教师教育系的系主任。在那里，他主要致力于专业教师教育的问题和思考。据他的一位同事说，巴格莱的主要贡献包括"深刻理解任课教师的教学工作……以及他对教育在民主中应该发挥的作用的基本理解"。[16]他一生都坚持的观点是：良好的教学所需要的不仅仅是"行业诀窍"的知识，一个成功的教师必须有和其他专业人士一样丰富的文化和学术背景。[17]对此，显然，他认同詹姆斯·罗素的主要信条之一。他一直反对过于死板地理解智力测量，认为这十分危险，并严厉批评新进步教育某些在他看来十分肤浅的方面。他是一位真诚的批判者，这些批评不断激励着思想、评价和变革。

正如弗兰克·麦克默里代表了小学教育应用教学法的先驱，帕蒂·史密斯·希尔（Patty Smith Hill）为幼儿园和托儿所教育作出了巨大贡献。当她在1905年作为访问讲师（visiting lecturer）来到教师学院时，幼儿教育由幼儿园创始人福禄贝尔（Froebel）的教学原则所主导。然而，面对儿童心理学家收集的不断增长的大量数据，这些原则很快便失去了有效性。此外，福禄贝尔的形式主义与杜威新功能主义并不相容，而且福禄贝尔严格的纪律有悖于对孩子兴趣和需求的重点关注。为了将新的理念应用于幼儿教育领域，这个坚定信奉福禄贝尔学说、被情感所左右的领域需要一位坚毅的领导者。

帕蒂·史密斯·希尔为承担这项任务已做好充分的准备。她在1887年从路易斯维尔大学学校（Louisville Collegiate Institute）①毕业，1889年从路易斯维尔幼儿园培

---

① 这是一所坐落于路易斯维尔市的中学。——译者注

训学校(Louisville Training School for Kindergarteners)毕业,随后她在芝加哥库克县师范学校(Cook County Normal School)跟随弗朗西斯·帕克上校(Colonel Francis Parker)学习(1890年)。此后,她成为芝加哥大学约翰·杜威(1894)的学生,也是克拉克大学(Clark University)的斯坦利·霍尔和威廉·伯纳姆(William Burnham)的学生。与此同时,她已经成为路易斯维尔的家长实验幼儿园(Parental Experimental Kindergarten)的园长,在那里她进行了首次打破传统教育程序的实验。后来,她在路易斯维尔幼儿园和小学教师培训学校(Louisville Training School for Kindergarten and Primary Teachers)(1893—1905)担任类似的职务。

一直关注着教育各个领域领导力量的罗素院长,把帕蒂·希尔请到教师学院,1905年她以访问学者的身份来访,一年后她成为学院的教员之一。她的任务是向教师学院的学生介绍她成功引入路易斯维尔的更为激进的方法。在一段时间中,新旧两方观点都被提出。帕蒂·希尔敢于以自己的立场,与旧观点的拥护者苏珊·E.布洛(Susan E. Blow)碰面,并在"在公平竞争中赢得了胜利"。这场斗争持续了十年,充分证明了"传承信念的坚毅"。[18]

具体来说,帕蒂·希尔成功地将新的心理学和哲学研究应用到儿童教育中,摆脱了特定游戏、积木和材料的形式主义固有传统。除此之外,她是最早统一幼儿园教育和小学教育的人之一,最早组织家长教育的人之一,最早引入2至4岁儿童科学研究的先驱之一,并且也是首批幼儿性格和成长领域的学者之一。学生们从全国各地蜂拥而来,在她的指导下学习并观察她的新方法。尽管她早期被称为"危险的激进分子",但很快她的毕业生已经遍及每一所主要的师范学校,并试图用新思想取代旧思想。随着时间的推移,来自世界各地的男男女女从她的教学中受益,并将她的教学方法带回到世界各地。因此,帕蒂·希尔作为一名教育家和学者赢得了国际声誉,在她的领域里,她即使不是无与伦比的,也是出类拔萃的。她著作繁多,特别是在为幼儿编写新材料方面,而她在教师学院建立儿童福利研究所(the Institute of Child Welfare)上的努力尤其具有影响力。1935年她退休时,哥伦比亚大学授予她荣誉文学博士学位。

帕蒂·希尔离开教师学院后,在西123大街535号建立了希尔拓普社区中心(Hilltop Community Centre)。她利用联邦幼儿园项目(Federal Nursery School

Program），从失业人员中选出护士、医生、营养师、保育员和教师，在社区开展了一项幼儿和他们父母的实验。这个项目后来与新学院（New College）合作，提供了一个培训进步主义教师的实验室，就是如今的曼哈顿维尔托儿所（Manhattanville Day Nursery）。在职业生涯的最后，帕蒂·希尔"再次回到了她青少年时期就开始的为贫困儿童服务的类似的社区工作中……在肯塔基州路易斯维尔的一个小小的教会幼儿园中工作"。[19]

在中学教育领域，学院的先驱者们也超越了传统，推动前沿的发展。早在 1902 年，罗素院长就把朱利叶斯·萨克斯（Julius Sachs）带到了学院，并时常向他征求意见，同时让他领导一个新的中等教育系。在早期先驱中，萨克斯博士是唯一一位德高望重的长者，他在 1871 年于德国获得博士学位，同时还担任东部两所重要大学预科学校的校长，获得了丰富的实践经验，用以应对"中等教育理论家的变幻无常"。[20]

萨克斯是所有研究改进中等教育的组织中的积极人士，是建立美国中部各州和马里兰州大学入学考试委员会（College Entrance Examination Board）的领导者，也是致力于拉丁语和考古学研究学会的重要成员，他为中等教育系和教师学院的建立辛勤工作了 15 个年头。[21]罗素院长总结了萨克斯所作的贡献："他本人是中学校长的典范，他将自己的专业热情灌输给广大中等教育学生，从而创造了卓越的专业标准，这个标准将成为学院永久的财富。"[22]他在 1917 年退休后，交棒给托马斯·H.布里格斯（Thomas H. Briggs），而布里格斯在 20 多年间一直延续着他的前任萨克斯积极的领导态度。

许多其他在中等教育领域工作的先驱者们，特别关注其中一个又一个学科教学领域。他们之中的主要人物有数学领域的大卫·尤金·史密斯（David Eugene Smith）、拉丁语领域的冈萨雷斯·洛奇（Gonzales Lodge）、历史领域的亨利·约翰逊（Henry Johnson）以及美术领域的阿瑟·卫斯理·道（Arthur Wesley Dow）。罗素院长找到的人才华横溢、训练有素，且具有完成工作的创新精神和勇气。当他回忆找到这些人才的困难时，他写道："我知道我们的老师应该是学者，他们不仅是各自领域的大师，同样也是更广泛文化的产物，他们有能力激发学生的学术追求和努力。同时具备这些条件的人寥寥无几，而那些大学教师，几乎不可能在一个通常被认为是'非学术性'的领域中冒险尝试。"[23] 由于篇幅限制，在这儿只能对他们的贡献作最简短的总结。

他们之中最早的先驱是大卫·尤金·史密斯，他以人性化的方式进行数学教学并将数学与现实生活联系起来。他的工作引起了罗素院长的注意，并于 1901 年被任命为教师学院的数学教授。在他为教师学院服务的 25 年间，他不断地发展并拓展自己的理念。他通过具有启发性的教学，将新方法和新教材引入数学课程，为中小学和大学编写许多教科书，在数学史上进行了广泛的研究，他也因此得以走向世界。1931年，他赠送了超过 20 000 件的历史收藏品给哥伦比亚大学，包括书籍、小册子、记录数学学科历史的手稿、硬币、奖章以及计算和测量仪器。1924 年，他创立了科学史学会（History of Science Society），给美国公立学校的数学及其教学留下了深刻的影响。

一如史密斯为振兴数学教学作出的贡献，冈萨雷斯·洛奇对拉丁语教学也作出了类似的贡献。洛奇是在约翰·霍普金斯大学著名古典学家巴斯尔·吉尔德斯里夫（Basil Gildersleeve）教授的大力推荐下，从布尔茅尔学院（Bryn Mawr）①来到教师学院的。他作为先驱的主要贡献有两点：一是通过与古典时期的文学和文明的联系使拉丁语教学人性化；二是在大学政策制定中他坚持将学术作为专业培训的一项基本要素。

历史教学教授亨利·约翰逊也在这群先驱之中。和其他先驱一样，约翰逊在明尼苏达大学和哥伦比亚大学求学期间，也去了巴黎大学和柏林大学交流学习。当他于1906 年来到教师学院时，他在明尼苏达州穆尔海德（Moorehead，Minnesota）和伊利诺伊州查尔斯顿（Charleston，Illinois）的师范学校里都赢得了令人羡慕的声誉。[24] 他对学术专家和专业教育者的主张都有着敏锐的理解，尽管许多主张间似乎并不相容，但他在它们之间架起了一座有效的理解桥梁。他在教师学院的课程中严格遵循历史方法（historical method）的规定，并且他通过在历史教学中巧妙设计的方法，也使得他的教学充满活力、更人性化，还提高了历史教学的水平标准。他的著作《中小学历史教学》（*The Teaching of History in Elementary and Secondary Schools*）以及他所培养的众多学生，是他留给美国教育的丰厚馈赠；社会科学教学系主任厄林·M.亨特（Erling

---

① 这是一所成立于 1885 年的女子文理学院。——译者注

M. Hunt),作为他的后继者,很好地继承了他在理念和实践上的传统。

这三个人是罗素院长坚持将学术作为专业培训要素之一的典型代表,而且,学术并不应该满足于困守于象牙塔之中,而是要关注教育问题并积极寻求解决方案。事实上,关于这些学者有一个传说,可能是由并不赏识他们在这方面才华的同事编造的。在这个传说里,这些学者常常手挽手在河滨大道上边走边唱:

> 我们是教师学院的学者(We are the scholars of Teachers College),
>
> 是教师学院唯一的学者(The only scholars of Teachers College)。[25]

而这个传说的存在恰恰表明了他们影响力的强大。

这些学科领域的专家中的第四个先驱是阿瑟·卫斯理·道。1904 年,他被教师学院聘为美术教授,后来成为该系的系主任,他是一位具有高超水平的风景画家以及重要的艺术形式批评家。[26]他对学院的主要贡献在于他把自己掌握的设计和构图与日常生活联系起来。"他的创作天才不仅给美术教学带来了新的动力,"罗素院长写道,"而且他还展示了所有手工作品中艺术处理的重要性。从教科书的版式到校园的景观,从门板的设计到家居的装饰……他帮助我们在日常生活中欣赏艺术的价值。"[27]

在早期,被召集到教师学院来的另一类先驱者们并不属于传统的学科领域,而是属于 20 世纪经济和社会需求创造的新生活和新经验领域。这些非学术领域迫切需要训练有素的领导者,不仅要让美国青年为新的生活状况做好准备,而且要通过教育缓解贫困,这种贫困在时代繁荣之下形成了一股悲哀的暗涌。教师学院因为内在的慈善和人道主义传统,具备了应对挑战的独特能力。

这些新领域的第一位先驱者是护理教育领域的玛丽·阿德莱德·南丁(Mary Adelaide Nutting)。[28]她出生于加拿大,很早就在约翰·霍普金斯大学护士培训学校(Training School for Nurses of the Johns Hopkins University)展露出管理才能和进步主义观念。为考虑如何为护士提供高阶教育和管理培训,南丁作为美国护理培训学校督学协会(American Society of Superintendents of Training Schools for Nursing)委员会的一员,在 1898 年与罗素院长取得联系,探讨教师学院拓展其优势培养护士的可能性。罗素院长始终坚持教育的包容性，在一年后安排了六名护校毕业生入学。此外，他不仅向他们开放了心理学、科学和家庭经济学这些已有的课程，而且还同意由美国护理培训学校督学协会出资和配备师资，合作开设一门医院经济学（Hospital Economics）的特别课程。[29]这门课程后来成为家政学系（the Department of Domestic Science）的一个专业（division），而阿德莱德·南丁从一开始就担任客座讲师。随着护士人数的慢慢增加，为期一年的课程被延长到两年（1905年）。同时，实用技术专业（Practical Arts division）的重组也在进行中，并且阿德莱德·南丁被任命去建立一个新的家政管理系，医院经济学是其中的一个专业。她是美国或者其他任何国家第一位被任命为大学教授的护士。经过一年的欧洲游学，在1907年，她在教师学院中正式开始任职。

在接下来的三年里，阿德莱德·南丁在医院和学校管理培训的基础上增加护理学其他方面的内容，进一步推动了医院经济学专业（the Division of Hospital Economics）的发展。她敏锐而机警地利用了大学资源和继续教育课程，为那些对社会和慈善工作感兴趣的人提供服务。她为学院的高年级学生邀请了杰出的讲师，并任命伊莎贝尔·M.斯图尔特（Isabel M. Stewart）担任助理，确保为培训学校的教师开发特殊课程。她的所有努力都得到了开明的院长的帮助，并且她的工作对1909年建立新的家政学院（School of Household Arts）并成为教师学院的独立部门起了重要作用。[30]

正是这种对迅速发展的护理领域需求的快速应对，在"访视护理和学校护理"（Visiting Nursing and School Nursing）运动中对受过特殊培训工作者的需求持续增长时，才使莉莲·沃尔德（Lillian Wald）向教师学院的董事会寻求帮助。因此，董事海伦·哈特利·詹金斯（Helen Hartley Jenkins）夫人向整个护理系捐赠了15万美元，后来捐赠金额达到了20万美元。这笔赠款推动了家政管理系取消护理教育专业，并成立一个单独的护理与卫生系（Department of Nursing and Health）。它的新名称强调了这个领域中现代社会的、预防的和教育的方面。

在随后的15年里，被实用技术学院院长莫里斯·比格罗（Maurice Bigelow）博士称为"南丁将军"的她，带领她的系所进入了更广阔的领域，她总能预测且满足快速变化的服务领域中的需求。在此列举其中一小部分的例子：1917 年至 1918 年，启动了与长老会医院(the Presbyterian Hospital)的合作，开展为期五年的课程；与亨利街访视护士协会(Henry Street Visiting Nurse Association)合作，进行为期八个月的公共卫生护理(Public Health Nursing)课程；两年间，与纽约多家医院的社会服务部门合作，举办为期八个月的医院社会服务(Hospital Social Service)课程；1912 年开始的关于职业疗法(Occupational Therapy)的研究，受到第一次世界大战的影响，它成为一门主修科目；为了满足第一次世界大战的需要，设立了特殊的紧急课程(emergency courses)。

战争期间，阿德莱德·南丁担任国防委员会护理委员会主席(chairman of the Nursing Committee of the National Council of Defense)，领导了保障战地护士军衔运动，并协助建立了陆军护理学院(Army School of Nursing)。战争结束时，她被美国国家社会科学研究院理事会授予自由服务奖章(the Liberty Service Medal)，并因其在护理和公共卫生方面的杰出贡献而被耶鲁大学授予荣誉硕士学位。

尽管她拥有广泛的兴趣，曾两次担任护士长协会(Society of Superintendents of Nurses)主席和美国护士联合会(the American Federation of Nurses)主席，但她最重要的工作是建立起了一个具有实力且专业的护理教育系。经过十八年卓越的开创性的工作后，阿德莱德·南丁在 1925 年退休，离开了这个从教师学院最小的专业成长为其最大单独个体的学院，课程体系包括三十五门护理课程，涵盖了来自大学其他院系多种多样的学科，涵盖七个不同专业，代表了十五至二十个职业领域。在她任职期间，入学标准稳步提高，学位项目的学生基本上取代了证书项目的学生。毕业生几乎在世界各地担任护理各个领域的领导职务。他们或是建设新的大学护理教育中心，或是提高医院和家庭护士的教学标准，抑或是将公共卫生理念扩展到护理的各个阶段，在每个方面都作出了最大的贡献。所有这些工作都将由南丁教授所培养的继任者们出色而广泛地延续下去，她们是：接替她成为护理教育系主任的伊莎贝尔·斯图尔特，专业领域是公共卫生的莉莲·哈德森(Lillian A. Hudson)，以及负责医院管理的伊丽莎白·伯吉斯(Elizabeth Burgess)。

第二位先驱是来自于相对鲜为人知的学术领域——营养学领域的玛丽·斯沃兹·罗斯(Mary Swartz Rose)。她的研究试图将化学学科内容与实践和社会的切实应用相结合。她早年在教师学院接受了一部分的培训后，在 1906 年成为家政技术系（the Household Arts department）的一名助理。罗素院长很早就认识到她的能力，并提供了她两年的奖学金，供她在耶鲁大学追随拉法叶特·孟德尔（Lafayette Mendel）学习。1909 年，她获得博士学位，随后回到教师学院，建立了美国大学中第一个营养学系。营养学直到 19 世纪 90 年代才被承认是一门独立的科学，而玛丽·罗斯，在一个对卡路里、保健食品、维生素含量和营养不良知之甚少的世界里，成为了先驱工作者。当时甚至连测量和称重材料的精准仪器都缺少。

渐渐地，她建立了营养学系（the Department of Nutrition），毕业生们去担任医院营养师、食品专家和研究人员等各种新职位。与此同时，《营养学实验手册》（*Laboratory Handbook for Dietetics*）（1912 年），《家庭饮食》（*Feeding the Family*）（1916 年），《战争时期的日常食物》（*Everyday Foods in War Time*）（1918 年），《营养学基础》（*Foundations of Nutrition*）（1927 年）等著作陆续出版，她的这些著作大大丰富了营养学领域的文献内容。她的书提醒全世界的学生和受过良好教育的人注意饮食的必要性。在一战期间，她被任命为食品保障局副局长（Deputy Director of the Bureau of Food Conservation），后来在 1935 年，她成为国际卫生组织健康营养会联盟（Health Nutrition Committee of the Health Organization of the League of Nations）的成员。[31] 到 1921 年，她已经成为一名营养学全职教授，并建立了一个影响力涉及众多领域的系所。毫无疑问，正是由于玛丽·罗斯奠定的良好基础，营养学系才能够在二战期间为政府进行极其重要的饮食研究，从而为成功保障军民健康作出巨大贡献。

人们会记得，詹姆斯·罗素认为专业教育的核心要素之一就是学校管理的培训需要涉及教师、学生和社会的关系。早在 1898 年，纽瓦克市的查尔斯·吉尔伯特（Charles Gilbert）督学就被任命要求开设一门行政管理的课程。他的工作之后由塞缪尔·达顿（Samuel Dutton）、大卫·斯内登等人接任继续进行。同大多数教育课程开始时的情况一样，这个领域没有任何的文献或资料。因此，这些学校管理的课程在整合和建立之前，主要是"成功实践者"类型的课程，大多由实践经验和教师成败的总结构成。

然而，1904 年以后，情况开始发生变化，主要涉及教育管理的各方面更大程度地专业化。这种向更科学的课程组织的转变源于以下几个因素：桑代克等人在统计方法和测量方面的工作；学校系统自身迅速发展的复杂性；以及教育管理多个方面文献的缓步增加。在最后这个方面，斯内登和达顿在 1907 年出版了《美国公共教育管理》（*Administration of Public Education in the United States*）一书，为大学中的学校管理课程提供了第一本真正意义上的教科书。

教师学院这一管理新趋势的先驱是乔治·德雷顿·斯特雷耶（George Drayton Strayer）。他在公立学校担任教师和校长工作长达 10 多年。在 1905 年，他成为教师学院的学生，他的博士论文是该领域有巨大潜力的最早佐证之一。[32]到 1910 年，他成为教育管理学的教授并担任该系主任，33 年来，他在各州和各个城市之中进行教育调查、演讲、教学和写作来扩大、丰富和组织该领域，将其作为教师培训和研究生专业教育最重要的要点之一。

从上述对他们工作的概述中可以明显看出，这些先驱们在世纪之交聚集到教师学院，此后立刻对学院的历史产生了巨大的影响。在基础理论领域，教学法和实践领域，幼儿、初等和中学教育领域，学科领域，生活和经验的新领域以及教育管理领域，先驱们都对学院及其政策、课程和标准留下了浓墨重彩的一笔。他们通过诠释和实施罗素院长早年极具预见性起草的全面的专业教育蓝图，从而使学院能够成功地应对 20 世纪前几十年对教育界提出的复杂挑战。

注释

1 William Shakespeare，*Julius Caesar*，IV，iii，217 - 218.

2 他的作品主要包括：*Source Book in the History of Education for the Greek and Roman Period*（NewYork，1901）；*Thomas Platter and the Educational Renaissance of the Sixteenth Century*（New York，1904）；*A Text-Book in the History of Education*（New York，1905）；and *A Brief Course in the History of Education*（*New York*，1907）.

3 它们主要是：*Nationalism and Education Since 1788*（New York，1915）；*Historical Foundations of Modern Education*（New York，1926）；and *The Evolution of the Common School*（New York，1930）.

4 举例参考，*The Education of Women*（New York，1923）and *The History of the Family as a*

Social and Educational Institution (New York，1915).

5 James E. Russell, *Founding Teachers College* (New York，1937), p. 53.

6 Isaac L. Kandel（ed.），*Twenty-five Years of American Education*（New York，1924），p. 105.

7 Edward L. Thorndike，"The Contribution of Psychology to Education," *Journal of Educational Psychology*，I (1910)，5 - 6.

8 Arthur I. Gates，"The Writings of Edward L. Thorndike," *Teachers College Record*，LI (1949)，28ff.

9 举例参考，*The School and Society*（Chicago，1899）；*The Child and the Curriculum* (Chicago，1902)；and *The Educational Situation*（Chicago，1904）.

10 Frank McMurry，*Elementary School Standards*（New York，1913）.

11 Samuel Tanenbaum，*William Heard Kilpatrick*，*Trail Blazer in Education*（New York，1951），p. 185.

12 *Nation's Schools*，XIX (1939)，15 - 16.

13 亨利·萨兹洛除了在斯坦福大学学习的三年外，他在 1901 至 1915 年间一直与教师学院有联络。

14 大卫·斯内登 1905 来到教师学院，1909 年因马塞诸塞州教育专员一职离开。1916 年回到学院后一直任教到 1935 年退休。

15 Nettle Wysor，"A Man of Good Will," *School and Society*，LXIV(1946)，148.

16 Isaac L. Kandel，"William C. Bagley-An Appreciation," *School and Society*，LXIV (1946)，17.

17 同上。

18 Russell，*Founding Teachers College*，p. 62.

19 Isabel Stewart，"Speech on the Occasion of the Acceptance by Teachers College of a Portrait ofPatty Hill, November 8, 1935," 引自 Benjamin Fine，"Patty Smith Hill, A Great Educator," *American Childhood*，XXI (1935 - 36)，18.

20 Russell，*Founding Teachers College*，p. 56.

21 *Teachers College Record*，III (1902)，37 - 38.

22 *Report of the Dean*，1917，p. 5.

23 Russell，*Founding Teachers College*，p. 51.

24 *Report of the Dean*，1906，p. 12.

25 Henry Johnson，*The Other Side of Main Street*（New York，1943），p. 202.

26 *Report of the Dean*，1923，p. 20.

27 Russell，*Founding Teachers College*，p. 61.

28 Willystine Goodsell，"Mary Adelaide Nutting," *Teachers College Record*，XXVII (1926)，382 - 393.

29 Isabel M. Stewart，"Our Founders," *Proceedings of Alumnae Celebration of the Fortieth*

Anniversary of Nursing Education in Teachers College, October, 1939, pp. 13 ff.

30 *Twenty-Five Years of Nursing Education in Teachers College*, 1899 – 1925, (New York, 1926), passim.

31 Grace MacLeod, "Mary Swartz Rose," *Journal of Home Economics*, XXXIII (1941), 221 – 224.

32 George D. Strayer, *City School Expenditures; the Variability and Interrelation of the Principal Items* (New York, 1905).

第四章
梦想的实现(1900—1927 年)

"我们现在所发挥的影响,"罗素院长在 1900 年写道,"正在各个方向延伸,涵盖了从幼儿园到大学的各级公共教育,实际上包括了教育和慈善活动的各个阶段。我们的努力并不局限于我国的某个地区,也不受限于任何阶级或派别。因此,作为一个国家机构,我们旨在服务于信任教育并将其作为个人自由和社会正义最可靠保障的人民。"[1] 在达成这个目标的过程中,学院将不可避免地持续变革,以响应新的社会和教育的需求。而在这一过程中发生的故事,就是一个学院在短短二十五年里走向全国顶尖的历程。

标准、课程和管理的变革

到 1900 年,教师学院沿着基于罗素院长对专业教育多维度观点制定的路线进行着有序的重组。总的来说,学习的课程分为三个不同的层次,以满足研究生、本科生和特殊学生的需要。研究生项目主要面向师范院校的教授、校监(school superintendents)、校长、督学和中学教师,可获得以下两种文凭之一:认证专业能力的高级文凭(the Higher Diploma)或更强调学术能力的中级文凭(Secondary Diploma)。[2] 本科项目分为两个两年期的课程,修完后可获得学士学位:第一个两年中包含了常规的大学入门课程,它也被看作是第二阶段的预备课程,而在第二个两年中主要进行专业科目的学习。[3] 各系的两年本科课程主要面向艺术、绘画、家务技术和家政学的教师和督学员。最后,第三类课程是为那些未达本科录取标准但在某一领域有过人之处的特殊学生开设的。在完成两年在校学习后,他们被批准成为特别文凭(Special Diploma)的候选人。[4]

根据这些安排,学院的入学要求也提高了[5],并且对确保有更优秀、更符合资格的学生入学作了明确的安排。对研究生来说,必须在教师学院或其他大学令人满意地完成大学本科课程和接受学术训练。然而,仅是修读学术课程的本科毕业生,不能像医学院或法学院一样,享有研究生资格的特权;完成本科课程中教育学科的预备课程是先决条件。对于高级文凭而言,教学经验和教育科研能力是必不可少的。对于本科学生来说,在师范学校、技术学校、大学或科学学校(scientific school)完成两年的学习是申请两年制专业课程的必要条件,同时必须要高中毕业才能申请大学课程。事实上,在 1900 年,申请教师学院课程的候选人,需要参加和巴纳德学院、哥伦比亚大学相同的入学考试。[6]"增加 150 名学生的准备工作需要比现在有更多的勇气,"罗素院长说,"特别是考虑到拟定的标准……使我们依赖……一个从未进入任何美国教师培训学校的班级。"[7]他指的是高级和中级文凭的申请者,到 1902 年,经过一年的学习后他们被授予硕士文凭,经过两年学习获得博士文凭。[8]

然而,这种在招生和标准方面进行革命性改变的"勇气"以多种方式证明了其是有道理的。学生人数的增长超出了预期,此后入学人数持续增长,同时每年大学毕业生的比例也都在上升。由于学生人数增长和质量的提高,哥伦比亚大学在 1900 年将教师学院置于与巴纳德学院相似的地位。因此,在 1900 年 4 月 6 日,哥伦比亚大学和教师学院之间达成一项新的协议[9],取代了 1898 年协议(the Agreement of 1898)。虽然这项新的协议没有改变两者间的基本关系,但它确实加强了现有的联系,并确保了行政上的更大便利。主要的成果是:教师学院院长与大学理事会(the University Council)其他成员享有平等的地位;他对一切问题都有表决权,而不再局限于有关教师学院的事务;并且,哥伦比亚大学承认教师学院授予的文凭。像之前的协议一样,本协议规定,大学的哲学和教育学以及心理学教授同时也是教师学院的教员。

八个月后,即 1900 年 12 月 3 日,该协议的一项修正案成为最重要的收获。应大学理事会的要求,投票决定设立"教育科学学士"(Bachelor of Science in Education)学位;将其授予完成四年大学课程及专业训练的学生;并允许教师学院根据大学理事会的批准自主管理课程设置。[10]文学硕士和博士学位的授予仍然通过哲学和教育系

（Department of Philosophy and Education）由哲学系（Faculty of Philosophy）管理。用罗素院长的话说，这意味着教师学院获得了大学地位。[11]

1902 年 3 月 3 日，校董会将教育系与哥大哲学系分开，并在大学内指定教师学院为哥大校内的教育系，这进一步增强了教师学院取得大学地位的信心。巴特勒（Butler）校长在 1901 年至 1902 年的年度报告中评论说："教育系已经发展到了可以独立存在的程度，而不需要哲学系的特别支持。"[12]

同样，教师学院自身在董事会不同寻常的大力支持和配合下，也证明了对新的专业教育模式的信心。每年预算都会增加数千美元，而这并不是因为有具体证据表明收入会增加，而是因为对学院的信心。[13]用院长的话来说，这项保障政策"向全国宣告，教师学院会做一切需要做的事，并会立即采取行动"。[14]

鉴于这种惊人的增长速度，在 1900 年至 1915 年间，学院的标准、课程和管理都发生了意想不到的变化，就一点儿也不奇怪了。例如，在 1905 年对学士学位课程进行了修订和统一，要求所有人都要学习特定的教育课程，并规定从今往后在任何领域中，常规文凭只能授予学习优秀的学位学生，非学位学生只能获得证书（特殊文凭）。[15]次年，两年制的大学课程完全终止，这一举措的实现得益于哥伦比亚大学和巴纳德学院设立了一个为期两年的专业学习预备课程。[16]

更能说明教师学院对公众需求及时回应的，是其课程惊人地扩展到新的领域。这一扩展包括 1901 年成立了由托马斯·D.伍德（Thomas D. Wood）博士担任系主任的体育教育系（包括一所卫生学院），以取代原来的体育文化系（Department of Physical Culture）[17]；1903 年，生物学教授莫里斯·A.比格罗（Maurice A . Bigelow）在自然研究和农业领域开设了一系列课程[18]；1901 至 1911 年，定期组织的圣经研究课程，预示着宗教教育系（Department of Religious Education）的成立；1904 年引入新的家庭化学课程（household chemistry），赫尔曼·T.伏尔特（Hermann T. Vulte）教授因此被邀请到学院；以及 1906 年，在哥伦比亚大学亨利·克拉普·谢尔曼（Henry Clapp Sherman）教授指导下开设了食品化学和营养学的大学课程。

罗素院长认为行政管理应该与课程需求紧密联系在一起，因此他在这几年也引入了一系列行政改革。其中最重要的是在 1902 年将通识教育专业分为五个系：教育史与教育哲学(History and Philosophy of Education)、教育管理(Educational Administration)、教育心理学(Educational Psychology)、初等教育(Elementary Education)和中等教育(Secondary Education);[19] 1910 年设立财务总监办公室;[20] 并于同年,将所有技术和实践课程编入工业技术学院(the School of Industrial Arts)和家政技术学院(the School of Household Arts)。[21]

最后的这项改革促使了另一项最重要的行政发展:1912 年实用技术学院(the School of Practical Arts)[22] 的成立及其与教育学院的分离。这一重大的改组不仅源于学生对实践训练的不断要求,也源于院长对家政科学领域录取女大学生并为她们提供良好科学基础的持续关注。[23] 公众要求有更好的家政学教师,而教师学院力求在这一领域提供更广泛和更实质性的培训以保证其领军地位。

此外,由于教师学院的起源至少有一半来自于实践训练,因此这类训练一直在其课程中发挥着重要的作用,而且实践训练的负责人也为学院提供了一些杰出的人物。查尔斯·理查兹(Charles Richards)、约翰·伍德海(John Woodhull)、海伦·金恩(Helen Kinne)和玛丽·伍尔曼(Mary Woolman)等著名教授都推动了学院的早期发展。[24] 纽约教师培训学院在车间作业、制图、起稿、家政技术、家政学等方面的教学中,提供了优秀的手工培训指导和方法课程。在赫维校长任职期间,增加了声乐、体育文化、机械技术、形体学习和家庭经济等课程。当 1896 年梅西大楼(Macy Hall)建成时,其北外立面上刻着"手工技术大楼"。当时有两层楼用于美术和机械制图的工作室,有三层楼用于木工和金属加工车间,而新的米尔班克大楼则有实验室或烹饪缝纫间。到 1897 年,在罗素院长上任时,所有这些课程都成倍增加,所有这些课程都被归入由海伦·金恩领导的家政学系、玛丽·伍尔曼领导的家庭技术系、手工培训系、艺术教育系、音乐和声乐训练系以及体育教育系。随着大量实际工作中不可或缺的科学课程的增长,这些系再次突破原有的束缚,对空间和职员的扩增提出了新的要求。而这个问题随着 1909 年格蕾丝·道奇大楼的出现得以解决。

这栋新大楼促进了实用科学的发展,促进了艺术在家务中的应用,也促进了家政科学和家政技术专业化工作的发展。1909 年,以上所有学科都被组织并入家政技术学院(the School of Household Arts),这是第一个在大学中成立的此类学院。家政技术学院设有十个系：家政技术教育系，由原来的家政学系和家政技术系合并而成；营养学系；家庭和生理化学系；食品和烹饪系；纺织与针织系；家庭艺术和美术系；家庭管理系；医院经济学系；生理学、细菌学和卫生学系以及房屋结构和保养系。[25]其中共有四十五名教职人员。此外，它还利用了其他学院和系所在社会学、化学、经济学、生理学和建筑学方面的课程。并且，它还与纽约社会工作学院（the New York School of Social Work）、纽约植物园和位于华盛顿的美国农业部合作。它培训了各个年级的教师、督导人员、实习教师、护士培训学校的督导和教员，以及在社区教学的社会工作者。[26]不打算教书的学生可以从事营养师、机构经理、酒店经理、旅馆经理和社会工作等工作。完成学习项目可获得学士学位、硕士学位以及博士学位。

另一方面，工业技术学院取代了原来的手工培训系，这也是纽约教师培训学院最早设立的一个系。然而，手工培训现在已细分为美术、家政技术和许多其他专业，因此工业技术学院主要是为技术过程的指导、为工业和贸易学校培训教师而存在的。[27]

这项重大重组很快取得了成功[28]，促成了在两年时间内家政技术学院和工业技术学院合并为实用技术学院（School of Practical Arts），并从教育学院中分离出来。这使得教育学院负责教育学学士学位和多个教育学文凭的所有授予工作，而实用技术学院则负责实用技术学学士学位的课程。两者均为大学水平的学院，与哥伦比亚大学的其他学院平行；两者的分离趋向于将本科生，或者说大多数本科生，划分到实用技术学院。起初，实用技术学院中的课程仅限于面向准备获得学士学位的男女学生的四年制非专业课程。然而，学院很快就发现大多数学生都准备教书；因此，培养计划在教学小组委员会的指导下，分为为期两年的大一、大二课程，以及面向大三、大四学生的为期两年的专业课程。[29]

行政管理和课程方面的重大改革刚刚实现，另一项改革就开始了。1912年，鉴于学院的迅速发展，院长向董事会提交了一份机密报告，建议进一步提高标准并再次强调开展更高水平的工作。他指出，自1897年以来，录取的学生人数增加了1 300%，其中包括1 970名特殊学生、1 350名在教师学院进行车间工作的哥大工程学院暑期班学生，以及哥大和巴纳德学院所有来教师学院进行体育锻炼的女学生。[30]"在美国仅有十所大学有更多的学生……但没有一个学校有如此多不同年级的学生或者人员要打交道。"[31]他也提醒人们注意,持续提高的标准并不是检查出勤率,而是用于"宣传学院,吸引那些希望得到最先进教育的学生"。此外,仅研究生课程就有近500名的学生被录取。他补充说,由于这一增长,教师学院已从一个服务于纽约的地方机构转变为一个在全国和全球中都十分重要的机构。"去年的入学情况显示,我们的学生来自47个州和地区以及17个国家。入学前的培训是在186所大专院校、116所师范学校和96所其他高中以上的机构中进行的。"[32]

在谈到维持每一种专业项目研究生标准(如果不是不可能的话)的困难时,他指出,实用技术学院与教育学院的分离,已经将那些不太容易适应高标准的院系区分开,从而为教育学院发展成以研究生为基础的学院铺平了道路。他力主这些是为了保持教师学院的领军地位。"显而易见的政策……(是)继续做过去十年来一直在成功进行的事情,即为其他专业学校培训教育学教师,并为教育服务部门的领导职位配备合格的人才。"[33]由于这份报告,教育学院达到研究生院的水平,其入学标准也相应提高。[34]1914年3月2日,哥伦比亚大学校董会承认了这一变化,不再由他们颁发教师学院的所有文凭,从而放弃了1900年协议赋予他们的这项特权。[35]

继续教育和暑期班

教师学院迎接时代挑战的另一个方式是在建立继续教育(后来的大学继续教育和现在的通识研究学院)和暑期班方面发挥领导作用。这并不奇怪,因为这两项教育活动的起源都植根于教师学院的传统和历史之中。甚至在工业教育协会成立之前,"菜园计划"就已经开展了继续教育课程;工业教育协会也将其大部分精力用于手工培训的继续教育工作;纽约教师培训学院也通过将继续教育应用于一般课程从而扩大授课范围。教师学院继承了这一做法,并且到1894年,都像它的前身一样蓬勃发展。[36]从1897年开始,继续教育课程已经成为常规培养项目的一个组成部分,并且大部分是由教师学院的教师开展的。因此,根据1898年联盟协议,当教师学院与哥伦比亚大学建立更紧密的关系时,继续教育也随之而来。

虽然哥伦比亚大学本身对开展校外工作不太感兴趣,但1903年,它授权建立了继续教育系，里面包含了哥伦比亚大学系统内的所有课程。这个部门的组织、管理和财务由教师学院负责，经巴特勒校长批准，由教师学院的弗雷德里克·J.赛克斯（Frederick J. Sykes）教授担任主任一职。然而，在接下来的六年里，尤其是随着入学人数的增加和学术课程的增多（1909 年，学术课程以 83 比 17 的差距超过专业课程），哥伦比亚大学对继续教育越来越感兴趣。因此，巴特勒校长在罗素院长的建议下[37]，决定将继续教育纳入学校的管理之下。为了达成这一目标，他利用教师学院和哥伦比亚大学两者在与暑期班关系上的矛盾作为谈判的筹码提出了一个计划。[38]教师学院因此放弃了继续教育课程的管理权，保留了在常规课程中开设所有科目的权利，但不在培养项目之外开设继续教育课程。作为回报，教师学院在暑期课程中获得了对自己工作的完全控制权，有权提供院内任何部分或全部的课程。通过这种安排，继续教育的管理脱离了教师学院的控制；但教师学院在概念制度化方面发挥了领导作用。[39]

与建立继续教育一样，教师学院提出了让暑期班成为大学系统一部分的倡议。多年前，还在工业教育协会时期，协会就曾为儿童开设过"假期班"（vacation classes）。在 1887 年，纽约教师培训学院也曾为教师开设过暑期班。这种情形一直持续到 1894 年，教师学院搬到了第 120 街。然而，对暑期课程的需求始终持续且旺盛，以至于罗素院长好几次向劳特（Low）校长提出了这个问题，而劳特校长似乎很乐意重设这些课程。因此，在达成 1898 年联盟协议并且在教师学院地位得到保障之后，教师学院委员会向劳特校长建议在 1899 年夏天开设暑期课程。[40]起初，大学理事会通过一项决议，"在教师学院的主持下，试探性地"开设此类课程；但经过进一步考虑，决定推迟一年进行这一安排，直到它能够以一种"完全达到一所大学水准"的方式组织和配备。[41]与此同时，罗素院长在他的年度报告中指出："对暑期教学的需求正在增加，我们收到来自全国各地的请求，要求定期开展暑期教学并作为学院的常规工作……我们不能一直忽视在暑期提供服务的机会，这样才能使学院的全部资源得以充分运用。"[42]决议最终在 1899 年 1 月做出，决定在 1900 年，哥大和教师学院将联合行动开设暑期班。[43]劳特校长、罗素院长和哲学学院院长巴特勒博士组成的管理委员会拥有这部分事务的管理权。巴特勒博士被任命为暑期班主任，教师学院一同分担教育和财务责任。

首届暑期班（1900 年）取得了显著的成功：有 417 名学生注册就读，其中 200 名是纽约市的教师,不仅付清了成本,而且还有 2 236 美元盈余。[44]到 1904 年,学生人数增加了一倍多,哥伦比亚大学开始将暑期班作为法定的大学专属事务。[45]行政事务由哥伦比亚大学校董会任命五名官员组成的管理委员会处理。管理委员会中包括一名教师学院的代表,但是,关于联合的行政责任这一改变,哥大校董会并没有征求过教师学院的意见。[46]

暑期班初步的成功不断延续;到 1910 年,注册人数达到 2 632 人,收支相抵后财政结余达到 28 230.82 美元。[47]自 1900 年以来的十年间,教师学院的学生人数从 150 人增加到"1 000 人以上",[48]几乎占全部注册人数的一半。然而,学生人数的迅速增长也带来了严重的问题,由于暑期班规模不断扩大,越来越复杂,哥伦比亚大学和教师学院在管理、课程和学费、实验室费等资金分配方面产生了相当大的分歧。

最终,在 1910 年,罗素院长在众多支持者的推动下,提议暑期班是一个整体且不同于一般课程,应允许教师学院自己控制暑期班的教学。[49]经过艰难的谈判后,达成共识:教师学院获得了暑期班教学工作的全部控制权,作为交换,它将继续教育的控制权移交给哥伦比亚大学。暑期班的管理仍由大学董事会负责,教师学院在其中有一名代表。教师学院被准予获得学费、实验费和体育馆费的全额收入,这笔钱用于支付接下来暑期班的工资和一般维护开支。而哥伦比亚大学像往常一样承担主要的行政费用。[50]

1910 年达成的协议起初是成功的;但是,随着暑期班学生人数的增加,在 1914 年达到 5 590 人[51],哥伦比亚大学的开支越来越大,并且支付给教师学院的费用一直增加。这一情况很快就成为促使哥伦比亚大学确信 1898 年和 1900 年协议早已过时的决定性因素。[52]

除了暑期班的困难外,哥大和教师学院需要修正它们的正式关系还有其他迫切的原因。很明显,标准、课程和管理等方面的所有根本的变化都需要重新调整。例如,1898 年和 1900 年协议似乎不再适用于完全以研究生院身份办学运作的教育学院了。此外,这些早期拟定的协议在界定这两个机构的关系方面也缺乏精确性,而这往往导致两者对协议的阐释产生矛盾。因此,在 1910 年至 1915 年间,哥大和教师学院出现了相当大的摩擦和误解,并在 1914 年暑期班的事务上达到顶点。

具体来说,困难一方面来自于教师学院院长和财务总监,另一方面来自于哥伦比亚大学注册主任、工程师、图书馆方面和暑期班的主任。总的来说,摩擦本质上是行政和财政方面的,特别是哥伦比亚大学对教师学院从暑期班学生的学费与其他费用中获取资金越来越不满——这些资金总是远远超过教学工资。哥伦比亚大学坚持认为,这笔"盈余"变成了学院的一般经费,而大学承担了暑期班的大部分行政费用。[53] 1914 年争论的焦点是教师学院声称这部分行政费用累积达到 87 138 美元左右;甚至巴特勒校长也反对为学院付钱。"这笔钱要付给教师学院,就像要付给纽约中央铁路公司(the New York Central Railroad)或比利时救济基金(the Belgian Relief Fund)一样,我无论如何也弄不明白这其中的原因。"[54] 对 1910 年协议条款的误解,对记账方法的争论,管理人员之间的性格不和,以及对教师学院暑期班人数空前增长的真正警惕,无疑是造成所有这些困难的主要原因。

　　此外,哥伦比亚大学一些教员对教师学院本身、对所有教育课程以及对高等教育中女性的存在怀有敌意。哥大校董会对罗素院长倡导的各项措施的一贯的反对,对任命"师范学校"的老师(大卫·尤金·史密斯(David Eugene Smith))为教授的非议,公开警告巴特勒校长"进一步溺爱这个新兴暴发户学院会损害大学的声誉",以及称呼第 120 街为"发夹小巷"(hairpin alley),这一切都是这种敌意的外在表现。[55] 当然,产生敌对的根本原因在于观点上的严重分歧。一方面,哥伦比亚大学大多数教授们认为作为一名高中教师最理想的是"接受一个季度的学科知识和教学方法的课程"。另一方面,教师学院的教授们认为,中小学教师必须具有广泛的本科教育学基础,以此作为进入研究生专业学习的先决条件。[56] 从巴特勒校长长期以来对教师专业培训的支持和对教育研究的真诚信念可以看出,他应该更倾向于教师学院的观点。[57]

　　不管这两者之间的矛盾是什么造成的,这份原因的清单很长——而正是 1914 年暑期班的争议才引发了 1915 年的所谓危机。巴特勒校长在 1914 年 10 月 12 日给格蕾丝·道奇的一封信中[58]提出了合并这两家机构的想法,以寻求能够摆脱日益严重的僵局的办法。他信中的一部分谈道:

　　　　在周五的时候,最后当罗素院长和我在讨论处理与学生费用有关的行政问题的最佳方法和手段时,我脑海中浮现这样的想法:也许将教师学院与哥伦比亚大学合并的时机出现了,就像是在 1891 年内外科医学院(College of Physicians and Surgeons)的合并这样,这样一来能永远简化我们所有的财务和学术问题,并达成教师学院成立之初就清楚地铭记在心的理想。

在随后的一封信中[59],他对此举提出了两个令人信服的理由。首先,他认为,哥伦比亚大学和教师学院之间的现有安排一直取决于他自己与教师学院的私人关系,以及他"一生都坚信教师学院在大学中享有正式成员资格是恰当和必要的"。考虑到这一事实,哥伦比亚大学校长的继任者很有可能持有其他看法。其次,他认为高等教育史"清楚地表明,大学之外没有任何地方适合高级专业学校,除非它实际上是作为一个私人专有机构运行的"。

当这个"合并提议"被提交给教师学院董事会时,遭到了一部分人不那么坚决地否决,但还有一部人的反对非常激烈。前者中著名的人物包括格蕾丝·道奇和 V.埃弗里特·梅西(V. Everit Macy),除了收集整理反对合并的意见外,没有采取任何公开行动。例如,格蕾丝·道奇写信给巴特勒校长说,在咨询了"朋友们"(其他董事)的意见后,她发现大家对教师学院与哥大合并有很大的不满。"我担心这会让我们失去大笔遗产",她总结道。[60]由费利克斯·沃伯格(Felix Warburg)领导的反对巴特勒校长提议的第二批人,则威胁说要完全脱离哥伦比亚大学,成为一个独立的学院。[61]

经过近两个月的激烈谈判,哥伦比亚大学校董会通过下设的教育委员会(Committee on Education)发布最后通牒。回顾了整个争议和两者之间的关系后,该委员会认为:"哥伦比亚大学与教师学院两所学校的校董会,要么继续考虑完全合并这两个机构的可能性和实际性,要么它们必须断绝关系,让教师学院追求自己的独立课程。"[62]然而,这个最后通牒也补充了一个可能性:"可以想象,可能会出现第三条行动路线,在不进行完全合并的情况下,取代现有协议,形成一种务实且有效的合作形式。"这一补充为双方提供了一个缓冲的空隙。

与教师学院有长久联系的两方人士都抓住了这最后的声明,尤其是格蕾丝·道奇、巴特勒校长和埃弗里特·梅西。在很大程度上,正是由于他们的努力,会议委员会得以设立,并对人们产生影响,因此两个机构之间的分离最终得以避免(一些人渴望分离,而另一些人害怕分离)。[63]

经过六个多月的谈判,双方终于达成了一项协议,并于 1915 年 7 月 1 日生效[64]。这项协议取代了以前所有的协议,至今仍是哥伦比亚大学与教师学院关系的基础。教师学院的主要获益在于被承认为哥伦比亚大学的学院,其中的教育系和实用技术系在大学理事会具有代表权。此外,哲学学院中设立了一个专门的教育研究系以保证在博士学位的授予时主要以专业性而不是教师学院的学术工作为中心。负责这一任务的教授由校董会从教员中任命,并主要管理教师学院的博士项目。[65] 在财务方面,双方都同意,任何一方都不寻求从与对方的来往中赚钱,而且双方都将在财务上独立,并对自己的工作负责。学生们将支付所有在学分系统上所修的课程,而教师学院将收取其自身开设课程获得的所有费用。新协议比 1898 年和 1900 年的协议更令人满意和有效。早期的协议是在预言精神下达成的,而新的协议是根据十五年的经验制定的。[66] 它考虑了十年变迁中的迅猛增速和复杂关系问题,并"采用精准明确的术语来处理这些问题,以便将未来产生误解的可能性降到最低"。[67] 然而,它最大的意义在于,实现了 1897 年罗素院长的远见卓识——在哥伦比亚大学轨道内建立一个"独立主权国家"。

一战的影响

在所有这些行政和课程改革的期间,第一次世界大战突然爆发,整个国家都震惊了。不久之后,教师学院就对紧急事件带来的各种挑战做出应对。教育学院和实用技术学院都开设了一系列关于战争的特殊短期课程,其目的不仅是为了应对前线状况,而且也是为了帮助解决国内问题。其中开设的课程涉及汽车力学、医学和野外考察摄像、军事伪装、军事医院的职业和物理疗法、饮食计划、食品保存、家庭护理、红十字会急救、童子军、社区组织、战时和紧急状况下的救助管理、孤儿和被忽视儿童的照顾等。[68]

然而,比紧急课程更重要的是战争时期课程扩充的永久性领域。其中重要的是,在 1916 年组织的课程以及设立妇女和女童顾问的特别文凭(a special diploma for

Advisers to Women and Girls）；为农村学校督导人员（rural school supervisors）开设特别课程；建立统计实验室，配备计算机器、测算表等，用于发展标准化考试[69]；田野工作的拓展；以及制定由工作人员进行的教育调查。关于最后一点的重要的例子是斯特雷耶（Strayer）教授1917年对纽约州纳苏县（Nassau County，New York）、明尼苏达州圣保罗市（St. Paul，Minnesota）和内布拉斯加州奥马哈市（Omaha，Nebraska）进行的研究，以及托马斯·布里格斯（Thomas Briggs）教授在普通教育委员会的资助下对初中进行的全国性研究。[70]

考虑到战争的影响，同样重要的是在1917年成立了童子军与娱乐领导系（Department of Scouting and Recreational Leadership），并组织了一个职业教育项目。就前者来说，克利夫兰（Cleveland）和弗朗西斯·道奇（Francis Dodge）为其三年发展捐赠了5 000美元，其指定目标是研究如何将童子军活动（scouting）最好地融入学校的教育计划。"我们希望在学校里证明，"罗素院长写道，"童子军领队真的是一名教师……我满怀信心地期待童军运动能发挥主导作用……为了能应对这场毁灭性战争结束后将出现的新状况，这些状况往往会导致强调公民义务，而非扩大个人权利的必需性。"[71]关于职业教育项目，由于1917年的史密斯-休斯法案（the Smith-Hughes bill of 1917）不可避免地引发对训练有素教师的巨大需求，职业教育很大程度上就是为了应对这一需求。[72]因此，教育学院院长在那一年解释说，该法案的通过将对训练有素的教师产生持久的需求，并且新的课程将会被组织开设以改进职业教育各个阶段的课堂讨论、调查和文献研究。[73]战争年代新设立的文凭的清单也充分证明了教师学院为满足该领域持续增长的需求所作的努力。到1917年，特殊文凭的数目已达59个[74]，并且自那以后持续增加。在战争期间，学院的管理标准并没有被遗忘。例如，1915年颁发文凭的政策发生了变化，文凭不再与学位一起授予，而只授予在某些特定领域表现出专业素质的学位持有者。[75]此外，这些文凭在教育领域变得极其具价值和声望，以至于在同一年，它们需要本科或硕士的普通学位再加上专为它们设计的学习项目才能替代。[76]

在战争年代，研究组织也得到了改进。1916年新创建的教育研究系采用的硕士学位要求与哥伦比亚大学哲学学院规定的相同，并且提高了博士候选人的录取标准，要求在教育史、教育哲学、教育心理学和教育管理这四个领域中选择三个完成论文撰写。[77]

　　学院的教师们自己也在战时提供了宝贵的服务。桑代克(Thorndike)教授是国家研究委员会心理委员会(the Psychological Committee of the National Research Council)成员，负责早期心理测试的统计工作；作为军医署心理顾问委员会(the Advisory Board of the Division of Psychology in the Office of the Surgeon General)的成员，他参与了这些测试的开发和管理。同样，作为军队人事类别委员会(the Commission on Classification of Personnel in the Army)的一名成员，他协助拟订和实施军官的职级以及士兵安置和调动的工作计划；最后，作为美国心理学协会航空问题小组委员会的执行秘书(executive secretary of the subcommittee of the American Psychological Association on problems of aviation)，他与航空部门合作开展人员测试。[78]比格罗教授与美国社会卫生协会(American Social Hygiene Association)一起，与军医署(Office of the Surgeon General)合作[79]，而斯特雷耶教授担任国家教育协会全国教育紧急情况联合委员会(Joint Committee on the National Emergency in Education)主席。南丁教授作为国防委员会护理委员会主席，领导了保障参战护士军衔的运动，并协助建立了军队护士培训学校。在战后重建工作中，罗素院长发挥了重要作用。1918 年 5 月他请假，成为教育部军医署身体复健部的非军方主任(civilian director of the Department of Education's Division of Physical Reconstruction in the Office of the Surgeon General)，并承担了组建教育工作的项目，从而促进全国康复医院中残疾士兵的恢复。这一安排是有史以来第一次将此类教育工作项目作为军事项目的一部分，被纳入军事医院中。

重建岁月

　　尽管战争年代的工作意义重大、影响深远，但战后重建的长期效应更加深刻地影响了教师学院的课程设置和标准。众多的资料数据表明，学校管理层对战后遗留的情况和问题保持警觉：像是 1918 年 2 月 22 日罗素院长对校友的讲话；1919 年 1 月巴特勒校长在《教师学院学报》（*Teachers College Record*）上发表了题为《战后教育》（Education after the War）的文章；1918 年至 1920 年间院系教员在课程修订方面所做的工作；以及教育研究所（Institute of Educational Research）的成立。

在对校友们的讲话中，罗素院长提出：学校是做什么的？学校应该教什么？谁应该来管理学校？对于这些经典的问题，旧有答案已经无法应对战后美国的情况。他认为"新秩序需要更新的哲学和新的处理方式"，并主张为培养民主公民作出更大的教育贡献。[80]巴特勒校长同样强调公民教育，但将其拓展到世界公民教育。他指出了战争在这方面给人们留下的教训，表明促进和谐国际关系的必要性。他说，从战争中吸取的教训有三个主题，而有效教育（effective education）应该以这三个主题为核心："（1）伦理，行为和服务的要义；（2）经济，有偿工作的原理；（3）政治，双方和解及和谐互助共同生活的原则。"[81]

正如所预料的那样，二十年代这十年反映了教师学院为应对这些新的问题和状况所作的努力。对罗素院长和巴特勒校长的敦促主要有两方面直接的回应：1919 年到 1920 年创建公民培训项目[82]，以及 1923 年国际研究所（the International Institute）的成立，它们旨在促进世界理解和国际友好。

公民培训项目由围绕该主题开展为期一年的学习构成，围绕着团结学校和社区的目标设计展开。有人认为，在城市、城镇或是乡村的社区工作者活动，会迅速形成一种教育特征，这些工作者将从对公共教育的机会和技术的了解中获利，教师和行政人员同样将通过参与社区活动从扩大的教育视野中获益。为了加强这项工作，艾伯特·希尔兹（Albert Shields）博士于 1921 至 1922 年被任命为教师学院公民培训项目的负责人，[83]也许是由于董事会费利克斯·沃伯格的捐赠，这项任命得以实现。希尔兹博士的职责包括监督公民教育方面的调查和研究以及在这一领域的课程开展情况。

国内开展了民主教育后，教师学院把目光投向了国际主义教育。人们不会忘记，国际交往的根源深植于教师学院的传统中。它们从菜园协会成立之初就已存在，在工业教育协会的指导下继续发展，并且受到纽约教师培训学院主任巴特勒的大力推广。外国学生一直受到教师学院的欢迎，而且入学的人数也在一直稳步增加。到 1923 年，有来自 42 个国家的 265 名外国留学生。他们的建议、公共福利和对他们的照顾也成为相当大的问题,因此针对他们制定特别规定的这种需求也变得越来越迫切。在寻求这个问题的解决办法时,游历四方、对国际友好尤其感兴趣的董事埃弗里特·梅西发挥了他的影响。[84]

结果是,在1923年,由约翰·D.洛克菲勒(John D. Rockefeller)新近成立的普通教育委员会拨出了100万美元的赠款,同年2月国际研究所成立了。孟禄(Monroe)博士被任命为主任,他专门研究远东的教育,并协助发展菲律宾群岛的教育制度。而罗素院长的儿子威廉·F.罗素博士成为副主任。战争期间,罗素教授在西伯利亚进行了一项关于教育的研究。1921年,在游历中国之后,他与人合作撰写了一篇关于中国教会教育的报告。他还有另外三名同事,他们是:艾萨克·L.坎德尔(Isaac L. Kandel)博士,教师学院教育学教授,同时也是卡耐基教学促进基金会(Carnegie Foundation for the Advancement of Teaching)的工作人员;莱斯特·威尔逊(Lester M. Wilson),曾任职于波多黎各大学(University of Puerto Rico)和威斯康星大学(University of Wisconsin),担任过秘鲁教育系的主任,现在是教师学院的教授;以及斯蒂芬·P.杜根(Stephen P. Duggan),城市学院(City College)教育学教授、国际教育研究所(Institute of International Education)所长。

国际研究所的基本目标是"通过其外国留学生团体探讨并发展更好的国际理解"。它无意将外国学生隔离,也无意干涉他们的进修学习,而是设法帮助他们发现自己独特的兴趣,帮助他们选择课程,总之,是将他们置于与美国本土学生平等的地位。为此,研究所开设了一门让学生熟悉教师学院和美国的新生课程,一门有关美国理想和制度的补充课程,一门美国学校的考察课程,一门涉及农村学校的课程和一门教育管理的课程。[85]通常,学生们在第一年上这些入门课程。为了使他们能够参观访问纽约市以外的教育和社会组织,国际研究所提供了经济援助。此外还有丰富的奖学金,这笔款项在梅西先生的捐赠下得到了极大的补充。

国际研究所活动的其他主要方面尤其集中在研究以及为外国学校系统提供人员服务方面。研究所广泛的研究项目的成果之一是发展了国际教育图书馆,这是世界上最好的同类馆藏之一。另一项成果是由坎德尔(Kandel)教授主编的《教师学院国际研究所教育年鉴》(*Educational Yearbook of the International Institute of Teachers*

College)这一年刊,其中载有世界各地教育进展的最新消息,还有大量关于工作人员在外国进行调查的报告。事实上,这项测量和调查活动被证明是研究所最大的贡献之一。例如,1923 年,孟禄访问了捷克斯洛伐克和波兰,威廉·罗素访问了保加利亚;1924 年,孟禄研究了近东救济会(Near East Relief)的工作,它救济了 6 万名孤儿和 4 万名未完全独立的(semidependent)儿童;1925 年,中国教育文化建设基金会(China Foundation for the Establishment of Education and Culture)成立。1923 年至 1977 年,在菲律宾、墨西哥、波多黎各,以及非洲东部、南部和西部的农村地区开展了大量的学校调查;并且 1926 年孟禄结束了日本、韩国、中国、印度和欧洲的旅途后,他完成了一项有关海外美国儿童的教育设施的调查。

1926 年至 1927 年,外国留学生已增至 457 人,并且颁发了首批外语学校教师和外国语学校督学的特殊文凭。为了处理不断扩展的工作,研究所增设了两名副主任托马斯·亚历山大(Thomas Alexander)和米尔顿·德尔·曼佐(Milton Del Manzo),还有多位助理也加入到工作人员的队伍中。

教师学院对国际主义教育的兴趣还表现在巴黎大学与教师学院于 1923 年达成的合作协议。这项计划为打算成为法语教师或法语督学的研究生,提供在巴黎大学进行一学期学习的机会。[86]

除了在 20 世纪 20 年代发展了这些民主和国际主义教育路线之外,整个标准、管理和课程的结构都经历了深刻的转变。值得一提的是,在 1912 年罗素院长的《机要报告》(Confidential Report)中,他曾指出,教师学院的最终目标是培养教育领域的领导能力,但对教师初步培训的不足,直接阻碍了这一目标的实现。他敦促说,学院所谓的"师范学校"阶段已经过去,现在有机会将重点完全转向更高级的工作。[87]战争的影响,更多领域教育机会的开放,以及入学人数不断增加的压力,都交织在一起,进一步提高了教师学院的水平。

1925 年,朝着更高级工作方向采取的最重要的举措之一就是实用技术学院取消了四年制本科课程,从而使其与教育学院处于同等的地位。此举始于 1923 年,当时最低入学要求已经提高到高中毕业再加上一年的大学或技术学校的学习经历。在 1924 年,需要在大学或技术学校学习两年是入学的先决条件,而到了 1926 年,所有非专业本科课程都不被认可。从那一年开始，除了某些技术基础课程外，学院的所有课程都在研究生水平进行了重组。因此，对八个技术领域的教育领导者进行高级专业培训的任务，现在被分配到实用技术学院的身上。简而言之，实用技术学院现在成为教育研究生院中的技术教育的部门。[88]这一变化的另一个结果是，所有学科课程都将作为专业课程来教授，或多或少地涉及其在学校的实际应用情况。因此，教育和实用技术的学生不再有区别。现在只有一种类型，即教师学院专业学生。

实用技术学院的不同系所迅速反映出向更高级工作发展的趋势。1924 年，教师学院的董事会与纽约市音乐艺术研究所（Institute of Musical Art in New York City）签署了一项协议，规定这两个机构合作培养学校音乐教师和督导人员。教师学院对在研究所从事技术工作的学生进行音乐教育培训，而研究所对具备一定基础的教师学院学生进行理论和实践指导。同样，1924 年，一项六年制的护士本科培训实验项目被取消，此后只招收研究生阶段教育的护士。[89]

然而，教师学院的新政策最好的例子是它所开展的广泛的研究项目。罗素院长在 1921 年曾说过，教师应该具备领导能力；因此，培养教师领导力的研究是必不可少的。[90]此外，对学院开展大规模教育调查的需求也在增加，而且在没有推销的情况下，教师学院出版物的销售量也在不断上涨。为了更好地协调研究项目，1921 年董事会授权成立教育研究所（Institute of Educational Research），"与教师学院部分系所和其他对调查研究有兴趣的机构合作，促进教育的科学研究"。[91]这个研究所的管理委员会由三个系组成：（1）教育心理学系，爱德华·桑代克教授为主任；（2）学校实验系，奥蒂斯·W.考德威尔（Otis W. Caldwell）教授为主任；（3）田野研究系，乔治·斯特雷耶教授为主任。工作人员将从教师学院内外现有的专家中选取，并在一定期限内对具体任务进行分配。在接受《纽约时报》采访时，罗素院长解释说，"教育研究的需要是新型学生来到教师学院的结果，这些新型学生是经验丰富的教师、行政人员、督导人员，教育研究所是为探索问题和帮助他们解决问题而成立的"。[92]

在此不可能涵盖该研究所在后面六年中取得的所有卓著成就，但是，这里会简要介绍其中一些最为突出的部分。教育心理学系对大学入学考试委员会"新型"高考试验的准备工作进行监督，承担了对一项广泛研究中 1 000 多名高中生学术学习中学科价值的测量(联邦基金对此拨款了一万美元),以智力和能力为单位开展为期三年的广泛测量工作,从而在此基础上设计更准确的考试(此项目始于卡耐基公司的资助),并且开展了天才儿童的相关实验工作。田野研究系主要参与了三项工作:对纽约州教育支出的财政调查、对公民教育领域的调查以及对公立学校系统的调查。最后,虽然学校实验系的大部分工作是在成立于1923年的林肯学校(Lincoln School)进行的,但是它还在新泽西州的桂克格罗夫学校(Quaker Grove School)开展了农村学校实验,并在多所公立学校进行一般性的实验工作。在1923年至1924年,还进行了另外两个项目:贺拉斯·曼学校的实验工作和实用技术研究。

除了教育研究所和国际研究所的工作外,1924年设立的儿童福利研究所(Institute of Child Welfare Research)也展开了广泛研究项目。在劳拉·斯佩尔曼·洛克菲勒纪念基金会(Laura Spelman Rockefeller Memorial Fund)的65 000美元捐赠的支持下,研究所进行以下三方面的努力:(1)开展个体儿童的福利研究,(2)设立教育诊所,(3)维持一家托儿所。代理主任奥蒂斯·考德威尔试验性地管理了一年后,常务主任海伦·T.伍尔利(Helen T. Woolley)正式接过了指挥棒。到1926年,她在报告中指出,研究所有了自己的大楼(为适应研究所的用途而改造的老斯派尔学校),其中还开了两个托儿所作为学生的实验室,用于指导学龄前儿童的生活和家长教育的研究。到1927年,研究所的经营预算已达到约13.5万美元,主要由劳拉·斯佩尔曼·洛克菲勒纪念基金会提供,拥有6名工作人员,还授予了儿童发展专业的首批硕士学位。

从1900年到1926年,这是一段漫长、艰辛而激动人心的旅程,但是取得成就的数量确实令人欣喜:基于民主教育涵盖了国民生活的方方面面这一理念,课程实现了空前的扩展;办学标准提高,取消了预科性质的工作,并集中精力于未来领导人的高阶教育;"一项广泛的研究项目通常是教育领导力的必然结果"这一理念已经被接受;与哥伦比亚大学签署了新的协议,使学院处于更加独立的位置。有趣的是,这些成就中的每一项都构成了专业教育项目中某个特定条目的实现,该些条目早在20世纪初就由罗素院长提出了预见性的观点。

注释

1 *Report of the Dean*，1900，p. 44.

2 同上，pp. 13 - 16.

3 同上，pp. 16 - 18.

4 James E. Russell，"The Function of the University in the Training of Teachers," *Columbia University Quarterly*，I（1899）332 ff.

5 *Report of the Dean*，1900，p. 18.

6 Frank D. Fackenthal（ed.），Columbia University and Teachers College：Documents and Correspondence（New York，1915），p. 65. 以下简称为 Fackenthal，Documents and Correspondence.

7 Confidential Report of the Dean，1912，p. 13.

8 *Report of the Dean*，1902，p. 5.

9 Fackenthal，Documents and Correspondence，pp. 66 - 69.

10 同上，pp. 79 - 81.

11 *Report of the Dean*，1901，p. 8.Dean Russell 认为这是当时学院发展的最重要步骤。

12 Report of the President of Columbia University，1902，p. 53.

13 Confidential Report of the Dean，1912，p. 14.

14 同上。

15 *Report of the Dean*，1905，pp. 10 - 12.

16 同上，1906，p. 12.

17 同上，1901，p. 9.

18 同上，1903，p. 6. 由董事会购买的占地约一英亩的学校花园位于沿着第 120 街的四个地块上。在这一英亩土地上，George Foster Peabody 花费 1 200 美元建造了一座温室。

19 同上，1902，pp. 2 - 5.

20 同上，1910，pp. 16 - 17.

21 同上，1911，pp. 8 - 12.

22 同上，1912，p. 7.

23 同上，1905，pp. 15 - 16.

24 Maurice A. Bigelow，"Thirty Years of Practical Arts in Teachers College under the Administration of James E. Russell，1897 - 1927," *Teachers College Record*，XXVIII（1927），770.

25 *Report of the Dean*，1909，pp. 7 - 9.

26 Clyde Furst，"The School of Household Arts," *Columbia University Quarterly*，XI（1909），472 - 475.

27 *Report of the Dean*,1910,pp. 7 - 9.

28 同上,p. 6.

29 同上,29x1,pp. 8 - 12;同上,1912,pp. 7 - 8.

30 Confidential Report of the Dean,1912,p. I.

31 同上,p. 2.

32 同上,p. 3.

33 同上,pp. 12 - 13.

34 *Report of the Dean*,1913,p. 8.

35 Fackenthal,Documents and Correspondence,pp. 207 - 208.

36 *Teachers College Bulletin*,No,I (1894),p. 16.

37 Fackenthal,Documents and Correspondence,pp. 128 - 130. Report of the Dean,1910, p. 10:"我向校长提议,将继续教育的管理权移交给哥大,以换取教师学院对暑期课程的控制权。"

38 *Report of the Dean*,1910,p. 10.

39 六年以来,教师学院没有在校园之外开展任何扩展工作,但到了 1921 年,它再次感到有义务在比其邻近地区更大一些的范围内培训在职教师。因此,在哥伦比亚大学当局的同意下,1921 年至 1922 年教师学院在 17 个中心区开设了校外课程,在校学生达到 2 323 人;1923 年,扩展到 6 个州的 26 个城市,入学的人数达到 3 306 人。Report of the Dean,1922,p. 5;同上,1923,p. 30.

40 Historical Material Concerning Relations of Columbia University and Teachers College, pp. 5 - 6.

41 Fackenthal,Documents and Correspondence,pp. 51 - 54.

42 *Report of the Dean*,1900,p. 20.

43 Fackenthal,Documents and Correspondence,pp. 54 - 55,58.

44 同上,p. 275.

45 同上,pp. 98 - 99.

46 Historical Material Concerning Relations of Columbia University and Teachers College, p. 35.

47 Report of the President of Columbia University,1910,p. 226;同上,1911,"Report of the Treasurer,"pp. 7,24.

48 Report of the President of Columbia University,1910,p. 11.

49 同上,pp. 10 - 11.

50 Fackenthal,Documents and Correspondence,pp. 136 - 137.

51 同上,p. 275.

52 *Report of the Dean*,5915,pp. 7 - 8.

53 Fackenthal,Documents and Correspondence,pp. 221 ff.—开始教师学院获得的"盈余"只是稍微超过了教师薪水:1910 年 705 美元;1911 年 8 602 美元;1912 年 7 732 美元。然而,

之后盈余快速增长,在 1913 年达到 17 955 美元,1915 年达到 25 405 美元。同上,p. 298.

54 同上,p. 274.

55 James E. Russell, *Founding Teachers College* (New York, 1937), pp. 64 – 65.

56 Report of the President of Columbia University, 1914, pp. 134 – 135.

57 "它(教师学院)一直在一开始就确定的道路上稳步前行,把教育视为一个建立在哲学基础上的个体。狭义上来说,这个基础包含了心理学、经济学、历史学和哲学的元素。对所有的这一切教师学院都无私奉献,它向自己所在的哥伦比亚大学、向公众展示了一种教育理念和教育方法,经过这么多年,这种理念和方法仍然是独一无二的。教师学院的工作成果是世界各地教育改革家形成他们提议的模板。经常有教育工作者来访学……他们是来自世界各地有地位且优秀的人。它的毕业生不仅遍布美国,也遍布世界各地的各个班级、各个类型的学校和学院。这样的成就是不可能实现的……如果是在大学之外。那个协会赋予教师准备工作的理论方面以尊严和意义,并增加了其实践方面的重要性。" Nicholas Murray Butler, Report of the President of Columbia University, 1908, in Fackenthal, Documents and Correspondence, p. 120.

58 Fackenthal, Documents and Correspondence, pp. 228 – 231.

59 Letter from Nicholas Murray Butler to Grace Dodge, October 16, 1914, in Fackenthal, Documents and Correspondence, pp. 230 – 231.

60 Letter from Grace Dodge to Nicholas Murray Butler, November 24, 1914, in Fackenthal, Documents and Correspondence, p. 247.

61 Fackenthal, Documents and Correspondence, pp. 239 – 241.

62 同上,pp. 254 – 260.

63 *New York Sun*, December 25, 1914.

64 Fackenthal, Documents and Correspondence, pp. 364 – 68.

65 同上,p. 367. 受任命的教授是詹姆斯·厄尔·罗素、弗兰克·麦克默里、保罗·孟禄、爱德华·李·桑代克、朱利叶斯·萨克斯、约翰·杜威和乔治·斯特雷耶。其中的前六位已经是哲学系的一员。根据 1900 年协议,由于约翰·杜威是哥伦比亚大学的哲学教授,所以他也是教育系的成员。

66 *Teachers College Record*, XVI (1915), 388 – 390.

67 同上,p. 388.

68 同上,pp. 288 – 290.

69 *Report of the Dean*, 1916, pp. 12 – 15.

70 同上,1917, p. 7.

71 同上,1917, p. 8.

72 在农业、贸易、工业主体和国内经济的中学课程中提供联邦政府援助。

73 *Report of the Dean*, 1917, pp. 13 – 14.

74 同上,1917, p. 13.

75 同上,1915, p. 8.

76 *Report of the Dean*,1916，p. 11.

77 同上,1916，pp. 13 - 14.

78 同上,1918，pp. 9 - 10.

79 同上,1918，p. 9.

80 James E. Russell，"Education for Democracy," Teachers College Record，XIX（1918），219 - 228.

81 Nicholas Murray Butler，"Education after the War," Teachers College Record，XX（1919),1 - 15.

82 *Report of the Dean*，1920，p. 10.

83 同上,1922，pp. 20 - 21.

84 *Teachers College Record*，XXIV（1923），366 - 373.

85 Announcement of the School of Education, Teachers College, 1924, pp. 30 - 32. See also William F. Russell，Merchants of Light，paper read to Teachers College alumni，April 24，5924. Printed for private distribution by the International Institute of Teachers College.

86 *Report of the Dean*，1924，p. 18.

87 *Report of the Dean*，1921，pp. 5 - 6.

88 同上,1926，p. 21.

89 同上,1924，pp. 25 - 26.

90 同上,1921，p. 6.

91 Teachers College Announcement，1922，pp. 24 - 25.

92 *New York Times*，September 18，1921.

第五章
校舍与资金

如果没有这两种机构存在的必需品——校舍和资金,先驱们有再无限的远见与精力都不可能使教师学院成为现实。先驱者们需要工资,而教学计划和管理要求有教室、实验室、办公室和所有必备的教学设备。随着对服务的要求成倍增加和入学人数的增长,适当的空间以及充足的资金支助成为学院必须满足的两项最迫切的需要。本章就讲述了学院是如何做到这两点的。

1898 年,当劳特(Low)校长任命詹姆斯·罗素(James Russell)为院长时,教师学院正处于绝望的财政困境中。它负债 25 万美元,累积赤字为 5 万至 8 万美元,而年度预算达到了 25 万美元,并且它没有获得任何捐款。学院的物质资产仅限于两栋大楼,其场地和设备的价值约为 80 万美元[1]。当罗素院长在 1926 年辞职时,学院财政与物质财产情况显现出惊人的对比:此时学院以 2 500 美元的预算运营,不论是年度还是历史累积都没有赤字,并且拥有约 300 万美元的捐赠基金。[2] 1899 年的房舍,包括主楼和梅西大楼,已扩大到十五座建筑。其中九座新建筑,贺拉斯·曼大楼、汤普森大楼、家政技术大楼、斯派尔学校、贺拉斯·曼男子学校、林肯学校大楼、梅西附楼、研究大楼和罗素大楼,都是为了学术目的而设计的;其他的五座,惠特尔大楼、班克罗夫特大楼、瑟斯·劳特大楼、格兰特大楼和萨拉索塔大楼,则是学生宿舍。

校舍的发展

教师学院在校舍设备方面没有比"从零开始"的形容更为真实了。事实上,它最初的资产仅包括一张桌子和一把椅子,安置在 1884 年和 1885 年从国家慈善援助协会那里租来的位于第 14 街的办公间里。从那里开始,这些简陋的设备从一个地方转移到另一个地方,最终在第 120 街的主楼(1894 年)里安置下来,这里现在是教师学院的中心。学院的搬迁集中体现了学院实体设施的发展,从租用的办公室和办公楼变成晨边高地的永久家园。

在前文中已经详细阐述过国家慈善援助协会的办公地点是如何在 1884 年被大学大道 21 号的租用办公室取代,并且在 1886 年租用了东第 11 大街 54 号一座附楼以及之后又租下大学大道 9 号的一栋大楼。人们还记得,大楼里人数的压力是如何促使学院又租用了手工技术尾楼与设备,这些处所是如何反过来证明学院房舍不足以满足教师学院的扩展,学院搬迁到西 120 街是如何通过乔治·范德比尔特(George Vanderbilt)先生买下二十个地块而成为现实,以及被指定为主楼的建筑是如何在 1894 年 11 月开幕的。

第一座大楼的资金筹集遇到了相当大的困难:两名董事,威廉·E.道奇(William E. Dodge)和弗雷德里克·F.汤普森(Frederick F. Thompson)承诺,如果能在指定日期之前再筹到 5 万美元,他们每人将捐赠 2.5 万美元。然而,截止日期的前十天,只筹到了 4 万美元,于是两位"年轻的女士"每人带着 5 000 美元前来提供帮助。此外,斯宾塞·特拉斯克(Spencer Trask)和他的父亲阿兰森·特拉斯克(Alanson Trask)、乔治·范德比尔特、威廉·E.道奇夫人、V.埃弗里特·梅西(V. Everit Macy)、乔西亚·梅西(Josiah Macy)夫人以及詹姆斯·H.琼斯(James H. Jones)等人都对主楼的建设和 1898 年还清抵押贷款提供捐款帮助。最后,学院的一位热心的朋友,还送上了额外的礼物,使董事会获得西边毗邻的四个地块以及最终的"林荫大道"地块成为可能。[3]

随着主楼的落成,面对学生人数的快速增长,学院房舍的潜在不足立即启发人们捐赠了另一座建筑。因此,1893 年 2 月,财务主管宣布乔西亚·梅西夫人捐赠的 25 万美元用于建造一座手工技术大楼,即梅西大楼,以纪念她的丈夫,而她的丈夫是教师学院最早的董事之一。

这座五层楼的砖结构建筑由设计主楼的建筑师威廉·A.波特(William A. Potter)设计,这一建筑原计划是作为学院住宅区两栋大楼中的第二栋。它位于沿着西 121 街已经收购的地块,计划容纳机械技术、造型研究和绘画系,以及它们的博物馆、展览厅和图书馆。它准备在 1894 年秋末投入使用,在纽约它是这类建筑中的第一座。[4]

最初,这两栋原有的大楼被认为至少够用五年,甚至有可能达到十年。然而,空间不足这一相同的问题很快又出现了。[5]主楼和梅西大楼很快又变得拥挤不堪,而新大楼还没完工财务主管格蕾丝·道奇就提请董事会注意这一情况。根据她的陈述,一些系所仍然需要房屋空间。布赖森图书馆(Bryson Library)需要阅览室,家政学缺乏空间而无法开展全面的工作。她进一步指出,走廊全都被使用了,一间更衣室被历史系使用,梅西大楼也没有按照原定目的而保留原始用途,其中的一个房间用于体育文化,另一个用于现代语言,礼堂则已经成为 300 人的餐厅,即便如此,一些员工仍缺少适合的办公室。[6]

1896 年,约瑟夫·米尔班克(Joseph Milbank)出资 25 万美元建造并装修了米尔班克大楼,以纪念他的父母,同时也满足了部分学院对空间的迫切需求。这栋楼于 1897 年 9 月开放,作为主楼的西翼;里面有米尔班克礼拜堂(Milbank Chapel),可容纳二百五十人;有历史系、英语系、数学系、拉丁语系、希腊语系、幼儿园系和音乐系的办公室和教室,还有家政科学系、艺术系、生物科学系的实验室,以及贺拉斯·曼学校的自习室、教室和午餐室。

到 1898 年,当詹姆斯·罗素成为院长时,教师学院的院区包括了位于阿姆斯特丹大街和林荫大道(百老汇大街)之间的西 120 街和西 121 街的三十三个地块。这些大楼构成了一个坚固的四边形:南面和东面的主楼,西边的米尔班克纪念楼以及北面的梅西手工技术大楼(Macy manual arts)。[7]在主楼的东面有大量基岩,而在西面则是一片蒲公英和蛋黄草(应季)的田野,为地质学和植物学提供了户外实验室。

尽管米尔班克大楼为贺拉斯·曼学校提供了亟需的空间,但该校的入学人数增长迅速,从 1897 年的 395 人增至 1900 年的 639 人[8],因此它成为学院新增宿舍最多的部门。董事詹姆斯·H.琼斯预见到学院会不断扩展,1897 年以前,他买下了面向林荫大道的沿街的十个地块,以便以合理的价格为学院提供用地。1899 年,他将这些市值 15 万美元的地块以 10 万美元的优惠价卖给董事会,相当于捐赠了 5 万美元。这 10 万美元的购楼资金中有 2.5 万美元来自于董事会,5 万美元来自约翰·D.洛克菲勒(John

D. Rockerfeller)的捐赠,另外的 2.5 万美元在短时间内由多方捐助。[9]埃弗里特·梅西、乔西亚·梅西夫人随后向董事会提供了 35 万美元的捐款,用于学校修建。1901年 12 月 5 日,贺拉斯·曼学校正式落成,以纪念埃弗里特·梅西的母亲卡罗琳·L.梅西(Caroline L. Macy)。

贺拉斯·曼学校在最初五年(1889—1894)位于大学大道 9 号几间不甚合适的房间中,之后移到主楼总是不够用的空间里过了七年。如今,贺拉斯·曼学校终于拥有了自己的美丽家园。在其落成典礼上,发言人之一丹尼尔·吉尔曼(Daniel Gilman)将其称为"模范校舍",称其"带着开明财富的慷慨特质……一位沉默的老师,向大家展示……房间、家具和走廊的布置,采用最受认可的照明、取暖和通风的模式,并配备优良的设备——具备现代性、适当性且实用性"。[10]

它由砂岩和红砖建成,呈现出哥特式和文艺复兴的风格,占据了整个街区的沿街土地,沿着 120 街和 121 街之间的林荫大道长一百英尺,进深一百英尺。它的五层楼之上还有一个炮塔,炮塔上有一个钢笔形状的风向标,似乎暗示着,在靠近格兰特墓(Grant's Tomb)的地方,"笔比剑更强大"。从林荫大道穿过一个异常吸引人的正门进入室内,里面有纪念碑和一尊巨大的列姆尼安·雅典娜(Lemnian Athene)雕像作为装饰。整个建筑(除了地下室和五楼工作室)都是用高度抛光的结实橡木建成的。建筑的其他特色还包括面对正门的大礼堂,有两层楼高,可容纳约 1 000 人;还有设备齐全的大型体育馆,配有储物柜和更衣室;一个宽敞的图书馆;还有五楼带天窗的艺术工作室。这样的大楼为那个年代理想的学校提供了实实在在的场所。

在拥有了美丽的新贺拉斯·曼大楼不久后,斯派尔学校也同样迎来一栋新的大楼。斯派尔学校始建于 1899 年,位于西 129 街 555 号一幢租来的大楼里。和学院的其他地方一样,这里的设施条件很快就跟不上机构的发展;学校的招生人数从 1900 年的 60 名孩子增加到 1902 年的 100 多名孩子。为了满足这一需求以及完成院长希望将实验学校也建成社区中心的想法,詹姆斯·斯派尔(James Speyer)夫妇在 1901 年捐赠了 10 万美元。这笔钱被用于买下在劳伦斯街(Lawrence Street)94 号的两块地,还买下了 1902 年秋天在那里建成的一幢五层大楼。

它是曼哈顿维尔(Manhattanville)"贫困社区"中最引人注目、最具吸引力的大厦,是一栋结构良好的防火建筑,既可以用作学校,也可以用作社区中心。地下室里有一个 45 英尺宽 53 英尺长的大型体育馆①;一楼有主要的办公室和幼儿房间。二楼和三楼有八间教室,每间教室可以容纳 30 名学生,还有三个小型的诵读室,而四楼有手工技术和家政学自己的车间、厨房和实验室。五楼和顶楼全部用作住宿员工的生活区。三个套房,每间都有两个卧室和一个合用的书房,可以为七个人提供舒适和私人的住宿。在屋顶上,有一个学校学生以及社区俱乐部和组织的成员可以使用的娱乐场地和花园。整个建筑都是用深色橡木建成的,除了家政学和手工技术区是由松木建成的。土地、建筑和设备的总费用为 13 万美元,全部由詹姆斯·斯派尔夫妇承担。[11]

两所学校的场地需求都得到了很好的满足,人们也关注到体育教育系一直以来的需求:他们在梅西大楼的场地是如此不足。值得一提的是,早在本世纪初,罗素院长就预见到了未来对训练有素的体育教师和学校卫生保健员的需求,并在 1900 年任命托马斯·伍德(Thomas Wood)博士来应对这一情况。1901 年,院长在强调对空间和设备的需求时指出:"我们尊重健全的思想是建立在强健的体魄之上的教育原则,但更多需要突破而不是墨守。"[12]他的请求得到了回应,弗雷德里克·F.汤普森夫人为修建体育大楼捐赠 25 万美元,以纪念她的丈夫,一位 1899 年去世的董事。

汤普森体育纪念堂(Thompson Physical Education Memorial Hall)于 1905 年落成,是美国最杰出的致力于健康教育事业发展的建筑之一。它位于 120 街上,在主楼和贺拉斯·曼大楼之间,其建筑风格和高度也与它们相似,此外它还具备了许多新颖和独特的特点。它的一楼设有普通医疗会诊室以及体格测量和检查室。除了四楼的大型体育馆外,它还有几间体操厅、比赛场和锻炼室,可以同时容纳大量不同年龄和性别的人进行比赛和锻炼。在大楼的后面,院子里有一个带天窗的游泳池,而地下室里设有保龄球馆、手球场和其他运动室。

正如梅西大楼不足以容纳体育教育系一样,它也未能满足家政系和艺术系日益增长的需求。罗素院长对这些领域女大学生的招收尤其关注。其中的基础科学课程开设的迫切需要,以及该领域本身的迅速扩展,这些因素共同加剧了对场地空间需求的

---

① 大约为 220 平方米。——译者注

压力；早在 1902 年，院长就开始强调为"家庭经济"专业修建新大楼的必要性。[13]幸运的是，1900 年至 1901 年间，就已经为建造这样一座大楼预留了土地。主楼和梅西大楼东面的四个地块，两个在 120 街，另两个在 121 街，是由三位董事格蕾丝·道奇、埃弗里特·梅西和斯宾塞·特拉斯克捐赠给学院的；与此同时，威廉·E.道奇和 D.威利斯·琼斯（D. Willis Jones）又捐赠了 121 街的另外两个地块。在 1902 年到 1903 年间，董事会又购买了 121 街东面沿街的四个地块，不久之后，除了一个地块外，整个街区的所有房产使用权都为学院所有。

有了土地的保障，院长得以在 1907 年宣布将一笔 40 万美元的匿名捐赠用于建设家庭经济大楼。[14]这座新的家政技术大楼于 1909 年开放，后来因其捐赠者"匿名"而改名为格蕾丝·道奇大楼。它毗邻主楼，沿着西 121 街延伸 150 英尺，与新的宿舍楼惠特尔大楼（Whittier Hall）（建于 1902 年）一起，构成了四边形的三个边，而周围是被岩石和学校花园占据的空地。在建筑方面，它延续了主楼和梅西大楼的红砖和棕色砂岩的构造，但它五层楼的尽头是一座带有石雕门廊的钟楼，上面装饰着描绘所有家政技术的马赛克。它的内部布局，旨在为 400 到 500 名学生提供服务，这一设计是根据美国和欧洲众多建筑的特殊研究的结果。它有 160 个房间，包括走廊共有一英亩，呈现出"一连串令人眼花缭乱的工作室、商店、厨房、教室和实验室"，并为三个不同班级的学生提供培训。凭借现代化的设备，它成为了这一领域的先驱。"最新的建筑……具有激进的外观。"一位当代评论家说道，"人们会认为，它的塔楼由女杰或妇女参政论者管理。但恰恰相反，它是那些认为家政技术适合女性最保守的人的大本营。"[15]

新建筑拔地而起，满足了对学术空间的需求，同时，学生生活空间的需求并没有被忽视。然而，这里的压力并没有那么大，但是如果大多数学生都住校情况就不一样了。最早提供宿舍的尝试是 1886 年在西 11 街 54 号，为 15 名接受三个月培训的学生提供了房间。之后，在"9 号楼"最上面三层设有卧室和客厅，可居住 25 名"女寄宿生"，她们需每年缴纳包括食宿和洗衣费在内的 360 美元。在这里，随着纽约教师培训学院的建立，宿舍生活呈现出一种大学的氛围。夏洛特·威廉姆斯夫人（Mrs. Charlotte Williams）是一位"女主管"，她负责学生的福利，主持晨祷，为营造充满服务、学习和奉献精神的社会宗教氛围而努力。看门人约翰在运行电梯的时候总是唱着赞美诗——

电梯越堵，赞美诗就越响——他还给予住在这里的 25 位"女性"父亲般的关怀。

当学院搬迁到晨边高地后，许多成员的出行距离增加了，女生宿舍就变得必不可少。因此，学院向哥伦比亚学院租用了一栋位于 117 街和阿姆斯特丹大道的西南角新建成的大楼作为第一栋独立的宿舍楼，并命名为学院大楼（College Hall），也就是现在意大利房屋（Casa Italiana）的所在地。在 1895 年到 1900 年间，它满足了学生和教师的住宿需求。它提供舒适温馨的居住设施——早餐还提供羊排——以及洗衣服务，每学年的费用为 136 美元。在这里，女主管威廉姆斯夫人维持着维多利亚时代中期的传统，提供全面的陪伴和仁慈的守护。

然而，在世纪之交，随着学生人数的增加，学院大楼就像教师学院其他各处一样变得空间局促。阿姆斯特丹大道上位于西 120 街和西 121 街之间的东部地块已经被学院收购，晨边高地房地产公司斥资超过 100 万美元将惠特尔大楼建成了女生宿舍。这是一栋五层楼高的建筑，与这个街区同宽，以每周极低的价格为学生提供食宿。[16] 尽管对学院有很大的好处，但对股东而言很难说这是一个值得投资的项目。在 1908 年，他们很高兴将这个项目以资本捐赠的形式转移给学院。大楼和设备的投资额为 967 858.60 美元，有 55 万美元的抵押贷款。大楼的宿舍仅在支付建设成本的基础上运营，从而保证学生以成本价住宿。另一方面，人们预计，两侧的洛厄尔和爱默生大楼公寓租金，以及沿街商店租金，将为学院持有资产带来可观的回报，并为抵押贷款提供偿债经费。

随着地面可用空间的减少，为贺拉斯·曼学校的学生提供游戏场地成为下一个主要需求。通过贺拉斯·曼学校校长维吉尔·普特曼（Virgil Prettyman）博士的努力，以及赞助人和校友委员会的帮助，共筹集到 20 000 美元[17]，买下位于 246 街的北面、奥尔巴尼邮政路（Albany Post Road）以西一个街区的十三英亩土地[18]。这片土地的一部分计划被开发为操场和运动场，而另一部分将用于学院未来的需求。在接下来 1911 年这一年里，由于几位董事的慷慨资助，学院拥有了从 246 街以北最初购买的土地到奥尔巴尼邮政路之间的所有土地，除了其中一块归市政府所有。因此，学院的资产现在与范科特兰公园（Van Cortlandt Park）东面相接。[19]

与此同时，学院教室和报告厅的场地压力也越来越大，在 1912 年几乎达到了顶峰。在那一年,院长报告说,过去几年中,学院录取学生的增长比率每年都在 1.590。贺拉斯·曼学校和斯派尔学校已是人满为患,下一学年的四个班学生将要被安置在家政技术大楼和汤普森大楼的屋顶上了。家政技术大楼很快就要满员,而梅西大楼只能再容纳少量的学生。"在利用建筑设施方面,可能没有任何其他高等学府能与我们相比,"院长继续说道,"我们的做法是,除了 6 月和 8 月中旬到 9 月中旬,我们全年都在上课,从清早到晚上 10 点(只空出 12 点到 1 点和 6 点到 7 点的时间段)。"[20]

由于贺拉斯·曼学校 1913 年的入学人数超过了一千人,学校面临着严重的场地压力,学院决定利用 246 街上的产业建立一所独立的男子学校。因此,更多的资金被筹集,更多的土地被收购。到了 1914 年秋季学期初,可容纳 300 名学生的贺拉斯·曼男子学校建成并开放使用。新学校建设占地十五英亩,可以俯瞰范科特兰公园,包括有三层楼和地下室的主教学楼,是建筑师计划要完成设计的一半;有一幢校长楼;两个木结构体育馆;一个木制看台;还有为棒球、足球、跑步、网球等运动提供的广阔场地。总共花费超过 30 万美元,由董事和学院友人们捐赠。10 年后,由学生、校友和教职员工捐赠,学校扩建了一个新的体育馆,卡尔·H.普福尔茨海默(Carl H. Pforzheimer)夫妇还捐赠建造了一个游泳池。[21]

虽然新的贺拉斯·曼男子学校缓解了位于 120 街总校的压力,但它却几乎没有缓解学院本身的场地压力。随后的战争阻止了学校的场地扩展,使情况变得更糟,在战争结束时,学院发现自己比以往任何时候都需要更多的场地设施。因此,搭建临时场地变得十分必要,因而在 1920 年,121 街贺拉斯·曼大楼和手工技术大楼之间修建了一栋梅西附楼。它是一座两层砖结构建筑,提供了四个新的演讲厅和两个会议室,还为六个系提供了办公室,这也是梅西附楼的主要功能。[22]此时学生生活区的场地压力也得到了更有效的缓解,因为董事会买下学院对面 121 街的班克罗夫特公寓楼(Bancroft apartment house)以及晨边路(Morningside Drive)和 121 街拐角处的大型公寓,为了纪念"一个好朋友",这栋楼被取名为瑟斯·劳特大楼(Seth Low Hall)。[23]然而即使是购买了这些大型建筑,也不足以解决问题,于是学院在六年后(1926 年)又加购了位于西 122 街南侧的格兰特大楼和萨拉索塔大楼(Sarasota halls)作为补充。[24]次年(1927 年),学院对这些大楼进行了改造,从而使每栋楼都可以提供 24 套三房和四房的公寓。[25]

一战后,罗素大楼这一主要建筑项目很快启动,它沿着120街位于主楼和惠特尔大楼之间,并作为图书馆和行政大楼。这项工程始于1922年,于1924年完工,为学院增加了一座六层楼高、大小为200英尺乘78英尺的大楼。一楼和地下室用作办公室,其余四层用作图书馆和阅览室。这个楼鲜明的特征是,摆有十一层的书架,有35万卷图书的存储空间。所有楼层都与主楼相连,并且这座新建筑缓解了空间压力,使其他大楼可以提供19间教室和实验室。[26]这一建筑为纪念罗素院长而命名。1925年10月20日,在一个简朴并不隆重的仪式上,他的画像和一块纪念他二十五年(1898年至1923年)服务生涯的纪念碑在入口处揭幕。揭幕式上董事会主席埃弗里特·梅西先生说:"鲜少有人能在准确判断、长远规划和实际执行方面,与罗素院长相提并论。"新的罗素大楼兼具学院的智识和行政职能,似乎与这个名字极为相称。[27]

罗素大楼于1924年竣工,其落成标志着极其重要的教师学院图书馆成立四十周年。与学院许多其他主要特点一样,图书馆的历史可以追溯到工业教育协会的年代。早在1884年,工业教育协会就任命了一个图书和印刷委员会,并决定建立一个图书馆。然而直到三年后(1887年)彼得·布赖森夫人(Mrs. Peter Bryson)捐赠了一座图书馆来纪念她的丈夫,该委员会才获得了书籍与资金。布赖森图书馆起初位于"9号楼"一楼的一个小房间内,刚开始只有约1 000本书,之后以每年500本书的速度增长。

当1894年学院搬到晨边高地时,图书馆被设立在一间精美镶嵌墙板的房间里,有壁龛、壁炉以及靠窗的座位。图书馆当时的藏书量达到6 500册,而这个新图书馆提供了可放置8 000册图书的空间,还配备了可容纳60人的座位设施。由于它既为学院服务,也为贺拉斯·曼学校服务,所以通常很拥挤。从1899年开始,哥伦比亚大学图书馆的教育学区与布赖森图书馆合并为一个单位。到1903年,所有教育学资料的转移工作完成,哥伦比亚大学校董会指定布赖森图书馆为大学图书馆(教育学)的一个分馆。在取得独立地位后,布赖森图书馆开始设立分馆:1900年,图书馆在斯派尔学校设立了教师学院校友图书馆(不是学术图书馆,而是附近居民的社区图书馆);1901年,在贺拉斯·曼大楼设立了贺拉斯·曼学校图书馆;1910年,在家政技术大楼中开设了实用技术图书馆。同时,在原有藏书的基础上也增加了一些特别藏书:1897年塞缪尔·P.埃弗里夫妇(Mr. and Mrs. Samuel P. Avery)为纪念他们的女儿埃伦(Ellen)而赠送的埃弗里文集(Avery Collection);一批古典藏书;一批艺术藏书;萨缪尔·萨克斯(Samuel Sachs)为纪念朱利叶斯·萨克斯博士(Dr. Julius Sachs)捐赠的萨克斯文集(Sachs Collection);以及1922年收藏了500本的中文图书。

1924年,所有这些分馆和藏书都被整合到新的罗素图书馆,总计82 000册图书。新图书馆的工作人员,从一名图书管理员和一名12岁的助理增加到冬季二十三名全职人员和六名兼职助理以及夏季五十五名全职和兼职人员。老图书馆只保留下(之前它已经向四面八方扩展到其他房间)布赖森纪念图书馆(Bryson Memorial Library),用来收藏现代教科书。

图书馆的一类附属部门是教育博物馆,尽管它是被单独管理的。教育博物馆在1899年由罗素院长创立[28],当时他任命了第一位馆长,而它的历史可以追溯到1886年的儿童工业展览(Children's Industrial Exhibition)。只要"9号楼"有可用空间,就会保留一间博物馆房间,在那里可以展览和陈列物品。然而,学院搬迁到市郊后,这些展品被分散到各个院系。罗素院长认为这样的博物馆是一种工具,"提供了收集说明性材料的系统方法",并能满足院系的需要。教育博物馆被临时安排在布赖森图书馆主走廊的东端,在不同的馆长的管理下蓬勃发展了约有十三到十四年,之后它的展品又一次被分散开。在1908年至1909年的鼎盛时期,教育博物馆共展出了7 457张幻灯片、2 601张照片和图片以及684件其他物品。[29]随着新图书馆的开放,其大部分展品被纳入其中,并为其展览提供了空间。

另一个减轻学术空间压力的建设项目是1924年完成的对格蕾丝·道奇大楼的重大扩建。这一扩建为护理教育系、烹饪系、营养系、生理化学系、家政工程系和家政管理系提供了2.7万平方英尺的额外空间。扩建部分的地下室和一楼被设计成教师学院的食堂或自助餐厅。[30]

随着罗素大楼和格蕾丝·道奇大楼的扩建,以百老汇和阿姆斯特丹大道为界,处于120街和121街之间的整个街区都由学院拥有并使用,除了位于惠特尔大楼和新图书馆之间的一小块地之外。在1924年,这一小块地也被买下,并被命名为洛厄尔附楼(Lowell Annex)。[31]1923年,在通识教育委员会(General Education Board)的慷慨资助下，这座位于西 123 街、阿姆斯特丹大道以东、面向晨边公园（Morningside Park）的林肯学校大楼（Lincoln School Building）成为学院规划的最后一座扩建建筑。这是一座有五层楼和地下室的大型砖砌建筑，包括两个 70 英尺乘 90 英尺的体育馆、一个屋顶操场、一个藏书丰富且引人入胜的图书馆、一个餐厅和一个带有大厨房和六个小厨房的家政技术部门。所有教室和科学室的设计都是为了能紧密匹配使用它们的特定学科，为了方便展示与展览，墙壁的打造以不易被损坏为标准。[32]

有了洛厄尔附楼和林肯学校大楼，从各项意义上来说都完成了教师学院建设的拓展。到 1925 年，学院基本上已经形成了它在接下来 25 年里所呈现的样子。在短短 30 年的时间里，学院从牧场上唯一的大楼变成了一个蓬勃发展的高楼社区，每一栋楼的捐赠都饱含情感，都是为了达成曾经只是梦想的崇高目标。

资金

没有什么比教师学院早期的财务历史更能清楚地揭示慈善是学院创立的动机这一事实了。菜园协会和工业教育协会的工作最初完全由私人赞助。事实上，正如已经强调的那样，早期领导人的目的并不是促进或建立一个学术机构，而是为了"促进一项事业"。"在大多数支持者的心目中，公共精神和服务是他们努力的关键，因此学院的建立几乎是一场意外而不是目的。[33] 即使花费不断上涨，工业教育协会的支持者也通过增加捐款来满足开销：他们的捐款从 1885 年的 1 334 美元增加到 1886 年的 5 814 美元，在 1887 年增加到 28 554 美元。[34] 慈善事业在早期对社会进步的主要作用是非常重要的，值得人们铭记。这样的观点对理解"教师学院精神"大有裨益，而这种精神至今仍保持着旺盛的生命力。[35]

然而，随着 1887 年纽约教师培训学院的成立，情况发生了变化；尽管慈善事业仍占主导地位，但学费收入在财务中占很大比重。在学院取得其永久特许证前，对纽约州立大学理事会所规定的财政条款的应对中，可以找到这方面的证据。其中包括在五年内筹集 10 万美元的捐赠基金，并提供总额不少于 50 万美元所得银行利息的款项作为学院每年接受的关于日常开支的捐赠的保证金。在慷慨捐赠的那些年里，典型的情况是在第三年（1892年）年底之前，年度保证金经常超额达成，并且捐赠数额也常常超过规定数额的两倍以上。[36]

同样，尽管新的教育学院繁荣昌盛，其收入增长已经占机构预算的近一半，但它仍然依赖捐赠，且一直能够填补赤字。其结果是，由于慈善事业，尽管目前的开支不断增加，但学院依然没有任何负债。[37]教师学院在1892年接替其前身时的情况也是一样的，赫维校长在他的年度报告中指出："学院绝对没有任何负债……学院的收入不超过支出的一半。学院的友人们的自愿捐赠弥补了所有的不足。"[38]

然而，令人遗憾的是，学院迁往晨边高地的时间，恰逢1893年大危机，导致了1894年至1895年的"危急之年"。如前所述，学院发现自己正处于腹背受敌的境地：一方面，捐赠、投资基金回报率和学费都在缩水；另一方面，建造新大楼、扩充工作人员以及搬迁增加的支出又迫切需要资金。捐款不再增加，并且投资没能获得收入反而带来了每年连带欠债的4 000美元利息。[39]1892年秋天，赫维校长首次报告说，在他行政管理这段时间中收入略低于预算，并且在1893年十二月的董事会会议上，财务主管格蕾丝·道奇宣布建筑基金只剩1 000美元多一点，但在八天内还需要15 000美元。[40]

然而，像往常一样，她自己挺身而出。应对"危机"需要英勇的行为，而她自己就是这么做的。她建立了世纪基金（Century Fund），100人（后来有150人）保证每人每年捐款100美元，之后捐款数额增加了10%；她给朋友和可能捐赠的人手写了无数封信；她在学校安排了周六茶会来吸引捐赠者，并说服其他人在家里也这样做；尽管她天生羞怯，但她却亲自上门按响门铃，请求支持。她策划成立了一个所谓的辅助委员会（Auxiliary Committee），由至少24名年轻男女组成，配合董事会维护学院的利益。[41]简而言之，五年来，她毫不停歇地投身于建设、配备和维持学院的工作。"正是格蕾丝·E.道奇小姐，"赫维校长说，"带领学院走出危险的关键时期并且取得令人欣喜的结果，这一切都应该归功于她而不是其他人，其他所有人加起来可能都比不上她所作的贡献。"[42]

学院和它的前身一样，其存在要归功于慷慨的捐助者。事实上，如果没有他们，学院早已消失不复存在。这一段时期中，主要捐赠者包括威廉·E.道奇、乔西亚·梅西夫人、埃弗里特·梅西、约瑟夫·米尔班克和詹姆斯·H.琼斯，"他们不仅及时捐助过两次,而且愿意再次为学院投钱"。[43] 在 1892 年至 1897 年的五年中,每年的捐款从 24 305 美元增加到 69 601 美元,而在 1891 年之后的六年中,捐赠、土地和建筑的总额加起来约为 125 万美元,[44] 从而使董事会总是可以弥补日常开支中的赤字。

因此,当罗素院长 1898 年上任时,每年由慈善捐赠填补赤字已成为一种根深蒂固的习惯,学生学费收入仅能支付日常开销的 53%。为了提高收入,他将学费提高了一倍(从 75 美元升至 150 美元),并停止以奖学金的形式返还之前收取的费用。面对财务上的困境,他的勇气得到了丰厚的回报。在新的学院的第一个十年,董事会捐出 60 万美元来填补赤字,并且"每年都欣然承担可能会数倍于此数额的义务"。[45] 到罗素院长在职十周年(1907 年)时,学院的资产已从 200 万美元增加到将近 500 万美元,年度开支从 14 万美元增加到 405 000 美元。[46] 五年后,学生们支付了 85% 的运营费用并提供了 15% 的捐赠基金。这一年,罗素院长请求增加捐赠基金,他指出,本科生数量上远远超过了研究生,需要他们来支持研究生工作,并且如果学院试图只开展研究生工作(这是他的梦想),那么"整个结构就会崩溃"。

从 1912 年开始,捐赠、资助和学费持续上涨,其中学费随着学生人数而迅速增长,几乎超过了其他几项。在战争年代,学费收入减少了约 5 万美元,而来自捐赠的收入略有上升。战后,捐赠和学费不断增加,没有减少。1915 年,普通捐赠基金增加了 100 万美元,其中一半由约翰·D.洛克菲勒捐赠。在 20 世纪 20 年代,捐赠和学费的增长都反映出战后的繁荣,来自捐赠的收入从 1919 年的 152 785 美元增加到 1927 年的 735 729 美元,而学费的收入从 1919 年的 642 826 美元增加到 1927 年的 1 623 000 美元。就是在这个十年(1920—1930 年)之中,特别工作和研究获得了大笔赠款,由此也需要感谢这二十五年以来经济的显著发展。这个纪录是对詹姆斯·厄尔·罗素远见卓识和能力的高度敬意。

注释

1 V. E. Macy, "Speech Upon Retirement of James Russell," *School and Society*, XXIV (1926), 608.

2 V. E. Macy, "Speech Upon Retirement of James Russell," *School and Society*, XXIV (1926), 608.

3 Grace H. Dodge, *A Brief Sketch of the Early History of Teachers College* (New York, 1899), pp. 33 - 34.

4 William A. Potter, *The New Buildings for the Teachers College to be Erected on West 120th and 121st Streets, New York City* (New York, 1893), p. 7.

5 *Teachers College Bulletin*, No. 4 (1894), p. 4.

6 同上,No. 5 (1895), pp. 18 - 19.

7 *Teachers College Announcement*, 1898 - 99, pp. 97 - 98.

8 James E. Russell, "The Horace Mann School," *Teachers College Record*, III (1901), 1.

9 *Report of the Dean*, 1899, pp. 21 - 22.

10 Daniel C. Gilman, "Horace Mann, the Educational Reformer," *Teachers College Record*, III (1902), 10.

11 Jesse D. Burks and Edgar A. Josselyn, "The Speyer School Building," *Teachers College Record*, IV (1903), 1 - 8.

12 *Report of the Dean*, 1901, p. 9.

13 同上,1902, pp. 10 - 11.

14 同上,1907, p. 8.

15 Edwin E. Slosson, *Great American Universities* (New York, 1910), p. 461.

16 *Report of the Dean*, 1902, p. 19.

17 同上,1909, p. 10.

18 同上,1910, p. 17.

19 同上,1911, p. 17.

20 *Confidential Report of the Dean*, 1912, p. 2.

21 *Report of the Dean*, 1924, pp. 75 - 76.

22 同上,1921, p. 20.

23 同上,1920, p. 6.

24 同上,1926, p. 86.

25 同上,1927, p. 109.

26 同上,1922, pp. 7 - 8.

27 *Teachers College Record*, XXVII (1926), 447.

28 *Report of the Dean*, 1899, pp. 16 - 29.

29 同上,1908, p. 30.

30 同上,1923, pp. 39 - 20.

31 同上,1924, p. 118.

32 Otis W. Caldwell, *The Lincoln School Building* (New York, 1923). 经过四年的使用后,有关学院扩建的两个迫切需要使他们感觉到:要建一个游泳池以及要有容纳教育研究人员的场地和设施,这两项加起来需要 40 万美元。到 1927 年,资金筹集已经完成,其中有来自家长捐赠的 30 万美元,还有来自教师学院董事的 10 万美元。研究大楼以及泳池在 1929 年开放使用。

33 Teachers College Bulletin, No., (1894), p. 4.

34 Report of the Industrial Education Association, 1885, p. 16;同上,1886, p. 23;同上,1887, p. 13.

35 小罗素院长在 1947 年 10 月的演讲中说:"学院与创始人基本的目标是为了改善人们的生活,尤其是那些贫困和年轻的人们;是为了利用教育作为地区和国家重建的手段;以及为了国际理解与合作这一更大的目标。这是我们现在的动力。"

36 *Teachers College Bulletin*, No. 1 (1894), p. 5. See also James E. Russell, Founding Teachers College (New York, 1937), p. 9.

37 Dodge, *A Brief Sketch*, pp. 31 ff.

38 *Report of the President of Teachers College*, 1895, p. 15

39 *Teachers College Bulletin*, No. 3 (1894), pp. 4 - 5.

40 同上,No. 1 (1894), p. 13.

41 同上。

42 Walter Hervey, "Historical Sketch of Teachers College," *Teachers College Record*, I (1900), 23.

43 同上。

44 同上。

45 *Confidential Report of the Dean*, 1912, pp. 9 - 10, 13.

46 *Teachers College Record*, IX (1908), 67.

第六章
教师学院的学校(1884—1927 年)

我们依旧能记得,教师学院前身的早期慈善主题,不仅包括教师培训,中小学教育也是其中的一部分。学院的大致历史已经整理到了 1927 年,在这个时间节点似乎可以更详细地了解学院工作的另一个重要方面。因为到罗素院长退休时,已经有四所附属学校取代了原来的贺拉斯·曼学校,它们在国内和国际上的声誉有力地证明了学院在世界各地教学事务中日益增长的影响力。

贺拉斯·曼学校

贺拉斯·曼学校,与教师学院建立的起源一样,都可以追溯到教育改革的浪潮。工业教育协会 1884 年建立的小型示范学校(model school)是贺拉斯·曼学校的前身,直到 1887 年纽约教师培训学院成立后才采用了它现在的名字。回忆起学校创立之后的那几年,巴特勒校长对他和他的同事们在学校建立时的自信非凡印象深刻。"贺拉斯·曼学校的创立是极其简单的。给我们这么一小班的小学生起这么张扬的名字,本身有些超乎常理。然而,社区街坊普遍认为这所新学校是贺拉斯·曼博士本人的私人事业,因此我们并没有在这一点上遭受批评。"

最开始贺拉斯·曼学校的班级里只有四名学生和两名教师,这是一个惊人的师生比。其中两名学生是《世纪》(Century)编辑、著名的公民服务改革家理查德·沃森·吉尔德(Richard Watson Gilder)的孩子,另外两名是纽约市卫生理事会主席塞勒斯·爱迪生博士(Dr. Cyrus Edison)的孩子。两位教师是巴特勒校长本人以及爱荷华州的艾达·S.费尔菲尔德(Ada S. Fairfield)。学校开始运营后不久,艾米·舒斯勒(Amy

Schussler)加入了教职工队伍,她被巴特勒称为"一位在教育方面具有积极天赋的女性"。[1]

贺拉斯·曼学校的基础是巴特勒领导工业教育协会将注意力主要集中在教师培训以及建立纽约教师培训学院的结果。教师培训学院需要一所进行课程和方法实验的学校,也需要一个可以展示被认可的实践和经过检验的新理论的地方,并且还有很多的新理论等待着验证。新的培训学院继承了工业教育协会和菜园协会对手工和家政技术的重视。因此,不难看出为什么贺拉斯·曼学校在课程中增设了这些学科以及支持自然科学,将它们与传统学术学科置于同等地位,从而立刻使学校站在了教育前沿。

贺拉斯·曼学校力争成为理想的学校、模范的机构。它旨在通过成为孩子们最好的学校而成为全国最好的学校。教师学院需要这样的机构,"给所有来哥伦比亚大学学习教育的人上一堂宏大的实物课程"。[2]最初,学校的宗旨之一是为不成熟和缺乏经验的教师学院学生提供进行实践教学的场所。但是,随着学生群体的日益成熟,对实践教学的需求逐渐减少,贺拉斯·曼学校在教师学院的眼里,与其说是一个培训实验室,不如说是一个教育展示场所。[3]此外,以19世纪晚期中产阶级知识分子的标准来衡量,这是一所十分优秀的学校,因此纽约市的家长都希望他们的孩子能在贺拉斯·曼学校就读。

学校的发展速度惊人。从1887年的4名学生到第二年的64名学生入学,当1890年增设高中时,入学人数增长到253人。1894年学校从大学路9号搬到新建的教师学院主楼时,当时共有327名学生。在接下来的六年里,贺拉斯·曼学校坐落在主楼的二楼,与教师学院共享图书馆、车间和实验室。富裕的家庭非常愿意为这样的教育买单。最初每年的学费包括书本费在内只有4美元。之后学费稳步上涨,即便是在曼哈顿下城拥挤、破旧的教室里,低年级学生每年的学费也是25美元,而高中学费每年是150美元。1896年,幼儿园的学费提高到60美元,小学125美元,文法初中(grammar grades)150美元,高中200美元。[4]但孩子上学开支的增加丝毫没有减少入学率。到1900年,贺拉斯·曼学校的639名学生挤满了教师学院主楼的二楼;显然他们亟需一栋新大楼来解决空间不足的问题。

第五章已经讲述了这栋新大楼是如何建成的。但是,那栋模范大楼已经无法容纳日益增长的学生了。在短短几年内,就有了1 000多名学生,再加上不计其数的教师学院学生和时不时来参观教学的来访者,因此,学校对场地空间的需求越来越大。此外,运动场也十分不足。在1914年秋天,布朗克斯区里弗代尔(Riverdale, the Bronx)新开设的贺拉斯·曼男子学校在一定程度上解决了这个问题,120街上的总校不再招收六年级以上的男生,从而减轻了空间上的负担。

教师学院最初在贺拉斯·曼学校看到了进行试验课程和方法的机会,但不久,高中学生群体的性质就很大程度上抑制了任何广泛而深远的实验。学校里很快就挤满了以准备上大学为主要目的的学生。当然,这一目的并没有完全排除教学实验,但由于大学入学要求需要得到满足,它确实对可以尝试的东西设置了一定的限制。此外,鉴于这里的学生群体经过精挑细选,该校似乎并不是一个以典型美国公立学校为例进行实验来阐述教育理论的合适场所。因此,1898年院长敦促建立另一所学校进行实验和实践。贺拉斯·曼学校与教师学院及其资助人之间的关系,使得它必须成为一所"模范学校",而不是一所"实践学校"。[5]就当时的主流教育理念而言,正如全国教育协会十人委员会(National Education Association's Committee of Ten)的报告所概括的那样,它是一所模范学校。

1902年,约翰·F.伍德海(John F. Woodhull)教授致力于改进贺拉斯·曼学校的物理和化学课程,他估计学校80%的高中生都在为上大学做准备。他试图拓展物理和化学课程,让它们不仅仅是为大学入学考试做准备,但同时他也时刻把大学入学考试的要求记在心上。[6]在贺拉斯·曼高中不再有男生之后,准备上大学的学生比例下降到了60%,但即便如此,在1916年,这对女孩来说仍然是一个非常高的比例。到了1922年,据学生提交的计划,上大学的女孩的比例和男孩一样高,而专门针对不继续上大学的女孩的课程,参加的人数非常少,以致于许多课程不得不取消。[7]

另一方面,贺拉斯·曼学生的智力水平远高于平均值,或者说他们至少显示出学术学习成功所需的心智能力,所以学校可以在大学入学考试准备的框架内进行一定程度的实验,而不太会带来大学入学考试不及格的危险。1922至1923学年间,学校有290名女高中生接受了两项智力测试,特曼(Terman)测试和米勒(Miller)测试。特曼测试结果显示,只有8%的女孩的成绩低于他们年级的中等水平,而在米勒测试中,这一数值为9.4%。对低年级儿童的测试也显示出类似的高智力水平。此外,在成绩测试中学生能力也远超标准。在20世纪20年代初,八年级和九年级的学生在默读速度和理解能力上比全国标准领先三年;据推算,贺拉斯·曼学校八年级的学生,领先美国五十个代表性城市学校系统中的八年级学生1.7年。[8]

尽管贺拉斯·曼学校并不是一个进行极不寻常的课程实验的合适的场所,但它在教师学院的教学中确实起到了有益的作用。一些教授在教学中广泛使用了这所学校。20世纪20年代初,米洛·B.希勒加斯(Milo B. Hillegas)教授和富兰克林·W.约翰逊(Franklin W. Johnson)教授让他们的学生在贺拉斯·曼学校进行中小学督学工作,作为学生日常功课的一部分。克利福德·B.厄普顿(Clifford B. Upton)教授和威廉·D.里夫(William D. Reeve)教授有时在贺拉斯·曼小学和初中教数学,他们的示教是大学数学教学课程中不可或缺的一部分。[9]对于贺拉斯·曼学校的教职工来说,这种与教师学院教员的合作需要不同寻常的资质和努力。贺拉斯·曼学校教师在学术和专业上经验丰富,训练有素,显现出胜任这项任务的能力。贺拉斯·曼学校的一些教职工多年来一直也是教师学院的职员,贺拉斯·曼学校校长通常具有教授头衔。

贺拉斯·曼学校的一大特色是与学生家长保持着非常密切的联系。正式成立于1911至1912学年间的家长教师协会(Parent-Teacher Association,PTA)非常活跃。每月晚上的小组会议,教师会让家长们了解学习项目的目的、问题和方法。学校偶尔在假期上课,这样父母就能看到学校的运作情况。家长教师协会还赞助了一份每家都能收到的半月刊简报,并且每年圣诞前都会举行义卖为学校活动筹集资金。[10]

在20世纪20年代中期,贺拉斯·曼学校学生的家长开展了一个项目,这个项目很好地说明了他们的兴趣和优越的经济背景。校长亨利·C.皮尔逊(Henry C. Pearson)教授抱怨说,学校的低薪导致年长教师退休时难以替换上令人满意的新教师。当时的教师学院教务长罗洛·G.雷诺兹(Rollo G. Reynolds)教授领导的家长委员会,承担了成立捐赠基金的工作,并在第一年就成功筹集到了12.5万美元。[11]

总而言之,在詹姆斯·E.罗素院长任期结束前,贺拉斯·曼学校发生了巨大变化。它最初的设想是成为一个展示最好的教育实践的机构,一个进行教育实验的实验室以及一所为学生提供教师实践的学校。到 20 世纪 20 年代中期,它已经主要成为一所示范学校,但不完全只是一所示范学校。就其本身而言,它是成功的;人们可以在那里为计划从事学术和专业生涯的高素质儿童找到美国最好的教育。

斯派尔学校

贺拉斯·曼学校逐渐成为一所示范机构,但是对实验学校的需要以及较低水平的实践学校的需要依旧存在。当一所学校明显无法很好地兼顾这些功能时,教师学院开始在其他地方寻找可以派遣学生和进行大量课程实验的场所。学院北边工人社区的一所教会幼儿园,提供了开发这类实验项目的机会。

几年来,圣玛丽圣公会教堂在劳伦斯街的教区住宅中开设了一家免费幼儿园,它距教师学院的校园北面约九个街区,处于隔开晨边高地和华盛顿高地的低地中。从一开始,这所幼儿园和学院之间就有一种松散的联系,因为学院幼儿教育系的校友有时会来观察这所幼儿园的教学方法。在 1899 年 9 月,圣玛丽幼儿园在教师学院幼儿教育系主任玛丽·D.鲁尼恩女士(Miss Mary D. Runyan)的指导下进行了重组,由她所在的系直接管理。同年,教师学院首批毕业生之一,后来在贺拉斯·曼学校任教的艾米·舒斯勒(Amy Schussler)开办了一所与幼儿园相连的小学。这所小学和幼儿园共同组成了斯派尔学校的主体,并在 20 世纪头二十年左右成为教师学院的实验学校。没过多久,教区的房子就显得太小了,无法同时容纳下幼儿园和小学,因此小学生们很快就搬进了位于同一街区 129 街一栋排屋的一侧。1902 年,詹姆斯·斯派尔夫妇在这里建了一座五层楼高的建筑,解决了这种临时安排的不便之处。[12]

学校搬进劳伦斯街 94 号的新房子后,就拓展到八年级,增加了社区中的社会活动工作,从一开始这就是学校工作重要的部分。事实上,斯派尔学校关于捐赠的条款规定,曼哈顿下城的大学社区服务中心[①]每年需指派两名社会工作者来承担学校中的工作。斯派尔学校组织了大量的社区俱乐部,由于街区附近没有纽约公共图书馆的分

---

① 这是一家位于纽约曼哈顿下城东部为移民和低收入家庭提供社会服务的机构。——译者注

馆,学校图书馆也为社区服务。起初,住在周边的母亲认为图书馆是一个有事外出时可以托管小孩子的地方,但后来斯派尔图书馆有了很可观的流通量。

斯派尔学校把学校的日常职能和广泛的社会服务工作结合起来,因此学校的开放时间长于当时的大多数学校。斯派尔学校除周六外每天从早上 8 点到晚上 10 点都对附近的人开放,甚至在周日也安排了特别的节目。老师和社工们住在大楼上层的公寓里,可以说学校完全成为他们的生活。

斯派尔学校是小学教育的实验室。学校从成立之初就强调健康和体育教育。[13]在一所免费的、孩子们的背景情况与贺拉斯·曼的学生截然不同的学校里,这种激进的实验是可行的。并非所有教师学院的系所都在斯派尔学院做过实验,但那些进行非常广泛和激进实验的系所很快就引起了批评。1914 年,大卫·斯内登(David Snedden)虽然对教育实验的想法相当赞同,但在其《校友董事会报告》(*Alumni Trustee's Report*)中写道:"所进行的实验工作是否具有足够明确和精心安排的性质,以确保取得令人满意的结果,这是一个问题。"[14]

到 1915 年,教师学院认为——尽管斯派尔学校是成功的——存在比小学中的问题更紧迫的教育问题。1913 年《斯派尔学校课程》(*Speyer School Curriculum*)一书的出版,为小学教育问题的解决提供了实质性的贡献。因此,是时候需要更多地关注中学教育和特殊儿童教育中的某些问题了。因此,一项与纽约市公立学校系统合作的中学教育实验就此展开。斯派尔学校成为第 43 公立学校的附属学校(an annex of P. S. 43),承担初中男生的教育工作。公立学校提供常规师资,而教师学院则提供音乐、美术、工业教育等特殊学科的教师。中学教育系的托马斯·布里格斯(Thomas Briggs)教授被任命为该校的教育顾问。在这种新的安排下,除了继续为社区女孩提供烹饪课程,斯派尔学校的其他社会工作都停止了。[15]

这样的安排只持续了四年,1917 年林肯学校的开办是决定中止斯派尔学校工作的一个主要因素。1919 年,教师学院将斯派尔大楼租给纽约市教育委员会(New York City Board of Education),并切断了与斯派尔学校的联系。然而,1924 年,当教师学院成立儿童福利研究所(Institute of Child Welfare Research)时,它就被设立在斯派尔大楼中;两年后,这栋大楼进行了改建,用以建立由研究所运营的两所幼儿园。

到这个时候，所有的社会服务工作都已不再进行，学生的组成也发生了根本的变化。在艾米·舒斯勒遇到她第一批学生的 25 年后——第一批孩子被代理校长描述为"体弱、愚笨、畏缩"——儿童福利研究所的主任报告说，斯派尔幼儿园的孩子们，虽然来自不同的家庭环境，但是大部分"都有受过良好教育和富裕的家长"，其中大约一半家长是大学毕业生。[16]

贺拉斯·曼男子学校

1909 年，贺拉斯·曼学校的赞助人在里弗代尔购置了大约十五英亩的土地，为高中的男女学生提供运动场地。1914 到 1915 学年开始之初，为了缓解大学校园的拥挤，从七年级到十二年级的所有男生都搬到了里弗代尔的一栋新大楼里。贺拉斯·曼男子学校由此成立。1914 年最初的计划还包括在里弗代尔地区建立一所六年制女子高中，但第一次世界大战带来的高昂建筑成本使这些计划无法实现。

尽管一开始学校搬到里弗代尔只代表离开教师学院周边这一地理位置的改变，但很快这一分离就超越了物理距离上的意义。在新校区的第一年，男子学校的校长维吉尔·普特曼（Virgil Prettyman）就批评了它的母机构——贺拉斯·曼学校，因为贺拉斯·曼学校"试图为所有人做所有事；试图对男孩和女孩，好生和差生，对目标上大学、做生意、学艺术、回归家庭生活或是没有特别目标的学生无差别教育"。普特曼明确指出，贺拉斯·曼男子学校不会被这些纷杂的目的所左右。男子学校的主要目标就是："为男生提供智力和个人素质方面最好的大学入学准备，使他们达到最适合从考试中胜出的水平。"[17]

这所学校的学术水平非常高，而这一高学术水平是在一套纪律制度的保证下实现的，这套纪律制度让男孩们很快"认识到学校不是弱者和游手好闲者存在的地方；如果一个男孩想在学校保有一席之地，他就必须要能配得上他的位置"。缺勤或学业落后的学生必须在周末学习来弥补他们的不足，并需要通过特别的考试。个别科目成绩较差的学生留级，普遍成绩较差的学生开除，这是学校的既定原则。然而，学生和教师之间关系密切，并且这种关系不仅存在于教室，也延伸到操场，使得这种僵化管理方案的实施得到了缓和。

体育是贺拉斯·曼男子学校的重要组成部分。学校每天下午都会安排几个小时的户外活动，并且学校的户外运动设施也很出色。学校有一个大操场、一个体育馆和十个网球场。附近的范科特兰公园也提供了一些配套设施，包括一个滑冰湖和一个18洞的高尔夫球场。在如今典型的高中青年看来，在男子学校最初几年的生活具有显著的斯巴达式特点。除了学业标准高和户外运动时间久外，所有男孩在清晨都要开着窗户进行三分钟的"预备操"。校长报告说，教室的温度保持在55至60华氏度之间[①]，并且他还大胆提出这样的观点："温度低于这个温度比高于这个温度更令人满意。"[18]

如此严格的学术和身体素质训练，再加上精选的学生，男子学校的目标——为成功上大学做准备——得以成功实现。几乎所有的毕业生都考上了大学，而且还考上了很好的大学。而且，他们在大学里也非常成功。1924到1925学年里，有三名及以上毕业生考上达特茅斯学院的所有高中和预科学校中，贺拉斯·曼男子学校的毕业生的学业成绩仅次于波士顿拉丁学校（Boston Latin School）的学生。1925年普林斯顿大学的六名贺拉斯·曼毕业生中，有五人是荣誉毕业生，其中有两人被选入美国大学优等生荣誉学会（Phi Beta Kappa）。[19]

在与教师学院有关的各类学校中，贺拉斯·曼男子学校与教师学院的联系最为薄弱。由于它是一个只与准备大学入学考试有关的付费机构（tuition institution），因此无法在课程和教学方法方面进行广泛的试验。为了方便教师学院学生，里弗代尔偶尔也有一些展示课程，但是教师学院与男子学校距离较远，行程不便。尽管如此，两者之间还是有一些合作的方式。例如，教育研究所的教育心理系就将男子学校作为开发心理测试的实验室。就男子学校的课程和教学方法而言，教师学院的影响几乎为零。相反，男子学校对教师学院某些教师所倡导的一些思想和理论持批判态度。

查尔斯·C.蒂林哈斯特（Charles C. Tillinghast）于1920年接替普特曼担任校长（教师学院的富兰克林·约翰逊教授在1919年至1920年间短暂担任校长职位几个

---

① 相当于12.8摄氏度到15.6摄氏度。——译者注

月）。他在 1925 年向教师学院院长报告说,贺拉斯·曼男子学校将继续主要以大学预备机构而存在。然而他也意识到,为了防止学校变得狭隘和平庸,它必须"在指引人心灵和品格的艺术作品中,谨慎利用每一次有价值且明智的改进"。[20]言下之意,一些"改进"既没价值也不理智,但不应该被忽视。

1927 年,由贺拉斯·曼男子学校出版的一本佚名小书,清楚地描述了学校的教育哲学。学校坚定地站在"本质主义"(essentialist)阵营,反对"进步主义"(progressive)。学校对这种新教育持高度批评态度;这种态度即"强烈反对'幼儿园方法的扩张'进入小学高年级甚至高中"。男子学校宣称,

> 对自封的新教育反应冷淡,在很多情况下甚至持直接反对的态度。学校认为新教育在理论上常常不健全,它的主张似是而非,应用不切实际,与已知历史事实以及人类经验相反;很多时候它既不是进步的也不是新的,事实只是换汤不换药;它的许多含义并非总是能被明确地理解,它的理念哲学和道德因素可能会站不住脚,变得越来越狭隘。[21]

具有讽刺意味的是,在本世纪中叶,至少在大众心中,教师学院在倡导新教育方面是颇为激进的。而在教师学院教育家族的所有学校中,只有贺拉斯·曼男子学校像有点不恭的孩子,这个孩子几乎完全离开了家。如今,贺拉斯·曼男子学校有自己独立的管理委员会,它与学院的联系也非常松散。

林肯学校

1915 年末,普通教育委员会执行秘书、纽约市教育委员会委员以及六年前美国医学教育重要报告的作者亚伯拉罕·弗莱克斯纳(Abraham Flexner)博士撰写了一篇题为"现代学校"(A Modern School)的论文。这篇文章引起了普通教育委员会的兴趣,普通教育委员会在 1916 年 1 月的会议上通过决议,授权其官员决定是否有机构或者学校系统可以设立弗莱克斯纳提议的这样一所学校。当这篇论文于 1916 年 4 月发表

在一份全国性杂志上时,它在美国知识分子中引起的轰动不亚于在弗莱克斯纳的普通教育委员会的同事中引起的震动。弗莱克斯纳的观点不仅引起了专业教育期刊的评论,也引起了《国家》(Nation)、《时评》(Current Opinions)等期刊的评论。显然,这种对弗莱克斯纳提议的兴趣,与伦道夫·伯恩(Randolph Bourne)1916 年出版的《加里学校》(The Gary Schools)一样,在进步知识分子中产生了很大的影响。

弗莱克斯纳是一位教育实用主义者。他从两个方面批判了传统高中古代语言课程和高等数学课程,以及文学经典的规范教学:第一,这些课程不实用;第二,作为对传统主义者争议的回应,他指出传统主义者开发了"心智训练"(mental discipline),但这些科目并不能培养学生的批判性和创造性思维。他还引用大学入学考试的记录指出,即使传统主义者的主张是合理的,也是没有效果的,因为学生很少在这些领域做得很好。

弗莱克斯纳呼吁建立一所学校,将自然科学、社会科学、数学和现代语言(以实验和非传统的方式教学)作为文化教育的基础。他明确表示,他并不希望"软化"课程设置。学校的主要目的应该是发展"纯粹的智力"。他的思想并不是反对传统教育工作者的目标,即锻炼心智。相反,弗莱克斯纳写道:"现代学校认为只有通过完成真正的任务才能激励大脑,从而进行有效的'训练心智'。"他明确表示,他提议的训练不是"软弱、缺乏活力的,违背孩子的本性是无法教育他们的"。[22]

1916 年年初,普通教育委员会与教师学院之间进行了协商,并且在五月份委员会的官员报告说,教师学院准备好了合作建立"弗莱克斯纳所提议的现代学校,建立中小学课程的实验室,取缔过时的材料并努力编订适应现代生活的学习资料"。不仅学生能感受到新学校的好处,这所学校也成为其他学校的先锋。然而,新学校并不是要成为"被普遍效仿的模范,而是成为对问题和方法进行实验性研究,对测验后教材进行编写的生产性机构,并且这些教材可能会被自身不具备相应能力的学校广泛采用"。在 1917 年 1 月 1 日普通教育委员会和教师学院达成的协议中,普通教育委员会同意支付学校每年产生的赤字。

1917 年 9 月 24 日,新学校取名为教师学院林肯学校(Lincoln school of Teachers College),在公园大道 66 街和 67 街之间的查尔顿学校(Charlton School)的原址开始上课。林肯学校以"6-3-3"学制为基础,第一年的学费从 200 美元到 300 美元不等,具体取决于学生所在的年级。到 20 世纪 20 年代中期,学费已上涨到 275 美元至 400 美元,到 20 世纪 20 年代末已涨到 300 美元至 500 美元。事实证明,位于中城的宿舍不够用,在 1922 年春天,林肯学校搬到了 123 街和晨边大道交汇处的新大楼里,靠近哈莱姆区和晨边高地之间模糊而多变的边界。

正如弗莱克斯纳所警示的那样,开设一所使用实验课程的学校面临着相当大的困难。例如,必须开发符合学校理念的新材料,只因现有材料的不足。弗莱克斯纳曾担心,为这样一所学校找到满意的教师可能很困难,但是他多虑了。学校成立后仅仅几年,学校的职工就足以应对极其艰巨的任务。林肯学校的老师们编写和出版教材、练习册、教学单元和教育文章,其速度之快,足以让对研究要求最高的大学校长满意。并且他们的课堂教学也十分出色。林肯学校被公认为是一所优秀的学校。

林肯学校的创始人曾希望它能成为美国教育改革的发酵剂,以此希望其他机构和学校系统会受到林肯学校的启发而采用不那么传统的教学方法和课程。我们不可能确切地追踪到林肯学校对美国教育产生的影响,但还是很容易发现,其他学校对林肯学校所做的事情非常感兴趣。林肯学校的负责人抱怨说,从其他学校来林肯学校参观的人实在是太多了,职员都没法很好地接待。罗切斯特、克利夫兰、芝加哥、圣路易斯和丹佛等城市都来寻求林肯学校教职人员的帮助来建立自己的实验学校。面对这些要求,林肯学校尽其所能,但它不得不拒绝英国、比利时、奥地利、中国和日本等实验学校类似的请求,只提供一些一般的帮助。教师培训机构渴望从与林肯学校员工的良好关系中获益;1922 年夏,学校成立仅五年之时,就有 21 名教职工任教于 11 所不同的师范院校和大学教育学院。

要运营这样一所学校,学费是必不可少的。然而这个费用几乎"劝退"了所有非富裕家庭的学生们,而富裕的家庭往往要求他的孩子继续上大学。林肯学校确实试图用全额或部分奖学金吸引其他经济背景的学生,但获得奖学金的学生的数量永远不足以改变学生群体的基调。林肯学校的家长们希望他们的孩子上大学,希望他们上的大学在招生时是精挑细选的,因此家长们要求他们的孩子接受能让他们通过大学入学考试的训练。故而林肯学校的高中部,就像贺拉斯·曼女子高中一样,对进行实验的深度和广度都有所限制。林肯学校确实比贺拉斯·曼的任何一所高中都更加远离了传统的高中教育方式;但是,即使在林肯,也只有小学能够完全摆脱高校从学术结构的顶端向下施加的束缚之手。

在实验性大学预科教育的框架下,林肯学校建立了一个相对非传统的学校,且至少可以给学生提供类似传统东部预科学校的教育,为成功的大学学习所作的准备。林肯高中首批 78 名毕业生中,有 75 人完成了大学学业,或者正在上大学,或者正在计划上大学。那些从大学毕业的学生,除了极少数例外,都取得了优异的成绩。1930 年,耶鲁大学、奥柏林大学和爱荷华大学的校长詹姆斯·R.安吉尔(James R. Angell)、欧内斯特·H.威尔金斯(Ernest H. Wilkins)和沃尔特·A.杰瑟普(Walter A. Jessup)组成的委员会对教师学院所设的学校进行了一次调查。这个委员会——也许是有史以来最杰出的学校调查小组——发现,这三所高中(林肯学校、贺拉斯·曼男子高中、贺拉斯·曼女子高中)毕业生的大学成绩几乎都是很优秀的,彼此间很难分出差距。不过,委员会报告说:"林肯学校学生的大学成绩中,A 等和 B 等的比例远高于贺拉斯·曼男子学校,林肯学校学生的 A 等比例也明显高于贺拉斯·曼女子高中。"在这三所学校中,林肯学校显然是最具实验性的,而贺拉斯·曼男子学校是最不具备实验性的。这个大学校长的委员会还发现,这三所高中的毕业生在大学入学委员会考试(College Entrance Board Examinations)和大学成绩上都"比其他学校的毕业生好得多"。[23]

随着学校不断发展,并且收到越来越多协助建立其他实验学校的请求,增加管理人员的人数并划分其职能就十分必要了。起初,学校的校长奥蒂斯·W.考德威尔(Otis W. Caldwell)没有助手。任命小学的校长以及随后的高中校长很快就变得十分有必要了。约翰·R.克拉克(John R. Clark)博士,即后来的教育学教授、教师学院数学系主任填补了高中部校长的空缺。到 1927 年,课程调查和学校与其他机构的关系会耗费考德威尔大量的时间,因此有必要进一步分工。丹佛的学校主管杰西·H.纽伦(Jesse H. Newlon)博士被任命为林肯学校的主任,为了正确地阐明工作分工,以考德威尔为首的林肯学校实验研究所(Lincoln Institute of School Experimentation)得以创立。在 20 世纪 20 年代末,林肯学校大楼的附属大楼被建立起来,用来容纳研究所和一个为林肯的孩子们准备的新游泳池。

当教师学院院长詹姆斯·E.罗素即将结束任期之际，他对林肯学校进行了评价。他的报告中对林肯学校非常满意。"这项事业的成功，"他写道，"从学校和实验基地的角度来看，都超出了所有人的预期。"[24]弗莱克斯纳的梦想已经发展成一个机构，这个机构的工作在短短十年的时间里已经引起了世界各地教育者的兴趣。

注释

1 此处和上段的引文都来自 Nicholas Murray Butler 1954 年 2 月 17 日写给教师学院校友会主席的信 in Frank D. Fackenthal（ed.），*Columbia University and Teachers College: Documents and Correspondence*（New York，1915），p. 206.

2 Samuel T. Dutton，"The New Horace Mann School," *Teachers College Record*，III（1902），28.

3 James E. Russell；"The Horace Mann School," *Teachers College Record*，III（1902），3.

4 同上，pp. 1 - 3.

5 *Report of the Dean*，1898，pp. 26 - 28.

6 John F. Woodhull，"Chemistry and Physics in the Horace Mann High School," *Teachers College Record*，III（1902），47 - 49.

7 *Report of the Dean*，1922，p. 32.

8 同上，1922，p. 32；同上，1923，pp. 34 - 35.

9 同上，1922，pp. 29 - 31；同上，1924，pp. 69 - 70；*ibid*.，1925，p. 57.

10 *Teachers College Record*，XXVI（1925），435.

11 *Report of the Dean*，1927，pp. 65 - 66.

12 Jesse D. Burks，"History of the Speyer School," *Teachers College Record*，III（1902），266 - 272.

13 James E. Russell，"The Purpose of the Speyer School," *Teachers College Record*，III（1902），263 - 65.

14 David Snedden，"Alumni Trustee's Report：Preliminary Report on the Speyer School and Industrial Arts Courses in Teachers College," *Teachers College Record*，XVI（1915），19.

15 *Report of the Dean*，1915，p. 12.

16 同上，1926，p. 43；Jesse D. Burks，"History of the Speyer School," *Teachers College Record*，III（1902），269.

17 Virgil Prettyman，"Ideals of the Horace Mann School for Boys," *Teachers College Record*，XVI（1915），ii.

18 同上，p. 12.

19 *Report of the Dean*，1925，p. 62.

20 同上。

21 *Horace Mann after* 50 *Years* (New York，1937)，pp. 42，24.

22 Abraham Flexner，"A Modern School," *American Review of Reviews*，LIII (1916)，465 -
474. The quotations are from pp. 467 and 473.

23 Summary Report，Survey Committee of the Affiliated Schools of Teachers College，June，
1930 (Unpublished manuscript in the files of the President of Teachers College)，
pp. 4 - 5.

24 *Report of the Dean*，1925，p. 10.

第七章
教师学院的学生(1887—1927 年)

当教师学院在 1887 年 9 月首次招收学生时,它是一所本科院校,主要致力于培养熟练且称职的手工培训教师;当詹姆斯·厄尔·罗素(James Earl Russel)在 1927 年从院长职位上退休时,这所学院主要是一所研究生水平的专业学院,使学生们在一切可以想象得到的教育工作中做好准备。随着学院职能的变化,学生群体也发生变化,就像不同于四十年前的前身组织,作为研究生院的教师学院和早期的师范、职业学院混合体也是完全不一样的。关于学生群体的变化、这些学生是谁、他们来自何处以及他们在教师学院的生活,这些故事将是本章的中心。

学生群体最大、最显著的变化之一,在于其惊人的人数增长。当巴特勒(Butler)在 1887 年开办纽约教师培训学院时,登记在册的只有 18 名普通学生;[1] 在 1926 年至 1927 年期间,教师学院有超过 5 000 名的注册学生。[2] 而且,这种人数的增长几乎是持续的,只有在 1907 年的大恐慌和第一次世界大战期间有所下降。当 1898 年罗素成为院长时,学院共有 468 名学生,[3] 到 1909 年至 1910 年间学生人数首次超过了 1 000 名。在美国参战前一年,学生人数为 2 444 人,七年间增长了近 150%。虽然战争本身对学生注册入学有一定影响,但影响不大,因为大多数学生都是女生或是超过通常征兵年龄的男生。因此,尽管学院学生人数减少了,但在战争年代,减少的人数都没有超过100 人。

战后学院的扩张使其早期的增长显得微不足道。入学人数从 1918 年至 1919 年的 2 363 人增加到次年的 3 118 人,增长了近三分之一。而且,这并不是一时的战后浪潮,因为二战后有许多学生涌入。每年都有更多的学生来注册入学,在詹姆斯·厄尔·罗素任期的最后一年中,有 5 333 名学生入学,这使得教师学院成为美国最大的高等教育机构之一。[4]此外,这一数字只包括学年中定期注册的学生。在暑期班期间,还有更多的学生。此外,共有1 817人参加了从华盛顿到斯克内克塔迪等17个城市的为在职教师开设的继续教育课程。[5]

按中西部学院或大学的标准,教师学院已经拥挤得无药可救;按照纽约市的标准,即使所有这些学生都挤在一个大的城市街区里听课,也才是勉强忍受的程度。图书馆面临的持续困难说明了教师学院设备场地普遍处于压力之下,图书馆在空间上根本就不足以满足学生的需要。暑期班中数千名学生挤在一起,使得学院的设施不堪重负。从1921年夏天开始,学院不得不从巴纳德学院那里租用了图书馆空间。两年后,工作人员将7 000多本书转移到巴纳德学院,但是仅在六周后就不得不又把这些书搬回去,因为学生们不得不在两个学院图书馆之间来回跑,试图找到他们想要的读物。这些不便一直存在,直到1925年暑期班的时候,图书馆搬到了它现在的所在地,也就是当时新建成的罗素大楼。[6]

随着学生人数的大量增加,学生群体的性质发生了不可避免的变化。最先的一小群学生主要由就业目标为小学教师的年轻女性组成。到了20世纪20年代中期,校内年轻的姑娘们的未来选择更多了,以至数百名高年级学生迷失于准备成为幼儿园教师到大学教授的各种职位。第一批研究生——他们中的54人——在世纪末的前两年进入教师学院;在三十年中,研究生的人数迅速增加到接近3 000人。他们中的大多数和时下的学生一样,主要都是攻读硕士学位。因此,在1907年授予了50个硕士学位,十年后增加到307个,这个数字在1927年增长到了1 383个。[7]博士学位候选人的数量也在稳步增加,尽管在本书所讨论的整个时间范围内,他们只占了总人数中很小的部分。

随着研究生人数和比例的增加,学生群体的平均年龄也有所增长。因此,与本科院校密切联系的"大学生活"越来越少。在20世纪20年代初期,学院管理部门要求学生至少要有两年大学教育经历和两年专业经验才能进入实用技术学校,淘汰了当时本来就不多的年轻学生。[8]根据这些规定,有入学资格的基本上仅限于两年制师范学校有任教经验的毕业生,他们在20世纪20年代宽松的教师资格认证制度下可以外出任教。他们来到教师学院继续提高专业能力,与普通本科院校一般的大三或大四的学生相比,他们通常更成熟且更有经验。显然,约翰·霍尔德(John Held)不是从教师学院的学生中得到他"大学生活"漫画的模型。

教师学院的学生从何而来？最早的学生几乎都来自美国东北部，尤其是纽约。然而，随着学院课程的扩展，来自南部和中西部的学生也越来越多，到1927年，东北部学生的比例降低到了64%。大约在20世纪之初，开始有外国学生来此学习；到1927年，大约每20个注册入学的学生中就有一个来自海外。1923年国际研究所的成立，极大地促进了这些来访者的到来，研究所还提供了广泛的奖学金项目和特别教育指导。这些外国学生来自世界各地，包括了从冰岛到南非、从澳大利亚到伊朗的五十多个国家。由于他们中的许多人在各自国家的教育事务中都有着举足轻重的地位，因此他们在学院的学习大大增加了学院的影响力。[9]

学院中有来自国外的学生，他们中的一些人还作为交换生被外派。早在20世纪20年代，学院就与巴黎大学达成了一项协议，准备教法语的教师学院学生可以在巴黎大学学习一个学期，并且在专业的指导下在法国进行一个夏季的游学。根据这些规定，这些学生可以在纽约和巴黎两地攻读硕士学位，在纽约进行一个学期和一个暑期班的学习，在巴黎完成春季学期的任务。[10]此外，比较教育的博士候选人，他们的研究需要出国考察，也得到国际研究所的资助。例如，在1925年至1926年，四名博士生被派往英国、法国和北欧国家，研究和报道这些国家的教育制度。[11]

学院的研究生是朝着什么方向培养的？一个结论是显而易见的：学术背景的多样性是巨大的。当时，很少有学生在师范学校接受自己所有的训练，因为许多师范学校甚至还不能够授予本科学位。事实上，在教师学院完成本科学业的学生比其他任何院校都多（然而，其中许多人的头两年可能是在师范学校就读的）。此外，教师学院的学生群体中有大多数主要学院和大学的校友代表。每年，教育学院院长都会在他的年度报告中列出学生的本科院校名单。通常情况下，像纽约城市大学亨特学院和纽约大学这样的大都市学校都名列前位。韦尔斯利学院、史密斯学院、曼荷莲学院和布林莫尔学院也和大多数常青藤盟校一样，提供了许多毕业生。一般来说，中西部的州立大学也位于学生来源名单的前列。

与现在一样，这一时期教师学院的大多数学生都是兼职学者。总的来说，这些人在纽约地区承担教学工作，此外还参加下午、晚上或星期六的课程。他们中的一些人无疑是被教师学院丰富多彩的专业课程所吸引,而这些课程在他们的本科院校是没有的;另一些人则由于资格证书要求或加薪需要来提升他们的正规教育程度。还有少数人以前住在中西部和南部地区,他们在纽约地区获得了教职,因而能在教师学院学习。

1923 至 1924 学年之前的非全日制学生的人数并没有记录。在那年的冬季学期,53.8%的学生入学修读课程的学分低于八分——非全日制学生的平均学分是四分——而在春季学期这一比例是 51.5%。在罗素院长余下的任期中,这类学生的数量略有增长,在 1925 年至 1926 年的冬季学期所占比例达到了 58%。在他担任院长的最后一年,将近 1 000 名学生(占学生总数的 23.3%)只修读星期六上午的课。[12]

如此高比例的非全日制学生带来了一些严重的问题。虽然这些学生中的许多人很渴望学习,但结束与孩子们一起的每日工作再进入课堂学习,任何老师都会认同一天的工作往往令人精疲力尽。此外,如果非全日制学生没有时间去纽约图书馆,他们所在城镇或学校设施的不足往往会限制他们的学习。由于疲惫和匆忙,肤浅化学习的危险总是存在的。另一方面,这些非全日制学生对专业学校来说确实有好处。这些人知道他们想要什么和需要什么。他们都有工作岗位,马上就能检验学院里提出的所有理论;如果他们足够坦率,他们甚至可以把试验的结果告诉他们的教授。此外,他们在学习时很可能是更好的教师,如果没有别的原因,他们不太可能陷进困扰众多教学的思维定式中。

然而,也有一类非全日制学生并不受学院的欢迎。暑期班的入学标准(不经过考试)总是比正常学年低很多。在这一时期里,大学——举办暑期班的是大学而不是教师学院——有一项录取政策,所有年满十八岁的高中毕业生都可以参加暑期课程。教师学院的教师们经常抱怨说,某些高阶课程(advanced courses)的工作因一些“准备不足”的学生参加而受到影响。此外,一些暑期班的学生认为,教师学院只不过是暑假大城市旅游的总部而已。因此,学院规定,暑期班的学生至少要拿到四学分,这样即使不能完全消除学生身上游玩和找乐子的部分,至少也能通过强迫他们在教室里多待几个小时来约束他们的活动。[13]

教师学院学生离开校园后都从事哪些工作呢?在学院初期,几乎所有的毕业生都在公立学校教书,并且大部分是在小学。随着州教育部门越来越多地要求在高中阶段开设认证的专业课程,越来越多的教师学院学生离校后进入全国各地的高中。之后,随着研究生数量的增加,在高等院校和师范学校就职的毕业生人数比例越来越高。到20世纪20年代初,教师学院学生毕业后进入高等院校工作的多于进入小学工作的。例如,在1922年6月30日结束的这个学年里,进入高中就业的毕业生人数最多;185人进入高等院校工作,104人去了师范学校,而只有70人进入小学。在进入高等院校的学生中,有3人成为学院校长,1人成为大学校长,24人被任命为正教授,9人成为副教授,23人成为助理教授,106人被任命为讲师,9人成为教学或研究助理。那些成为大学管理人员的,有10位大学院长,其中9位是女性院长。几乎所有进入师范学校工作的人都成了讲师或指导教师。[14]

到20世纪20年代中期,大多数研究生都找到了这样的工作。一项针对1924年到1926年的就业调查显示,35%的研究生和本科生都进入大学就业。在中学就业的毕业生人数占总数的32%,在小学就业的人数仅占15%,进入企业的占13%,成为学校督学的占5%。[15]这些人的工资就当时而言是相当不错的。通过学院就业办公室(College's placement office)的调查统计——当时被委婉地称为教育服务局(Bureau of Educational Service)——各个职位的所有男性的平均年薪是3 190美元。从教师学院毕业的女性的平均工资为2 090美元,与男性的平均工资存在显著差异,部分是因为更多的男性担任了教授和督学的职位。具体地说,各职业的平均薪金如下:男性督学为3 850美元,女性督学为2 640美元;高等学校中的男性为3 060美元,高等学校中的女性为2 460美元;中学中的男性为2 650美元,中学中的女性为1 980美元;小学中的男性为2 760美元,小学中的女性为1 910美元;企业中的男性为2 420美元,企业中的女性为1 230美元。[16]

对于学生而言,教师学院从来都不是一所廉价的学校,因为它没有得到任何一级政府部门的财政支持,也没有可观的捐款收入。此外,纽约市的生活成本普遍高于美国其他地区。因此,多年来,学生和他们的家庭不得不做出相当大的牺牲才能完成他们在学院的学业。

教师学院刚开办的时候,学费是每年60美元,第一批住宿的25名女生每年需要支付的伙食费、住宿费和洗衣费是350美元。1897年,学费涨到了每年75美元,两年后又提高到研究生 150 美元,大四学生 100 美元,其他本科生 75 美元。之后一年中,所有本科生的学费增加到 100 美元。[17]因为许多学生只想参加非全日制课程,于是学分制应运而生,20 世纪 20 年代中期,每学分通常 10 美元,再加上每学期大学一般费用是 10 美元。因此,学生念两学期共 32 学分的硕士学位课程总共会花费 340 美元。

由于这些费用很高是不可避免的,学院为了让尽可能多的有资格的学生得到教学指导,设立了奖学金。第一项奖学金设立于 1891 年,金额足以支付一个学生的学费。在十年之内,又有好几项其他的奖学金设立,其中一些在学费基础上再加每年 500 美元的金额。1896 年,政府成立了一项学生贷款基金,一些学生通过为教授做文书工作换取学费减免。[18]到 1927 年,用于奖学金和学生贷款的捐赠基金已经增长到大约 75 000 美元。[19]

对研究教师学院历史的人们来说,幸运的是,对几乎所有事情进行定量研究在晨边高地一度非常流行,有关学生费用的统计研究比比皆是。该学院校友理事梅西·简·海斯(Mercy Jane Hayes)对 1925—1926 学年学生的住房和生活成本进行了非常仔细和详尽的研究。她的研究结果表明,那些典型的,离开自己固定住所到教师学院学习的学生和传统上预期的研究生一样,过着窘迫和不舒适的生活。带着家人来纽约的已婚男性每年的全部生活费用的中位数从 1 996 美元到 2 674 美元不等,这取决于他们是否有孩子,以及他们能否住进学院宿舍。单身女生的这一总支出从 1 063 美元到 1 200 美元不等,这取决于她们的住房安排,而单身男生的花费的中值是 1 160 美元。[20]大约 40% 的女性和近 50% 的男性认为有必要做兼职工作来养活自己和家人。

大多数已婚男性选择带着家人一起来纽约,因为单人租房加上两地生活与交通的开销,比一家人在纽约租下整个公寓的生活成本要高。已婚男性在纽约的经济状况最为糟糕。与单身同事相比,他们不得不赚更多的钱,以及借更多的钱来继续学业。在 1925 年至 1926 学年间,48% 的已婚男性都有兼职,并依靠他们自己的努力换来中值为 633 美元的年薪。教书是最常见的工作,也有许多人在餐厅、私人家庭或为男孩俱乐部和教堂工作。将近 40% 的人不得不借钱,借款金额的中位数是 900 美元,通常利息是 6%。学生把开支控制在最低限度(尤其是是娱乐方面),才能勉强度日,通常十分艰辛,然而,任何必要的大笔支出(最常见的是医疗费用)都意味着灾难。[21]

近些年来，反映学生群体变化特征的一个方面是学生活动的领域。几乎从一开始，学校的政策就鼓励学生俱乐部与社团共享和发展兴趣爱好。到本世纪末，教师学院有了一个欢乐合唱团(Glee Club)、一个艺术学生俱乐部(Arts Students' Club)、一个研究生俱乐部(Graduate Club)，以及其他几个有同样兴趣的俱乐部。[22]随着这些组织的迅速形成，问题也出现了，即如何在保持学生群体团结统一的同时确保其明显的优势。正是为了满足这一需要，学生俱乐部这一原本纯粹的社会团体，逐渐开始承担起学生会的一些职能。

虽然学生俱乐部在精神上试图代表整个学院，但其自身组织的性质使其无法这样做。因此，在1899年春，人们对学生群体的组织需求进行了相当全面的研究；并在第二年，学生俱乐部与院长合作组织了学生联合会(Students' Federation)。成立新的联合会的目的有三：第一，在社会和教育两个层面上，团结所有在教师学院上课的学生；第二，使学院各个俱乐部和学生团体建立更紧密的联系；第三，起到学生会的作用，特别是作为学校管理层、学生和俱乐部之间的桥梁。[23]通过这三方面的努力，这个新组织希望重新恢复学生基本的团结感，而这种作为学院最开始重要组成部分的团结一致的感觉，现在似乎正在逐渐消失。

随着学院不断发展扩大，这种受到高度评价的社会团体实际上消失了；但是学生会，以各种不同的称谓，继续承担额外的职能和责任。为了减轻日益增长的工作负担，1923年9月学生组织办公室(Office of Student Organizations)成立了。这个办公室由学生理事会(Student Council)和院长共同管理，经费来自于所有学生注册时交的活动费用。[24]具体来说，新机构的主要宗旨是承担学生理事会（这个名字之后为学生管理机构所用）和学院25个学生组织的行政工作，希望通过设立全职秘书这一职位来减轻属于各个俱乐部管理层的众多、琐碎的文书和组织工作。

在随后的几年里，这个办公室在伊迪丝·斯旺(Edith Swan)和凯瑟琳·舍温(Katherine Sherwin)的有力指导下，向所有有组织的学生团体提供了宝贵的帮助。它成功地为学生理事会处理了许多日常事务，并通过提供各种文书服务，安排社交事务，充当中央财政保管库以及作为俱乐部活动的社会和行政总部来帮助学生组织。[25]

通常情况下，学院的研究生，尤其是已婚的，他们在学业和兼职工作上过于繁忙，不能自由地参与多种多样的社交活动。然而，有证据表明，教师学院本科生的课外生活充满了活力，与任何女子学院一样。班级间有竞争，新生会被捉弄，有希腊字母姐妹会（Greek letter sororities），还有低年级的戏剧表演。他们甚至偶尔还会和来自巴纳德学院的姑娘们打篮球。

直到 1926 年，体育运动在每个高年级班级的年鉴上都占据着重要位置。早在 1905—1906 学年，学院就有了室内篮球赛；到 1907 年，有了女子校队（其中包括一名教练），与其他女子运动队进行比赛。[26] 1913 年，学生们组织了教师学院运动协会（Teachers College Athletic Association），杰西·费林·威廉姆斯（Jesse Feiring Williams）教授担任顾问。这个组织很快开展了广泛的体育和娱乐项目，包括游泳、曲棍球、网球比赛以及越野徒步旅行和野营旅行。[27] 到了 1919 年，学院自豪地拥有了一支游泳队，这支游泳队在与巴纳德学院的比赛中大获全胜。在一年一度的田径比赛日子里，女孩子们穿着当时流行的飘逸的运动灯笼裤和中号短衫，为各自班级的田径项目拼搏争光。田径比赛中成绩出色的女孩们还获得了证书。[28]

教师学院的学生还找出时间来支持和参与戏剧创作。在早期，只有班级戏剧和露天表演，但到了 20 世纪 20 年代，所有对此有兴趣的大学生合作参与到雄心壮志的作品制作中。1923 年，有学生版本的格雷戈里夫人（Lady Gregory）的《龙》（*The Dragon*），以及几场吉尔伯特（Gilbert）和沙利文（Sullivan）的演出，在 1924 年还有学生编写且配有合唱的爵士音乐剧。[29]

在第一次世界大战之前，教师学院规模最大、最活跃的学生组织都是半宗教性质的。隶属于基督教青年会的菲利普斯布鲁克斯协会（Phillips Brooks Guild），致力于"深化精神生活及为学生提供实际性帮助"；基督教青年会的一个分支还组织了圣经课程，与城市社区服务中心合作，并与菲利普斯布鲁克斯协会一起为学院教堂提供演讲者。每年夏天，菲利普斯布鲁克斯协会都会派代表团去参加纽约乔治湖银湾由基督教青年会赞助的东部学生会议。[30] 也许正是通过这些组织的努力，达菲纯麦芽威士忌（Duffy's Pure Malt Whiskey）1906 年年鉴中的广告才独具有益健康的吸引力："这是一种强心剂，由私人医师和医院研究的秘方，不含杂醇油和其他有害物质，即使是最敏感的胃也能享用。"其"公认的治疗价值"仅为一瓶一美元。

在这一时期,学院的礼拜仪式是十分严格的制度。学院刚成立的时候,学生们被要求每天早上参加简短的晨祷,但是这个规定在 1893 年被修改了。此后,学生们只能被"邀请"前来做礼拜。然而,多年来,学生人数非常少,因此很容易发现有人缺席。当主楼的米尔班克大楼扩建工程完工后,那里的教堂里举行了短暂的午间礼拜,起初是每天一次,但后来每周只举行三次,之后又减少为一周两次。校长或院长在学院成立之初就领导进行这样的仪式,在赫维校长的带领下,这项仪式具有严格的宗教性质,需要唱赞美诗、进行祈祷以及阅读圣经。

詹姆斯·厄尔·罗素缩短了礼拜时间,并在几年后完全交给学生管理。一开始,菲利普斯布鲁克斯协会是这项活动背后的推动力量,但当这个协会解散后,基督教青年会和女青年会接管了这项活动。到第一次世界大战的时候,学生对教堂礼拜的兴趣已经开始下降,而那些负责教堂礼拜的学生赋予了这个活动新的形式。星期一或星期二中午在音乐系的指导下进行"音乐礼拜";周三是"教职工礼拜",会有一名教职人员在大会上发表简短讲话;周四或周五会邀请校外演讲者。经常邀请的演讲者往往是重要的宗教和知识领袖,其中包括哈里·爱默生·福斯迪克(Harry Emerson Fosdick)、斯蒂芬·怀兹(Stephen Wise)、莱曼·阿博特(Lyman Abbott)、舍伍德·艾迪(Sherwood Eddy)、约翰·海恩斯·霍尔姆斯(John Haynes Holmes)和拉尔夫·索克曼(Ralph Sockman)。

然而,学生们对此再次失去了兴趣,到了 20 世纪 20 年代初,参加率常常低得可怜。为了重新唤起学生的兴趣,宗教组织秘书(Religious Organizations Secretary)朱莉娅·格特曼(Julia Gethman)在 1923 年开展了一个新项目,这个项目没有完全消除宗教性,但却逐渐向世俗化的方向发展。演讲者们就移民以及美国与南美共和国之间的关系等问题发表演讲,而宗教主题的礼拜式在方法上变得有些像人类学。还有一系列关于世界宗教和其他宗教史的演讲,并且杜波依斯(W. E. B. DuBois)教授还进行了宗教在美国黑人中的作用的演讲。尽管在 20 世纪 20 年代,课堂有时会影响礼拜,但这个新项目引起了学生们的极大兴趣,以至于当一位特别著名的演讲者到来时,这个项目不得不从米尔班克小教堂搬到更大的贺拉斯·曼礼堂。[31]

因此,教师学院的学生生活紧密地反映了学院在组织、项目和目的上的变化。随着学院从师范学校转型成为研究生专业学院,从地方影响力发展到具有国际声望,从狭隘的手工培训扩展到无所不包的教育研究兴趣,学生群体也变得更年长、更成熟、更有经验、更多样化、更国际化。这些变化与学院在地方、国家和国际教育界日益增长的影响力有很大关系。此外,这些变化反过来影响了学院本身的生活,就此而言,它们注定会反映和创造学院在随后几年中必须要达成的新诉求。而学院如何完成这些故事,就是本书第二部分的主题。

注释

1 New York College for the Training of Teachers, *Circular of information*, 1888.

2 *Report of the Dean*, 1927, p. 80.

3 同上,1901, pp. 26 - 27.

4 Enrollment figures for 1910 - 11 through 1921 - 22 are summarized in *Report of the Dean*, 1922, p. 44, and those for the subsequent period in the Report for 1927, p. 82.

5 *Report of the Dean*, 1927, pp. 52 - 54.

6 同上,1924, p. 97;同上,1925, p. 76.

7 同上,1922, p. 45;同上,1927, p. 83.

8 同上,1923, pp. 6,17 - 19.

9 同上,1925, p. 40

10 同上,1922, p. 12; for description of the program leading to a master's degree in French see Teachers College Announcement, 1977 - 28, pp. 86 - 87, and Mary Augusta London, "Plan of Graduate Study Offered by Teachers College in Cooperation with the University of Paris to Candidates for the Degree of Master of Arts Specializing in the Teaching of French" (Unpublished master's essay, Teachers College, 1929).

11 *Report of the Dean*, 1925, pp. 15 - 16.

12 同上,1927, p. 85.

13 同上,1927, p. 23.

14 同上,1922, pp. 52 - 53.

15 Virginia Peeler, "A Research Study in Placement" (Unpublished master's essay, Teachers College, 1928), pp. 4 - 7.

16 同上,pp. 8 - 13.

17 *Report of the Dean*, 1900, p. 41.

18 Walter I. Hervey, "Historical Sketch of Teachers College from Its Foundation to 1897," *Teachers College Record*, I (1900), 25 - 28.

19 *Report of the Dean*，1927，p. 112.

20 Mercy Jane Hayes，*A Study of Housing Conditions and Living Costs at Teachers College*，*Columbia University*，*1925 - 1926*（New York，1926），pp. 6 - 8.

21 同上，pp. 66，68，73 - 74.

22 *Report of the Dean*，1900，p. 35.

23 同上，p. 36.

24 同上，1924，pp. 112 - 113.

25 同上，1977，p. 104.

26 *Yearbook*，1906，p. 48；同上，1907，pp. 53 - 54. 这些年鉴有各种各样的标题（Teachers College Class Book，Senior Class Book，The Tee-Cee-An，and The Tower）.它们将仅被引用为"年鉴"附日期。

27 *Yearbook*，1916，p. 131.

28 同上，1919，pp. 69，75.

29 同上，1925，pp，89 - 91；同上，1976，pp. 126 - 27.

30 同上，1907，pp. 20 - 22，55.

31 Rowena Kesler，"Fifty Years of College Chapel：The Story of Chapel at Teachers College，Columbia University"（Unpublished typescript in Teachers College Library，dated July，1940），pp. 1 - 20.

第二部分

1927-1953年

第八章
重组学院(1927—1935 年)

　　1926 年 9 月开学时,美国正处于稳定和平的时期,回想起来,这段日子令人愉快。这是"柯立芝繁荣"(Coolidge prosperity)的时代,也是"金辉闪耀"(Golden Glow)的时代。虽然这个词当时还没有被创造出来,但对许多人来说,似乎顿顿吃鸡、家家有车很快就能成为现实。配备四轮制动器的福特 A 型汽车刚刚从底特律的流水线上装配完成,电影中的华丽浮夸的"宫殿"在全国各地大肆兴建,而且有传言说好莱坞很快就会制作出科技奇迹的有声电影。然而在乐观积极的景象下也有阴暗的地方:美国农民没能同享国家的繁荣,因此他们疾呼要求联邦政府给予帮助,就像制造者获得保护性关税援助一样;在伊利诺伊州的赫伦(Herron, Illinois)出现了劳工纠纷;社会中充斥着关于萨科(Sacco)和凡泽蒂(Vanzetti)这两个激进分子的争议;华盛顿州对上任政府几个无赖的审判还悬而未决。但是,当人们在报纸上看到关于纽约市长吉米·沃克(Jimmie Walker)的滑稽行为、霍尔-米尔斯谋杀案(Hall-Mills murders)和罗马尼亚玛丽皇后高度商业化等报道时,这些麻烦的事情很容易就被抛到脑后。许多人认为只要少数异端分子停止"捣乱",那么这将是最完美的社会。

　　教师学院的前景也同样乐观。超过 5 300 名学生刚刚完成注册,并且各种迹象表明,学生人数还将继续增加。公立学校入学人数也在增加,特别是中学阶段;各州要求教师进行更广泛的专业准备;全国的师范学校和教师学院要求对其教师进行更严格的培训;而且,越来越多的教育学高级学位正成为持续取得学术成功的先决条件。

　　正是在这种稳定和乐观的背景下,院长詹姆斯·E.罗素(James E. Russel)于 1926 年 10 月 11 日写信给董事会主席 V.埃弗里特·梅西(V. Everit Macy),请求允许他本人在学年结束时离职。罗素写道,他即将踏入担任教师学院院长的第三十个年头,对他而言现在是时候退位离开了。学院发展的幼儿期和青年期的问题已经成功地解决了，学院在其成熟阶段将面临性质不同的问题。他写道："教师学院面临的最大危险，就是它可能自满且止步于已有的成就。短短几年踌躇满志的生活可能是青年期成长烦恼中令人满意的变化。但我无意参与到这样的宁静中。我太爱教师学院了，所以当我不再年富力强的时候，我不希望成为学院的负担。"然而，罗素并不想完全切断与学院的联系。他希望再多保留几年自己的教授职位，以便让继任者"熟悉这个机构的内部运作"，并"在新政下不可避免地要做出调整时"提供帮助。[1]

哥伦比亚大学和教师学院的章程规定，新院长需要得到哥伦比亚大学校长的提名，再由学院的董事会任命。巴特勒校长与即将退休的院长、学院董事会特别委员会和学院教授发言人大卫·尤金·史密斯（David Eugene Smith）教授进行了广泛协商后，在 11 月 4 日的董事会议上提名了威廉·弗莱彻·罗素（William Fletcher Russell）教授。董事会批准了提名，任命年轻的小罗素①担任教师学院院长，任命于 1927 年 7 月 1 日起生效。面对意料之中的那些毫无新意的闲话，巴特勒写道：

> 这纯粹是个意外，是个愉快的巧合，这个被任命的人……是现任院长的儿子。虽然他是院长的儿子，但他并不是因为这一事实当选。从多个方面来说，包括年龄、学识、广泛的同情、珍贵且有益的人品以及对他那个年纪人来说相当不寻常的经历，威廉·弗莱彻·罗素教授是最适合继任这个即将空缺的管理职位的人。[2]

新当选的小罗素院长是与教师学院一同成长起来的。贺拉斯·曼学校还位于主楼上层的时候，他就在那里上小学。贺拉斯·曼学校搬到百老汇大街和 120 街的新楼后不久，他从那里高中毕业。在康奈尔大学完成本科学业后，他在科罗拉多教了两年书，1912 年回到教师学院完成博士学位的学习。此后，他先后在乔治·毕保德教师学院（George Peabody College for Teachers）和爱荷华州立大学（State University of Iowa）任教，之后升任爱荷华州立大学教育学院的院长。在这些年中，他出版了六本有

----

① 为与其父亲区分，下文称其为"小罗素"。——译者注

关各种教育学科的书籍,并广泛考察了欧洲和亚洲的各种教育活动。1923 年,他再次回到教师学院,担任教育学教授和新成立的国际研究所的副所长,继续他之前专业活动中多个方面的工作。[3]对于从研究生院毕业后大约十年的时间,这确实是一个令人印象深刻的工作经历。

如果说即将退休的院长担心学院可能会满足于现状,那么新的领导班子很快就减轻了他的焦虑。从一开始行政部门就十分强调自我检视和理智的反思,这注定会在不到十年的时间里使学院的生活和组织产生根本性的变化。在新院长的第一份年度报告中,他指出由于学生人数急剧增加,高校发生了巨大的变化。曾经的非正式讨论变成了讲座;曾经的私人建议变成了印刷造册的教学大纲。在教师学院中,曾经是教室—工作坊—会议室结合体的图书馆,现在变成了与学院生活区独立的拥有丰富藏书的大楼。

此外,在学生数量增加的同时,提高质量和减少开支的要求一直存在。院长写道,马克·霍普金斯(Mark Hopkins)在木板的一端,而学生们在另一端,这个经典的图景当然描绘了一所好学校;但是“每个学生一年的学费正好是像霍普金斯校长这样杰出人物的薪水”。真正的问题是如何把木板像车轮的辐条一样排列起来,让马克·霍普金斯那样的杰出人物处于轮毂中心,有足够多的学生处在轮圈边缘来承担经济成本。此外,院长还认为,学生与教授的联系绝不是他们接受良好教育的唯一途径。学生们也可以通过在实验室与现实接触,在图书馆与书本接触,在各种场合与同学接触来学习。如果教师学院要建立真正伟大的专业教育,就必须探索和改进所有这些联系。

也许学院最大的教育缺陷在于图书馆。[4]从彼得·布赖森夫人(Mrs. Peter Bryson)最初的捐赠至今,图书馆的藏书仅增加到 9.2 万册,藏书并不多,服务也不够完善。教育领域的书目无法与其他领域的藏书相比较,这也给教育研究带来了困难。馆藏的分类和组织远远不能满足大批学生的需要,图书馆也无法成为有效的教学设施,并且在那些人数众多的课程中,学生很难获取要求阅读的书籍。

新的行政班子几乎立即采取行动来弥补这些缺陷。1927 年 6 月,担任了多年图书管理员的伊丽莎白·G.鲍德温(Elizabeth G. Baldwin)去世,并留下了一半的遗产来扩大馆藏。行政部门花了大半年的时间来选择她的继任者,最后明智地选择了查尔斯·E.拉什(Charles E. Rush)先生。他是印第安纳波利斯公共图书馆馆员和美国图书馆协会副主席(American Library Association)。图书馆每年增加 5 万美元预算用于采购图书,并且卡耐基基金会(Carnegie Corporation)提供了五年 5 万美元的资助以改善书目服务。

效果很快就有所显现,特别是关于提供大课所需的阅读材料方面。在原来的规划中,只能通过不同的流通台获取所需的书籍,现在的替代方案是将图书馆三楼改造成带开放式书架的馆藏书阅览室,学生们可以在闲暇时间在此浏览和阅读。不用说,此举同样还解放了大量图书馆工作人员,能让他们从事其他日常工作。在 1931 年春季,拉什辞职去做耶鲁大学图书馆副馆长时,学院图书馆对教师学院学生而言,是他们与书籍进行学习交流的好地方,[5]并且埃莉诺·威特默(Eleanor Witmer)的领导,为图书馆后续发展成为世界上最重要的教育学书籍收藏地之一铺平了道路。

新院长面临的另一个问题是学院教员的更新。教师学院很年轻,最初的教师也很年轻,以至于当老院长退休时,只有七名教师退休。而现在,在新任领导班子的第一个十年中有二十名教授将达到退休年龄。一所大学的关键实际上在于其教员,它的未来在很大程度上取决于能否找到原来那些杰出教师的合适接班人。

创立教师学院的人都曾在美国和欧洲最好的大学接受过教育。他们中有许多人并没有在教育领域接受过专业培训,但他们愿意将关注点从学科本身转移到交流和教授这些学科的问题上。然而,接替他们的这一代人大多都在教师学院接受过培训,因而造成了学院内思想近亲繁殖的危险。正如院长所说:"无论我们进行多少次阅读、学习和访问,我们都可能无法完全理解世界上其他人正在做的事情。"[6]

学院采用了两种方式来解决这个问题。首先,学院任命了几位在哈佛大学、芝加哥大学、爱荷华大学、明尼苏达大学和布朗大学等其他大学接受学术训练的新教授。其次,学院管理部门开始资助在教师学院完成研究生学业的有前途的年轻教员,让他们去其他大学和国家深造学习。这项资助通过董事埃弗里特·梅西的特别拨款和提前安排学术休假予以实现。在这个项目的前三年里,有七位年轻教授从新政策中受益:R.布鲁斯·劳普(R. Bruce Raup)在柏林学习了一年;唐纳德·P.科特雷尔(Donald P. Cottrell)和威拉德·埃尔斯布雷(Willard Elsbree)在英国和法国进行了学习;让·贝茨纳(Jean Betzner)被派往英国;古德温·沃森(Goodwin Watson)被派往德国;海伦·朱迪·邦德(Helen Judy-Bond)前往英国和德国;贝尔·诺斯拉普(Belle Northrup)去往法国。[7]

此外,学院中杰出的访问学者人数也要比往年多。他们的学识不仅有助于熏陶培养学生,而且毫无疑问有助于克服每一个教员的狭隘主义倾向。哥伦比亚大学研究生院院长弗雷德里克·J.E.伍德布里奇(Frederick J. E. Woodbridge)、牛津大学本科生学院院长迈克尔·萨德勒爵士(Sir Michael Sadler)和柏林大学的卡尔·H.贝克尔(Carl H. Becker)分别在教师学院发表了一系列极具启发性的演讲。同时,访问教授包括华盛顿大学校长亨利·萨兹洛(Henry Suzzallo)、斯坦福大学教育学院院长埃尔伍德·P.库伯利(Ellwood P. Cubberley)、爱荷华大学的欧内斯特·霍恩(Ernest Horn)、悉尼大学的塞缪尔·安格斯(Samuel Angus)、波多黎各大学的托马斯·E.伯纳(Thomas E. Benner)、英国格拉斯哥大学的威廉·博伊德(William Boyd)、苏格兰圣安德鲁大学的威廉·W.麦克莱伦德(William W. McClelland)、加利福尼亚大学的朱尼厄斯·L.梅里亚姆(Junius L. Meriam)、伦敦大学的查尔斯·E.斯皮尔曼(Charles E. Spearman)、加利福尼亚大学的弗兰克·W.哈特(Frank W. Hart)、北卡罗来纳大学的埃德加·W.奈特(Edgar W. Knight),以及波兰波兹南大学(University of Poznan, Poland)的弗洛里安·兹纳尼埃基(Florian Znaniecki)。[8]

重组的开始

重建图书馆和改善师资是必要且可贵的举措。但如果要对院长的提问"将来某一天……我们是否可以说,'我们从 1925 年到 1935 年一直在向前迈进'"给予肯定的答复,还需要采取更进一步、更广泛的措施。[9]教师学院的培养项目是否旨在为教育学的领导力量提供最好的准备? 学校和教学团队的人员安排是不是能实现教授们最高教育价值的最优方案? 这些问题引起了人们的思考,并最终促成了 1934 年的重组。

历史学家凭借其后见之明——后代人眼中的我们就像同代人眼中的我们一样——可以研究 1929 年至 1938 年间组织和课程项目的演变,并可以大致猜测那些令人担忧、烦恼，那些会议和委员会报告的内容是关于什么的。随着学生人数的变化和学院职能的扩大，学院应该沿着新的思路进行组织，这是十分合乎逻辑且合理的。旧组织运转不灵，旧课程陈旧过时，这对于那些具有历史视野的人而言似乎是显而易见的。但事情没那么简单。庞大成型的机构并没有很大的灵活性，因此改变不可避免地会带来一些痛苦。在任何机构中都有抵制变革的既得利益者，而那些支持变革的少数人对最理想的改革方向又很难达成一致意见。此外，在高校中可取的和必要的改变常常具有延迟性，因为院系——至少是优秀的院系——是由能力出众且具有强烈个人主义色彩的教职员工构成的，他们坚持高度自主权，并警惕任何可能侵犯这种自主权的行政措施。由于这些原因，许多高校，特别是那些历史悠久的高校，它们的组织对那些高能、高效的商业和军事的管理者而言就是噩梦。因此，毫不意外，教师学院的重组是一个缓慢而痛苦的过程，充满了怀疑和犹豫，进行了反复试错，产生了大量的委员会报告，还开展了长时间的对话。重组的有序和迅速，正是对学院和行政部门美好愿景和明智决策的致敬。

因为重组停止的反思工作在 1929 年 1 月重启——大萧条之前，首先召开了一系列学院教师会议。对全体教员而言，逐渐形成了这样的习惯：每年在男教员俱乐部（Men's Faculty Club）共进晚餐五六次，并花两三个小时讨论学院组织的问题和政策。会议偶尔也会在主楼 301 室举行，但无论在什么地方，会议的计划都是一样的。通常情况下，会议不会预先设定议程，在会议开始前也不会选定发言者，主持会议的院长也不会固守任何正式的议程。事实上，他自己也不清楚会议上将讨论什么。讨论的主题来自会议发言，并且经过广泛的讨论后，这些问题通常会提交给委员会开展进一步研究。有时委员会奉命在全体大会进行报告；有时问题的解决会被全权交给委员会负责，因为他们最为关心这个问题。[10] 这就是在 1933 至 1934 学年间定期举行会议的计划。

读者应该还记得，学院的原组织结构大致是这样的：教职工被分为两个"学院"：教育学院（Faculty of Education）和实用技术学院（Faculty of Practical Arts）。前者涵盖了现在被称为教育基础的领域（心理学、哲学、比较教育、教育史、教育社会学和教育经济学），学术学科领域（英语、外语、历史和数学）以及课程和教学论的课程。实用技术学院传承了早期的"实用"倾向,包括美术、家政技术、工业技术、科学、卫生和体育、音乐以及护理。严格按规定来说并不存在"系"(departments);但是,相同领域课程的教授自然而然地形成了教学团队,并且在制定年度预算或向学生提出建议时,这些教学团队的存在在某种程度上得到了认可。正如一些人所说,在原有组织情况下,只在事实上存在系所。此外,旧有组织中的系所比现在确立的更多,因为除了通常的代表着不同学科领域的系以外,还有代表学校系统中各个层次的系,如高等教育系、师范教育系、中等教育系、小学教育系以及学前教育系等。

这样的组织结构有一些严重的缺点。首先,实用技术学院的设立主要是为了本科生教学,但是自1924年以来,本科生的人数急剧下降。到20世纪20年代末,教师学院基本上已经成为一所研究生水平的专业学院,而实用技术学院的特定功能在很大程度上已经消失了。每个学院的各个系的建立也太过于死板。一般来说,49个系都不了解其他系的活动。系与系之间存在竞争,这导致了重复和过度扩张。例如,教师学院曾经开设了五十五学分的课程,这些课程在不同的系中进行授课,其中有相当大的重叠。五个系开设了儿童文学课程。中等教育系和高等教育系都考虑了两年制专科学校的问题。卫生和体育系开设了自己的教育史和教育哲学课程。这样既混乱也不经济,更不能为学生提供大学应该提供的最好教育。[11]

为了避免行动操之过急,教职员工和行政部门决定,在制定出切实有效的计划并实践证明其可行之前,不对组织架构进行书面修改,也不通过董事会采取任何法律行动。因此,直到1935年7月1日,学院才做出正式的也是最终的改变,尽管学院实际上在上一学年一直遵循着新的安排。[12]

消除僵化的系所建制弊端的第一个尝试是针对高阶博士候选人的指导项目,后来被称为沃森计划(Watson Plan)。这一想法源于古德温·沃森教授在1929—1930学年第一次教师会议上提出的一项建议,即为教育心理学的高阶学生开设一门课程,使他们摆脱常规课程出勤的要求,让他们能够进行独立研究。在各自教授的指导下,这些学生被允许旁听任何对其教育发展有益的全部或部分课程,可以在"个别指导"的基础上进行阅读课程,并且可以在其选择的领域内与学院内外的研究学者合作。这一课程在1929—1930年首次开设,名为教育507A,教育心理学指导(Guidance in

Educational Psychology)。其他系研究了该计划在他们各自学科领域的适用性,虽然这一想法被普遍认为有一定的优点,但是它不足以解决组织的总体问题。[13]

在之后的两年里,学院几乎每个季度都在继续讨论重组问题。课程重复的问题以及如何最有效地将最新的教育运动所要求的方案纳入教学的问题都十分紧迫。此外,寻找适当的行政子部门来取代只在"事实上"存在的"非法的"系,这个问题也受到很大的关注。1931 年 1 月初,当乔治·D.斯特雷耶(George D. Strayer)教授提出了早已在他脑海中形成的想法时,学院重组向前迈出了重要的一步:在教师学院内部设立一个独立的教育管理学院的计划。这一提案详尽且雄心勃勃,设想为该学院的一栋新大楼提供650 万美元的特殊捐赠,并且开设一门包括众多学术和专业领域在内的单独课程。[14]虽然设想并未实现,但教员们很快就意识到将教育管理作为学院内的一个独立部门的优势。[15]

随着斯特雷耶想法的提出,小罗素院长、教育学院主任保罗·莫特(Paul Mort)和实用技术学院主任莫里斯·比格罗(Maurice Bigelow)之间的多次会议也得出了结论:这两个学院没有理由继续独立存在,最初将两个领域分开的目的早已实现,并且很显然需要进行更有效的分工。[16]然而,即使做出了这一决定,矛盾仍不可避免地存在于如何进行最有效的职能分工中。

无论如何,这些提议都直接促使组织的一些有限的变化。首先,有许多教育学院的教授也获得了实用技术学院的联合席位,反之亦然。因此,在实践中,即使没有书面规定,两个团队的工作也更加紧密了。第二,暂时建立了教育管理专业,并从一些原来的系中为其分配了教授和课程。[17]

随着新部门的初见雏形,确定了根据专业职能而不是学院级别或学科领域来组织教师的原则,也为后续的行动铺平了道路。经过深思熟虑后,其他类似的功能逐渐被独立出来。例如,除了管理培训外,还有一大批学生正在为成为不同层次和不同学术领域的课堂教师和督学人员做准备。另一批学生则计划成为教育咨询师、职业咨询师或心理咨询师,他们通常担任男女学院的院长或负责学生活动的主任。还有另一群人——人数虽少但十分重要——准备成为统计学家、测试专家或学校研究部门工作人员。除去这四组学生,还有一个主要领域仍然存在:该领域现在包括在教育基金会之内。教师学院长期以来一直认为,基金会领域的工作对该专业领域的所有成员都是至关重要的,因此这一领域独特而重要的服务职能被委派给了该领域的教员。此外,一小部分专业是教育学基础的学生,期望成为教师学院、师范院校或大学教育系的教育学教授。[18]这就是教师学院培养项目的主要职能分类。

到 1934 年春,董事会详尽地制定了基于上述分类的组织架构总纲,并计划于次年秋天开始实施。教授和课程被分配到不同的专业,但在专业内没有设立系(系所仍旧只是事实上的存在)。虽然其中一些分配不可避免地出现了一些小困难,但最终都得到了解决。最后,护理教育似乎是唯一逻辑上不适合新组织架构的教学领域;这项工作与其众多特殊的教育问题,暂时归进"专业四"(Division IV)。

1934 年部门组织

部　门	主　任
I. 教育学基础(Foundations of Education)	威廉·H.克伯屈(William H. Kilpatrick)
II. 管理(Administration)	乔治·D.斯特雷耶
III. 指导(Guidance)	洛伊斯·海登·米克(Lois Hayden Meek)
IV. 教学(Instruction)	杰西·H.纽伦(Jesse H. Newlon)
	副主任
	蒙哥马利·甘布里尔(J. Montgomery Gambrill)
	莎莉·B.坦纳希尔(Sallie B. Tannahill)
V. 测量与研究(Measurement and Research)	珀西瓦尔·M.西蒙兹(Percival M. Symonds)

来源:威廉·弗莱彻·罗素致教师学院全体教员的信,1934 年 4 月 6 日,校长档案;《教师学院公报》,1934—1935,p. 86,多处。

尽管学院现在是根据职能进行组织的,但对学生的建议仍然需要继续考虑到该领域工作是分层次组织的。专业咨询委员会(Committee on Professional Advisement)

由此成立,克拉伦斯·林顿(Clarence Linton)教授担任主任。委员会的成员包括那些熟知初等、中等或高等教育特殊需要的教员顾问,也包括学院准备的熟悉非学校领域特殊需求的教员顾问;这些顾问被委以审核批准学生培养计划、管理学院总体课程要求的责任。[19]

在转向课程改革之前,还有另一个组织问题值得思考:创建一所教育高等学院。1934年春,小罗素院长和时任教育学院主任的保罗·莫特(Paul Mort)教授访问了巴黎大学的巴黎高等师范学校(École Normale Supérieure of the University of Paris),以期改善教师学院高等专业教育的模式。巴黎高等师范学校极高的入学标准、卓越的工作质量以及受人敬仰的员工和毕业生,让他们两个人思绪万千。他们的梦想为教师学院的新组织构想了一个理想的顶点,即教育高等学院,旨在"培养教育精英","与教师学院其他院系、哥伦比亚大学、联合神学院(Union Theological Seminary)、茱莉亚音乐学院(Juilliard School of Music)及其他院校联合,就如同巴黎大学与巴黎高等师范学校之间的关系一样"。这一拟议中的学院将位于一栋崭新的大楼里,对面是就是位于122街的教师学院。"这是一幢现代所罗门风格的房子,只招收最优秀的学生,只有最有能力的学生才能毕业,在这里我们旨在全面解决教育问题。成为其中一员是一种荣誉——值得高度赞扬的特权。"[20]

虽然这个高等学院直到1935—1936学年才正式开始工作,但实际上在1934年高等项目就发生了重大变化:设立一个新的教育专业博士学位。多年来,教育界一直在讨论研究导向的博士项目并不适合各种各样的学校领导职位。相反,他们真正需要的是以该领域广泛专业能力所需的先进知识、专业理解和实践技能为重点的博士项目。设立这样一个同等的博士学位至少可以解决两件看起来非常有需要的事情。首先,它将消除目标和用途之间多年的持续冲突,这些冲突标志着单一博士项目中同时追求研究和专业两个目标所做出的努力;其次,这将允许那些继续攻读博士学位的高阶学生比以往任何时候都更专注于研究技能和能力的培养。通过这样做,人们认为,"以研究为导向"和"以专业为导向"的教师之间的许多摩擦能很快得到缓解。哈佛大学和加利福尼亚大学已经决定通过设立教育专业博士项目来解决这个问题;1934年初,经过全体教员的广泛讨论,教师学院决定在哥伦比亚大学同意后授予该学位。研究生教育联合委员会(Joint Committee on Graduate Instruction)和大学理事会很快就同意了这一意见,并且 1934—1935 年的目录中公告了新学位的要求。[21]

最后一个改变源自于 20 世纪 30 年代初的教师会议:开发主要面向非主修专业学生的通识课程。当然,所有院系都开设了基础课程,但这些课程主要是为专业学习者设计的,并不适合寻求对问题和原则的概况有一个基本了解的非专业人士。为了满足这一日益增长的需要,1932—1935 学年为非主修管理、课程和基础领域(后来称为教育学基础)的学生开设了通识课程。起初,这些课程被称为"师生讨论小组",有单独的课程编号,并安排了指定的时间和地点。然而,却不会被授予学分。学生在主修专业的建议下,修读部分或全部相关课程。[22]经过一年的试验后,这些课程进行了规范化并分配了适当的学分。[23]后来,它们在学院各个主要部门的基础课程发展过程中扮演了重要角色。

教师学院与经济大萧条早期

相对于教师学院的规模,捐赠并不多,它的预算大部分来自学费。这样的情况导致学院对商业周期的波动异常敏感。当潜在学生由于相对高昂的学费和生活费而无法来纽约学习时,教师学院就会受到严重的影响。即使在经济状况好的时候,学院也存在财务问题。20 世纪 20 年代末,一些女子学院联合呼吁增加捐款,抱怨说它们的投资只能给每个学生带来约 120 美元的年收入,这制约了教育项目的进行。[24]教师学院会很高兴地发现自己处于一个舒适的位置。在大萧条前的最后一整个学年中,学院从捐赠基金获得的收入相当于每位学生 30 多美元,剩下的收入都需要来自学费。[25]

在 20 世纪 30 年代,除了经济困难之外,还有另一个问题使想要进入教师学院的学生止步不前:美国其他地方,越来越多的教师学院和大学的教育学院能提供合格的研究生教育。这些学校中有许多是州立高校,学费几乎为零,生活成本也相对较低。从严格的经济或市场角度来看,教师学院一直以来在做的是创造自己的竞争对手。多年来,学院培养出合格的人才,这些人才之后去了其他高校,教授与教师学院相同的课程。因此,新一代的学生可以坐在教师学院校友主讲的教室中,以更低的成本享受相同的教育。正如一位董事指出的那样,对教师学院不幸的是,在大萧条引发对入学人数高度关注之前,这种竞争几乎没有引起人们的注意。

在 1929 年 10 月股市崩盘后的至少三年时间中,教师学院的收入和学生人数并没有受到影响。在 1928 至 1929 年期间,注册入学人数达到 5 933 人,共计收入 1 025 000 美元的学费。次年两个数字分别上升至 6 688 人和 1 102 000 美元,并且在 1930—1931 学年以及 1931—1932 学年这两个数字依旧在上升,即使当时银行开始倒闭,退伍军人要求津贴,被苦涩地称为"胡佛村"(Hoover villes)的棚屋村镇开始出现在工业城市周边。然而,那是学院繁荣的最后一个年头。在 1932—1933 学年,入学人数从 1931—1932 学年的 7 219 人下降到 6 387 人(不包括新开学院招收的 149 名学生),学费收入也随之减少了 15 万美元。第二年情况更糟,注册人数减少到 5 945 人,与 1928—1929 年的水平大致相当,而修读学分的下降趋势导致学生的学费收入甚至比当年还要低。第二年,经济开始复苏,到 1935—1936 学年,入学人数才几乎达到了历史最高水平。[26]

尽管对教师的需求不断减少,但 1932 年秋天前入学率保持稳定的原因之一是:学院就业部收到的雇主询问从 1929 年到 1933 年减少了大约 40%[27],教育领域开始吸引那些如果不是大萧条可能会从事其他工作的年轻人。很显然,在企业中没有就业市场,而法律、医学或建筑学的培训比教师职业时间更长、花费也更多。

在进行必要的预算调整时,行政部门经常听取教员的意见;预算问题和教育问题一样,在众多的教师会议上得到了热烈的讨论。第一次全面削减预算是在 1931—1932 学年,此后每年都有所削减,直到经济危机过去。所有的努力都是为了削减预算中的"肥肉",并让教师的薪水能保持在原来的水平。秘书和主要维护人员的薪水被削减到最低限度,研究补贴也减少了,建筑维修被推迟到未来情形好转的日子。院长说,最后一点"就像推迟去看牙医,清算的日子总有一天会来的"。[28]从大萧条开始,几乎没有任何教职人员得到晋升或是工资增长,通常当一位教授退休或跳槽到其他地方时,也不会有继任者。但即便如此,事实证明还是不够的,一直以来被尽可能回避的减薪最终还是在 1933—1934 学年间发生了。学院建议根据支付能力进行削减,对最高的工资进行最大程度地削减,最低的工资进行最小程度地削减。最终的降薪是按照以下基础进行的:1 000 美元以内不需要削减,超出部分削减 15%。[29]

大萧条的重要影响固然是金融危机,但它对教师学院教师思想的影响更为显著和持久。大萧条除了引发金融危机;还对国家社会、政治和经济观念的核心产生冲击。经济崩溃的景象使美国人民,特别是知识分子,重新审视自身的政治观点,质疑自己的社会和哲学理念,有时甚至是盲目地去寻找一种社会蓝图,以更好地适应迅速变化和不确定的世界。这种社会思想的发酵必然会影响教育的思想和实践,教师学院的人是领导者之一,他们试图创设出一种教育哲学以匹配美国注定会成为的那种社会。

可以预料到,教育学基础和社会研究领域的教授们将主要关注这项任务;但他们绝不是单打独斗。1931年初,巴特勒校长任命了大学与社会变革关系委员会(Committee on the Relation of the University to Social Change),该委员会由韦斯利·C.米切尔(Wesley C. Mitchell)教授、罗伯特·M.麦基弗(Robert M. MacIver)教授、威廉·C.巴格莱(William C. Bagley)教授、研究生院院长霍华德·L.麦克贝恩(Howard L. McBain)院长和小罗素院长组成。这个委员会经过长时间的讨论,制定了一系列的研究计划,并聘请埃德蒙德·布伦纳(Edmund deS. Brunner)和弗洛里安·兹纳涅茨基(Florian Znaniecki)为主要研究人员。乔治·S.康茨(George S. Counts)教授也与委员会密切合作,尽管当时他是美国历史协会(American Historical Association)组织的研究项目——关于学校中社会研究的调查——的研究主任。[30]

对这个问题的另一种解决方式来自1931—1932年冬季的教师会议。有人建议学院聘请校外学者就大萧条和美国生活的其他最新发展进行演讲。如果所有被提名的学者都能被请到学院来,这将是一个令人印象最深刻的成果。最后的安排虽然没有那么宏伟不凡,但也产生了许多杰出的演讲。1932年春季,耶鲁大学的沃尔顿·H.汉密尔顿(Walton H. Hamilton)、哈佛大学的萨姆纳·H.斯利克特(Sumner H. Slichter)和哥伦比亚大学政治科学研究生院的雷克斯福德·G.特格维尔(Rexford G. Tugwell),就大萧条、美国如何进入大萧条、大萧条对美国的影响以及可能的解决方法进行了系列演讲。人们对这个系列有相当大的兴趣,它无疑有助于人们对这些问题的思考更具建设性,也更加清晰和集中。[31]

总体而言,对美国教育更持久的影响来自几个不同领域教授间旷日持久的讨论,而这些领域后来成为教育社会与哲学基础系。1928年冬天,也就是大萧条爆发的前一年，克伯屈、拉格（Rugg）、康茨·柴尔德斯（Counts Childs）、劳普、沃森、纽伦、布伦纳、西蒙兹和约翰逊（Johnson）这些教授组成了一个非正式讨论小组，每个月两次共进晚餐并进行讨论。哥伦比亚大学的杜威（Dewey）教授和联合神学院的海瑞森·伊利亚特（Harrison Elliott）教授也定期参加了一段时间，而小罗素院长也经常参与其中。讨论不受限制，其范围涉及人类经验的所有领域。正如一本回忆录所写："只有天空才是他们的界限——人类日新月异的工业主义文化所能触及最远的地方，还有学者在科学和艺术领域研究和阐释的每一个新角度都是他们探索的对象。"[32] 每月两次的晚餐会谈持续了十年，在大量的交谈中形成了一些协议和想法。

最初商谈的结论之一是认识到教育史、教育哲学、比较教育、教育心理学、教育经济学和教育社会学领域有一个共同的主要任务：提供一个坚实的基础，在此基础上教育工作者——不论他们是管理者、数学家或是托儿所教师——都能依靠各自专业的技巧和装备得以安身立命。对这一共同任务的认识为1934年全面重组期间将原先的独立领域最终合并为一个部门铺平了道路。

讨论小组得出的第二个结论是，如果受培训教师的教育基础是由不同领域的不连续课程组成的，那么他就没有做好充分的准备。相反，结合所有的基础理论，从根本上考虑学校、儿童和社会之间的关系，并在此基础上开发一门基础课程，将会改善这种学习。基础小组（foundations group）在这方面大量借鉴了他们哥伦比亚大学同事的经验。第一次世界大战刚刚结束，哥伦比亚大学就开设了一门"当代文明"（Contemporary Civilization）的新的大一课程。在这门课程中，用一种综合的社会科学方法研究西方文明问题，取代了以前分散在历史学、经济学、政治学和社会学中的课程。哥伦比亚大学的教师们强调，这门课程既适合专业人士，也适合非专业人士，而社会科学专业的学生可以继续深入学习独立学科中的高阶课程。直到20世纪40年代，"通识教育"风行一时的时候，文理学院才开始接受了这一理念。而教师学院的基础小组，基于"教育200IK"（基础研究领域的师生讨论小组）课程的经验，在1934年开始了一年制教育学基础课程（Foundations of Education）"教育200F"的实践，这一课程目前已经十分著名。[33]

讨论小组的第三个结论与美国教师的社会和哲学观有关。在大萧条的十年中，讨论小组这一群体深受大多数学术领域的社会批评主义潮流的影响。在历史学上，有像刘易斯·科里（Lewis Corey）的《美国资本主义的衰落》（*Decline of American Capitalism*）和马修·约瑟夫森（Matthew Josephson）的《强盗大亨》（*The Robber Barons*）这样的书；许多经济学家放弃了他们的自由放任理论（laissez faire theories）；政治学家对将增值税（tax on value added，TVA）作为民主集体主义的范例十分感兴趣；而社会批判成为美国小说的基调。批判的氛围也不可避免地影响了教育。

随着讨论小组思考的发展，其最引人注目的结论集中在认识到美国社会日益增长的集体性且相互依赖的特性。鉴于这一事实，讨论小组尖锐地批评了学校过分强调个人主义，并试图了解新民主集体主义对美国教育的课程、行政管理和组织有怎样的借鉴意义。为了更广泛地传播他们的思想并接受公众批评的考验，讨论小组创办了一份名为《社会前沿》（*Social Frontier*）的期刊，其第一卷第一期就明确有力地阐明了目的：

> 《社会前沿》认为个人主义经济时代即将结束，以社会生活一体化和集体计划与控制为标志的时代将要开启。无论福与祸，历史进程都是不可改变的。它想要往前迈进来迎接新时代，并尽可能合理地着手实现所有那些丰富和改善人类生活的可能性……它将积极致力于发展所有有志于在当今社会转型时期担负教育全部责任的人的思想。[34]

这些观点无论在普通的教育工作者中，还是在教师学院的工作人员中，都没有被普遍接受。当然小罗素院长并没有支持《社会前沿》的立场，[35] 还有其他教员，不管是不是"教育学基础"专业的教员，也都没有支持这一立场。学院内部对于基础学科相关问题的争议在当时也很常见。坎德尔（Kandel）教授在《教师学院学报》（*Teachers College Record*）上发表了一篇文章，批评了《社会前沿》团队，并指责克伯屈的前后不一。[36] 威利斯丁·古德塞尔（Willystine Goodsell）教授反过来批评坎德尔，认为他的"讽刺语气"表明"他对整套美国生活哲学长期潜滋暗长的厌恶和不信任"。[37] 当克伯屈和坎德尔同处于"教育200F"课程小组时，就像他们在1934—1935年的两个学期一样，[38] 为众多教师学院学生提供了一场激动人心且引人入胜的思想冒险活动。

大萧条毫无疑问是一场灾难，但由大萧条引发的思考对学院产生了积极的影响。学院由此成为一个令人振奋和充满活力的地方；它的教学直击美国生活根本问题的核心。意识形态上的冲突虽然有些棘手，但它也激发了思考。毫无疑问，在不确定和绝望的背景下，优秀心灵之间的激荡，给20世纪30年代初的教师学院学生带来了即使称不上难忘也必然足够丰富的教育经验。

注释

1 Russell's letter is printed in *Teachers College Record*，XXVIII（December，1926），419 - 420.

2 同上，pp. 420 - 421.

3 *Teachers College Record*，XXVIII（January，1927），518 - 519；Who's Who in America，XXVI（1950 - 1951），2383；Report of the Dean，1923，pp. 8 - 9；Report of the Dean，1924，pp. 58, 62.

4 *Report of the Dean*，1928，pp. 8 - 15.

5 同上，1928，pp. 15 - 17；同上，1929，pp. 10, 79 - 84；同上，1930，pp. 87 - 93；同上，1931，pp. 86 - 91.

6 同上，1929，pp. 16 - 17.

7 同上，1932，p. 9.

8 同上，1932，pp. 11 - 12；*Teachers College Bulletins*，1928 - 33. 个人讲话另请参见 Frederick J. E. Woodbridge，"Contrasts in Education，" *Teachers College Record*，XXXI（October，November，1929，January，1930），pp. 7 - 16, 121 - 36, 339 - 56；Sir Michael Sadler，"The Outlook in Secondary Education，" *Teachers College Record*，XXXII（October，November，December，1930），pp. 1 - 16, 123 - 39, 256 - 78；Carl H. Becker，"Secondary Education and Teacher Training in Germany，" *Teachers College Record*，XXXIII（October，December，1931，January，1932），pp. 26 - 44, 262 - 278, 347 - 363.

9 *Report of the Dean*，1929，p. 9.

10 同上，1932，pp. 12 - 13.

11 关于旧组织的缺陷的一个很好的总结在 *Report of the Dean*，1934，pp. 9 - 16.

12 Letter，William F. Russell to the Members of the Faculties of Teachers College，April 6，1934，President's files.

13 Goodwin Watson，"Report of Education 507A"；Committee Reports for Faculty Conferences，April，1929，both in President's files；*Teachers College Bulletin*，1930 - 31，p. 65.

14 "A Proposal for the Establishment of a School of Educational Administration in Teachers College, Columbia University," unpublished document in President's files.

15 Minutes of the Faculty Conference, January 7, 12, February 13, 1931.

16 例如,参见 letter, Maurice A. Bigelow to William F. Russell, January 12, 1931, President's files.

17 *Report of the Dean*, 1934, p. 17.

18 同上,pp. 17 – 18.

19 Letter, William F. Russell to the Members of the Faculties of the Teachers College, April 6, 1934, President's files.

20 *Report of the Dean*, 1934, pp. 22 – 28.

21 同上,pp. 30 – 33; *Teachers College Bulletin*, 1934 – 35, pp. 6 – 8; Minutes of the Faculty Conference, January 9, 18, 1934.

22 *Teachers College Bulletin*, 1932 – 33, pp. 42, 47, 62.

23 同上,1933 – 34 pp. 95 – 111.

24 Virginia C. Gildersleeve and Others, "The Question of the Women's Colleges," *Atlantic Monthly*, CXL (1927), 577 – 584.

25 *Report of the Dean*, 2929, p. 10.

26 同上,1934, p. 102; Minutes of the Faculty Conference, November 1, 1933; *Teachers College Bulletin*, 1934 – 35, p. 239;同上,1935 – 36, p. 269.

27 *Report of the Dean*, 1934, p. 116.

28 Minutes of the Faculty Conference, November 1, 1933.

29 有关金融危机的详细信息参见 Minutes of the Faculty Conference, January 6, February 7, 1931; January 15, February 4, 1932; February 7, February 17, November 1, December 11, 1933; and April 6,1934; for the salary cut, William F. Russell to Members of the Staff of Teachers College and Its Schools, July 8, 1932, President's files.

30 *Report of the Dean*, 1932, p. 15.

31 Minutes of the Faculty Conference, January 15, February 4, 1932; Rexford G. Tugwell, "Discourse in Depression," *Teachers College Record*, XXIV (November, 1932), 89 – 109; Sumner H. Slichter, "Underlying Causes and Historical Background of the Depression," *Teachers College Record*, XXIV (November, 1932), pp. 212 – 27; David Snedden, "Discourse in Depression; Comments," *Teachers College Record*, XXIV (November, 1932), pp. 269 – 78. Professor Snedden was not so ready to abandon laissez faire as was Professor Tugwell.

32 Harold Ordway Rugg, *The Teacher of Teachers*; *Frontiers of Theory and Practice in Teacher Education* (New York, 1952), pp. 225 – 226.该小组很有名,且被称为"克伯屈讨论小组"。

33 同上。

34 *Social Frontier*, 1 (1934), 4.

35 *Report of the Dean*，1932，pp. 16 – 24.

36 Isaac L. Kandel，"Education and Social Disorder," *Teachers College Record*，XXIV（February，1933），359 – 367.

37 Willystine Goodsell，"The New Education As It Is: A Reply to Professor Kandel," *Teachers College Record*，XXIV（April，1933），pp. 539 – 551. The quotation is from p. 551.

38 *Teachers College Bulletin*，1934 – 35，p. 91.

第九章
"谁的黄昏?"(1935—1939 年)

1935 年,暑期班的学生们沿着 120 街匆匆赶去上第一节课时,遇到了与宁静学校格格不入的奇特景象。在教师学院正门前,示威者构成了一条警戒线。感兴趣的人们从他们带的标志和支持者们分发的大量油印传单中了解到,示威者——其中的一位是学院食堂被解雇的员工——号召大家抵制学校自助餐厅,并表示所有"关心工人群体的福利"的人可以在中午集合,在百老汇大道和 120 街的东北角进行抗议活动。人流中的几个学生停下来交谈,有些人慢下脚步想看看发生了什么,但大多数人则进入主楼开始上课。

曼努埃尔·罗梅罗(Manuel Romero)的罢工,以及学生、教师和行政部门的后续参与,相比其他任何事件,更能预示学院随后四年中人际关系和意识形态的紧张。这种紧张感远远超过参与到一个大型的、发展中的事业的一般压力;它们不仅仅是时代的映像。它们在很大程度上表明,美国教育家们正在摸索一个能够支持美国学校运作的政治、社会和经济基础。"学校敢于建立新的社会秩序吗?"乔治·康茨(George Counts)在 1932 年提出疑问。在大萧条的动荡中,教师学院不断地寻求答案。在第二次世界大战爆发之前,在对培养项目的不断完善努力之中,这种找寻似乎一直是学院的主导基调。

推进重组

很显然在被正式确定之前,1934 年获得董事会批准的重组仅仅是精简学院并使其能更好地适应美国教育新趋势这个长期任务的第一步。这项工作至少在三个方面取得了巨大的进展。首先，全院师生都在努力审视培养项目和组织架构的所有问题。这一方面工作的最佳例证就是教师教育教工委员会（Faculty Committee on Teacher Education）[1]（古德温·沃森（Goodwin Watson）教授、唐纳德·P.科特雷尔（Donald P. Cottrell）教授和埃丝特·麦克唐纳·劳埃德·琼斯（Esther McDonald Lloyd Jones）教授）和学生会课程指导委员会（Student Council Curriculum-Guidance Committee）[2]（由学生会任命的十二名学生组成）的报告。第二个方面涉及教师教育教工委员会和五个专业下的各部门对自身专业领域特有问题的研究。在这些会议之后，课程设置和学位要求产生了巨大的变化。最后是专业咨询委员会（the Committee on Professional Advisement）的代表们的协同努力，这不仅帮助协调了独立的专业活动，还将注意力聚焦在亟需解决的学生问题和困扰上。

沃森-科特雷尔-劳埃德-琼斯委员会的任务是尽可能全面地考虑目标、选择的过程和教育工作者的培养，"以便教育机构应对现代社会的需求和可能性……（能）更好地实现个人最大化发展的民主目标"。[3]为了获取数据，委员会采访了他们的众多同事，调查了专业文献中的纪录，甚至到学院之外寻求该领域实践教育家和社会科学家的建议。

他们结论的本质是什么？他们思想深刻且富有想象力。委员会认为，学院不能再通过增加招生数量来维持其领导地位，只有提升质量才会取得成效："我们应该更清晰地制定目标，并且更直接、更明智、更有创造性地着手实现它们。"[4]他们也在工作中付诸行动，提出了涉及多项事务的五十六条具体建议，包括奖学金资助、持续成绩记录的必要性、课程等级的取消、更有效的咨询、独立研究计划、通识课程、工作经验、游学的教育收益、院系重组、年度计划以及学院设施的改善等。

如果说委员会的委员追求的是人们对他们提议的广泛讨论，那么他们显然已经达到了目的，因为他们已经成功获得了学院不同部门迄今为止仍分散、互不相关的许多观点。非正式的讨论随即展开，系所中的讨论也紧随其后，全学院层面更为正式的职工会议从 1936 年 11 月开始，一直持续到次年 1 月。[5]学生们对此也兴致高涨；1937 年 2 月，学生理事会授权成立课程指导委员会，对培养方案进行初步考虑，以此指导未来可能的师生学习小组。课程指导委员会在 1937 年 5 月 10 日提交了一份报告。

他们坦率地表达了对沃森-科特雷尔-劳埃德-琼斯委员会研究的赞赏。然而,他们也很快指出,无论它的优点是什么,它都不能"在讨论时代替师生小组共同辨别、处理、暴露新问题"。[6]这显然是学生报告的核心贡献。可以肯定的是,其中关于标准、成绩记录、指导、课程和学院设施的建议数不胜数。然而,在主要有关学生参与和学院发展的最后一部分中,学生们真正开辟了新天地。他们认为,教师学院的情况与其他本科、研究生或专业学校明显不同。区别不仅在于教师学院的学生中有很高比例的成熟且经验丰富的一线教师,而且还在于学院的支出很大一部分依靠学费收入。考虑到学生之间存在意见分歧,课程指导委员会总结道,这些事实表明,教师学院的学生在政策制定的实际工作中发挥着独特的作用。因此,他们建议:

(1) 学生应被告知由创始人确立和规定的学院目的,并且董事会应不时对其重新解释;

(2) 达成这些目的的必要政策需由学生与校方共同制定;

(3) 学生参与的政策制定应包括以下三个阶段,即政策的提出、讨论和提请董事会审议,政策的最后决定权在于董事会。[7]

这份报告尽管很新颖,但它几乎从一开始就注定会失败。课程指导委员会把报告提交给学生理事会,并进行了长时间的论辩。当学生理事会准备好采取行动的时候,正是学生和教师们因六月份的短假而离校的时候。暑假期间几乎什么都没做,当九月份新学年重新开始时,学生和学生理事会的人员流动变化十分大。尽管新的学生理事会努力地试图重新梳理思路,但并没有取得明显的成功,这一问题也没有再次得到充分和认真的思考。

与此同时,考虑到这些和学院层面中其他报告各自的优点,几个专业方向也在积极推进类似的活动,包括会议、辩论、提案和反提案。这些活动耗费了如此多的时间,以致于许多人都赞同一句玩笑话,即唯一名副其实的学术自由就是免于各种委员会会议的自由。然而,在接连不断的活动的喧闹中,一所新的学院——以及一种新的教师教育观——逐渐成型。

在克伯屈（Kilpatrick）教授（他于 1937 年 6 月退休）和继他之后的杰西·H.纽伦（Jesse H. Newlon）教授的领导下，专业 I 教育学基础把主要精力放在开设新的"教育200F"课程上。我们还记得，这是从各基础学科中汲取某些理解、观点和术语的尝试，并且最终将成为整个教育专业的共同财产。根据全体教员的议案，从 1934 年 9 月开始，所有硕士学位候选人都必须在教育学基础课程中获得 8 学分；为期一年的"教育200F"课程被大多数学生看作是达成要求的有效方法。1934—1935 学年期间该课程开设了四期，共有近一千人注册修读。[8]四期课程都在贺拉斯·曼礼堂进行，其中有两期的学生超过三百人。每期课程通常有 7 位教授在场——一般来说，4 位来自专业 I，其他 3 位来自学院其他专业。讨论的主题兼具深度和广度，第一学期涵盖了民族主义、科学技术和文化决定论等问题，第二学期则涵盖了学习、宗教和职业等问题。小型讨论小组是每节课的固定环节，学生们共同探讨大量的社会、政治、经济以及个人问题，这些问题在以前被认为与教育工作者的研究范围不相关。在这一过程中，关于教育者任务的整体概念发生了不可估量的拓展。

毋庸置疑，在课程开始之前与之抗争的批评者就一直不懈地提出反对意见。[9]一些人继续认为，建立跨学科的方法只会造成肤浅的理解；另一些人则无法找到这与实际教学的关联。然而，学院教师对此的支持似乎不仅没有减少，反而不断增加。在"教育200F"课程实施的第二年，四个班级发现使用共同的教学大纲的局限性太大；因此每个班开始制定单独的教学大纲。[10]目的、探讨的问题——以及，对这些的表述——都是一样的，但越来越多的差异在不同的班级中开始出现。在专业方向内，这被看作是蓬勃发展的迹象；这些差异本身为教职工的不断努力增添了意义，使其能重新审视这些努力在学院中的独特功能。1936 年，克伯屈教授确信地宣布，"教育 200 F"课程的实验已经证明了它的价值，一年后他在给院长的最后报告中以简洁的语句阐明了该专业的目的："专业 I 专门从事教育的批判研究，它被视作一个单一的程序，一方面在儿童个体的生活中发挥作用，另一方面在整个社会进程中发挥作用。"[11]

随着纽伦教授在 1937—1938 年间就职成为代理主任，专业 I 又迎来了一位领导者，不辞辛劳地指导课程制定、管理和为一线教师解决基本问题——仅在一年前，这位领导者在担任教学专业（Division of Instruction）主任时，将他的整个年度报告都致力于解决如何为工业化、民主化的美国设计合适的教育。[12]还有人能更好地加强专业 I 的理论工作与这一领域教师、行政管理者的实际工作这两者之间的联系吗？

尽管专业 I 对培养本专业学生进行研究和服务有极大的兴趣，但是在 1936 年克伯屈教授表示了担忧，"对精心准备在教育学基础领域工作的学生而言，设定的要求似乎与实际需要不符"。[13]在教育组织和管理方向，情况恰恰相反。在那里，斯特雷耶（Strager）教授"管理学院"的概念在 1934 年的重组中占有重要地位，并已成为指导思想。鉴于此，这一方向首先和最根本关注的是熟练、专业和称职的学校行政人员的教育。

从一开始，专业 II 就试图将实践研究和专业经验纳入每位高年级学生的培养项目中。因此，田野研究方向（Division of Field Studies）和教育研究所（Institute of Educational Research）很早就尝试增加学生的研究机会，并且还为那些在该领域缺乏先备经验的人寻找实习机会。[14]课程领域也发生了根本性的变化。与"200F"课程的想法相对应，"200MA"课程的想法得到了广泛的考虑。同前者一样，后者设法收集各级各类学校管理部门共有的行政问题。它们中比较典型的包括财政问题、施加管控与专业事务的关系、行政集中化、任期与退休、各级课程组织等。[15]理想情况下，这门课程旨在为本专业的学习者以及学院其他专业的学生提供行政管理的概述。在 1938 年，一致的看法是，各专业将继续学习涉及管理具体范畴的一般专业方向的课程，例如员工人事问题、财政问题等，并且也将继续学习涉及具体岗位工作的特定职能的课程，例如学校督导、中学校长等。[16]

专业 III——个人发展和指导（Individual Development and Guidance）——在洛伊斯·海登·米克（Lois Hayden Meek）教授的领导下开展工作，直到 1937—1938 学年，克拉伦斯·林顿（Clarence Linton）教授接任。与专业 I 和专业 II 相比，专业 III 在专业培养和服务职能之间分配的比重更为均衡。此外，该专业方向主要把注意力集中在指导实验室（Guidance Laboratory）和儿童发展研究所（the Institute for Child Development）（直到 1936 年该研究所关闭）。指导方向的通识课程、教育 200MG、教育 200GA[17]和专业、学院的关系与教育 200MA 和专业 II 之间的关系相同。教育 200MG 课程对专业和非专业学生都开放；教育 200GA 课程主要面向来自其他方向的非专业人士。

　　在关于指导工人的培训的研讨中,专业 III 的教师能参考的先例远远少于他们管理专业的同事们。引导的概念较为新颖,因此指导专业的教师面临的最初的任务就是定义其独特的职能。到 1938 年 6 月,该专业为主修的学生设计了一系列的实践活动,在三年中按如下顺序开展:第一年进行观察、示范、案例史分析和批判性讨论;第二年在监督下参加实际的指导工作;第三年进行独立指导工作,并评价学生撰写的案例史。[18]在所有这些工作中,招生和学生选拔仍然是最重要的,因为这一专业很快发现,与心理学和精神病学的每一个分支一样,指导学吸引了太多关注个人治疗的学生。

　　不用说,教学专业存在的问题不计其数。纽伦教授担任主任直到 1938 年,之后在霍利斯·L.卡斯韦尔(Hollis L. Caswell)教授的领导下,这个领域的教师团队试图制定一个培养计划,为具有社会意识的美国学校培养教师。中学人数的稳步增加,以及中学课程重构的持续努力——这项工作始于 1918 年《中等教育改组委员会报告》(*Report of the Committee on the Reorganization of Secondary Education*)的出台——给这个专业带来了巨大的挑战。多个科系委员会在 1935 年和 1936 年间对这些问题和其他特殊问题进行了初步研究。[19]到 1937 年,教学专业确信课程的编制必须依据明确的社会目的,并且教育的目标、内容和方法无法划分成界限清晰的课程。纽伦教授在 1937 年的报告中写道:"在设计研究生水平的教师培训项目时,专业面临的基本问题是美国的学校和高校应该为美国青年提供什么性质的通识教育。"[20]他所见的新兴模式十分明确:各级教育必须解决零散单元这个最为沉重的负担,进行简化和整合,从而形成经验块或经验区,使青年人可以在其中自由探索、追求和组织学习。

　　对专业本身来说,这至少意味着两件事。首先,它意味着所有科系共同将整个教学过程视作一个整体。这导致专业 IV 不仅是沿着"教育 200MA"或"200GD"的路线开设了一门单独课程——在本例中为"教育 200C"[21]——而且最终在课程与教学中创建了一个新的教学团队。其次,它促使专业对组织架构进行自我审视,以探讨如何进行精简。这样的审视拉近了英语、外语和演讲教学团队的关系,拉近了历史、地理、经济学和公民学(社会科学)教学团队的关系,也拉近了家政技术和科学教学团队间的关系。[22]不久之后,这些子团队也开始效仿"教育 200C"模式,开发综合性课程,并且由于专业方向间的积极合作,类似于社会科学的通识课程类的课程逐渐兴起。[23]

专业 V,即测量与研究的理论和技术(Theories and Techniques of Measurement and Research),很少有主修者,因此,和专业 I 一样,它首先是一个服务领域。它的服务主要针对四类学生:(1)那些希望学习统计学、研究方法或提升研究所需外语能力的学生;(2)学校系统、州教育部门的研究负责人;(3)寻求测试方面进阶知识的学生;(4)一线教师和其他想了解测试在学校课程中使用情况的人。[24]专业 V 与学院的其他部门一样,在这几年里试图将相关的课程整合成为单一的课程。一个重要的例子是开设了名为"教育研究方法"(Methods of Research in Education)的课程,这一课程由一大批专家授课,主要是面向博士研究生。[25]这一专业方向在珀西瓦尔·西蒙兹(Percival M. Symonds)教授的领导下开展工作,直到 1938 年的全面重组后,其工作被归入专业 I,专业 V 成为护理教育方向(Division of Nursing Education)。

专业咨询委员会(Committee on Professional Advisement)无疑在这项重大的政策制定工作中发挥了重要作用。显然,它所代表的指导重点源于同样的动力,这些动力使人们关注中小学对指导的需求,由此也关注到对专业 III 本身的需要。作为 1934 年学院重组的组成部分,专业咨询委员会受命在学生培养方案的广度和专业度之间保持适当的平衡,并帮助教师制定考虑学生需求的政策。在林顿(Linton)教授的领导下,这个小组以极大的热情投入工作。然而,许多限制工作开展的障碍很快出现了。

从一开始,就一直存在对专业咨询委员会成员双重忠诚的担忧。一方面,成员们被期望参与——通常甚至是领导——某个特定科系或专业的讨论。另一方面,他们被要求采取"超然"和"客观"的立场来处理全院范围的问题。由于时间、精力和利益的问题,往往无法取得足够的成效;专业忠诚与学院忠诚这两种忠诚间的相互矛盾还常常使得问题更为复杂化。在很多情况下,学院要求具备教育学基础背后的精神价值时常受到质疑,人们认为,取而代之的应该是更专精的工作。[26]

尽管有这些障碍,专业咨询委员会还是完成了许多重要的工作。一项对 680 名在 1935 年 6 月至 1936 年 6 月期间完成硕士学位学习的学生的研究,展示出一些关于教师学院学生群体组成和特点的有趣数据。[27]另一项对 1928 年至 1935 年期间的校友更详尽的研究也是如此。[28]在专业咨询委员会成立的头四年里,它是一个可供人们讨论

"教育 200F"目的、程序和价值的主要论坛。到 1938 年,主席报告说"教员意见有广泛的分歧",但"对这项要求有了更普遍的接受,对学生培养项目的准入或拒绝也更为一致"。[29]1937 年 4 月,专业咨询委员会还帮助学院采用了新的录取标准——区分课程录取和学位录取。[30]最后,它最关心的是找到方法,使学生能实际参与到建议和政策制定中。

在此描述的广泛和彻底的变化并不完全都是本着善意、愉悦和启发的精神进行的。尽管几乎每一个人、每一个群体的努力在很大程度上都是真诚的,但利益、个性和权力之间不可避免的冲突也许正因为此而更加激烈。在规模如此之大的机构中,重组无法避免这些问题。某些利益和前景的稳定状态必然会受到挑战,由此上升或下降。此外,人们还意识到政治和教育观点的差异往往会更加激化这些问题,而且现代民主管理方法还处于萌芽阶段,这些年来人们对个人情感的强度有了更清晰的理解。尽管如此,1936 年底,以及接下来的十八个月里,进一步重组的方向逐渐成型。

早在 1937 年 1 月 8 日,致力于研讨沃森-科特雷尔-劳埃德-琼斯报告的最后一次职工会议中,小罗素院长宣布了新的课程与教学系以及社会研究教学系、自然科学教学系、家政学系、卫生和体育系、美术系和语言系(包含或不包含英语和演讲)的规划——都纳入专业 IV 的框架下。当时他还谈到要把两个系划入专业 I——一个负责教育的"目的",另一个负责教育的"原材料"或学习人群。[31]重组的更多内容并没有被公开提及,院长也指出,除非有需要召开另一次会议,这将是最后一次正式的职工会议。

然而,这一计划在一定程度上已经十分具体了,并且不久之后对霍利斯·卡斯韦尔教授的任命也表明了这一点。[32]他之前在乔治皮博迪教师学院(George Peabody College for Teachers)工作。院长在 1 月 8 日特别指出,卡斯韦尔教授是他选择的"课程与教学系"新的主任。计划毫无疑问地在执行委员会中得到了推进,1938 年 1 月 17 日,全面的重组计划展示给全体教员。[33]此后不久,它的具体特质得以完全显现:[34]

专业 I——教育学基础　主任杰西·H.纽伦

社会和哲学基础系　系主任杰西·H.纽伦

心理和生物基础系　系主任亚瑟·I.盖茨(Arthur I. Gates)

测量技术系　系主任珀西瓦尔·西蒙兹

专业 II——教育组织和管理　主任乔治·D.斯特雷耶（George D. Strayer）

专业 III——指导　主任克拉伦斯·林顿

专业 IV——教学　主任霍利斯·卡斯韦尔

课程和教学系　系主任霍利斯·卡斯韦尔

社会科学教学系　系主任厄林·M.亨特（Erling M. Hunt）

自然科学教学系　系主任 S.拉尔夫·鲍尔斯（S. Ralph Powers）

数学教学系　系主任威廉·D.里夫

英语教学系　系主任艾伦·阿伯特（Allan Abbott）

演讲教学系　代理系主任（Acting Head）艾伦·阿伯持

外语教学系　系主任威尔伯·L.卡尔（Wilbert L. Carr）

音乐和音乐教育系　系主任彼得·W.戴克马（Peter W. Dykema）

艺术和艺术教育系　系主任莎莉·B.坦纳希尔（Sallie B. Tannahill）

家政技术和科学系　系主任海伦·朱迪-邦德（Helen Judy-Bond）

职业教育系　系主任埃德温·A.李（Edwin A. Lee）

商业教育系　系主任哈姆登·I.福克纳（Hamden L. Forkner）

卫生和体育教育系　系主任杰西·F.威廉姆斯（Jesse F. Williams）

特殊教育系　系主任梅尔·E.弗兰普顿（Merle E. Frampton）

宗教教育系　系主任阿德莱德·T.凯斯（Adelaide T. Case）

专业 V——护理教育　主任伊莎贝尔·M.斯图尔特（Isabel M. Stewart）

很明显，这个新的设计将早期的工作体现在其逻辑结论中，即在学院组织中"系统化"而非"层级化"思考。随着高中入学率的稳步上升，初等教育和中等教育间传统的严格界限正在迅速消失，并且在美国，越来越多的人想让每个孩子接受十二年的学校教育。现在，通过这些新的安排，教师学院的教师们可以在十二年一贯的教育中大显身手，自由地解决教育问题。

此外，一个看似卓有成效的差异化和统一化的结合体也已经完成。这五个专业方向倾向于分散大部分的行政权力,并允许不同专业方向的主任关注不同领域的独特问题。各个系也是如此。另一方面,对原来分散的领域也进行了一些有效的重组,这些领域不再服务于原来各自为政的目的。尽管不可避免会受到批评,[35]但新的安排进展十分顺利;到1938—1939学年结束时,十年重组期间的许多"痛苦"似乎已经消退。

高等学院

尽管教育高等学院的一些职能——尤其是有关教育博士学位方面——在1934—1935学年间就开始发挥,但是直到1935年9月高等学院才正式开始运作。1934年夏天,为了满足学院的需要,整个主楼的三楼都进行了改建。大楼的中央有一个宽敞的主室,里面有阅读桌、舒适的椅子和一个燃木壁炉,为休闲娱乐和社交活动提供了便利。此外,还有研讨室、有个人桌子的学生工作间和高等学院文书人员的办公设施。各种藏书、文件和其他研究材料迅速汇集在不同的房间,以供博士生使用。[36]这项改建工作给人留下了深刻的印象,它不仅体现了高等学院在教师学院整体中的重要性,也体现了这样一种理念,即由密切联系的高级专业研究人员组成的团队,很容易跨越传统的科系界限,以寻求对教育事业的全面认识。

随着高等学院工作的正式开展,学院在实践中也开始实施一些方法以达成其所期望的目标。1935年10月24日下午,在主楼301室举行了"增进了解高等学院师生正在进行的重要研究和田野项目"系列论坛的第一场论坛。[37]这场会议由小罗素院长主持,哈罗德·F.克拉克(Harold F. Clark)教授就教育和人力资源使用间的关系进行发言,高等学院研究员乔治·W.哈特曼(George W. Hartmann)博士对格式塔心理学尤其是感官功能的相互关系进行发言。[38]本学年期间还举行了另外四个论坛,每个论坛都会有一名教师和一名学生进行研究报告。[39]此外,在克伯屈教授、斯特雷耶教授和鲍尔斯教授的领导下,夜间的师生讨论小组也定期举行会议,还有大量的研讨会、俱乐部会议和非正式讨论也都保持着活跃的学术步伐。两周一次茶会、面向学生妻子的六次系列会谈以及两次高等学院晚宴的举办(一次在1936年的1月13日,另一次在1936年4月27日),对高等学院社交方面的工作进行了补充。

1936 年这一年最重要的活动之一是林肯诞辰那天为学生、教师和非专业人员举行的会议。1935 年,保罗·莫特(Paul Mort)主任在他的年度报告中建议:"如果高等学院要在美国教育中发挥其潜在作用,就应该采取一切措施来防止它被学术所主导。"[40]考虑到他自己的局限性,他敦促定期召开会议,教育家和代表性的非教育专业领导者可以自由地讨论美国总体教育政策,特别是高等学院的政策。到第一次会议召开时,目标已经非常明确:(1)为准备担任教育领导职务的学生提供方法,使其能熟悉"通常决定学校政策"的非教育专业领导者的思想和态度;(2)提供措施,使这样的非教育专业领导者能了解教育新思想并提出建议;(3)弥合"教育界精英与普通民众之间的裂痕",从而改善两者之间的关系。[41]

出席会议的有来自大都市地区商业和专业领域的一百多名非教育专业人士。高等学院的许多学生和教师也出席了。巴特勒(Bulter)校长和美国教育专员(United States Commissioner of Education)约翰·W.斯图德贝克(John W. Studebaker)在上午的会议上致辞,桑代克(Thorndike)教授在下午的论坛上担任主讲人。[42]所有的发言结束后开展了讨论。在结束时,大家一致认为会议取得了很大成功。它注定要引领一种趋势,这种趋势通过不久后任命的非教育专业委员会得到增强,一项学院发展计划使这种趋势达到高潮,这一计划比十多年后的计划要积极得多。

在接下来的三年中,第一年形成的这种模式总体上延续了下来。论坛和师生讨论小组以极大的热忱开展活动。此外,从 1936 年 11 月开始举行了一系列炉边茶会。哥伦比亚大学的多位教授应邀在茶会上讨论具有广泛教育意义的问题。第二次非教育专业会议于 1937 年 2 月 12 日举行,出席的人数众多,来自美国代表性大型企业的三位专业人士在会上发言。[43]在 1937—1938 学年间,又举行了三次会议,一些教师和商人代表就教育与私营企业之间的最佳关系进行了一系列辩论,使人们保持了极高的兴趣。[44]最后,这三年见证了"小学园"(Little Academy)理念的积极作用——这一计划最初始于 1935 年 2 月,25 位年轻教授每月共进晚餐,讨论他们正在进行的研究项目。

不可避免的是,1935 年以后的几年里,高等学院的整体观念以及它与教师学院的关系也在不断演变。莫特主任在 1936 年的报告中,花了大量篇幅来阐述他对这种关系的看法。他将其设想成一个三层的结构。最基础的一层是教师学院的广大学生——每个人都为学校系统的某个阶段熟练的专业工作做准备。第二层由二十或二十五个研究所组成,"每个研究所都为教育科学和艺术方面的领导人提供培训设施和实践"。[45]最顶层是高等学院——一个容纳了大约两百名学生的"静修所",每个人都以自己的方式寻求对教育过程的全面认识。在第三层中,所有的设施和活动都将集中在"发展意识——使每个(学生)在一个具有本质统一性的领域中作出贡献"。[46]理想的情况是,第三层能充分利用研究所的工作,并且能通过研究所为第一层的学生提供最好的帮助。显然,莫特教授最初十分希望仿制巴黎高等师范学校以建立高等学院。在校友的协作下,一项全国范围的考试计划在奖学金的资助下得到大力推进,从而吸引专业精英进入教师学院。[47]同样,一个小型、紧凑的教师团队的设想也是如此,他们的主要兴趣在于鼓励和监督教育领域前沿的研究。

高等学院在头几年面临的最大的问题之一是,确保新设立的教育博士(Ed.D.)学位招生顺利。因此,最重要的标志是1935年后录取和获取学位的学生不断增多。

到1939年,已经十分明显的是,被授予教育博士学位的人数将很快超过被授予哲学博士(Ph.D.)学位的人数——这实际上发生在1941—1942学年期间。1937年初这一趋势发展迅猛,因为当时高等学院教师拓宽了教育博士项目的概念,用三种不同类型的学位项目来替代最初唯一的学位项目。[48]

高等学院录取和学位授予数:1934—1939

学　年	哲学博士招生数	教育博士招生数	哲学博士学位授予数	教育博士学位授予数
1934—1935	40	37	69	5
1935—1936	38	43	63	13
1936—1937	38	56	50	21
1937—1938	50	58	53	25
1938—1939	48	58	47	38

成功的另一个标志是每年约有三十至四十名学生在学院做博士后。他们中有许多人已经在教育界获得一定的地位和名声,例如院长、教育学教授、学校管理者等。[49]他们的到来为论坛、会议和研讨会增加了活力,也使得学院教师能够积极借鉴他们的

丰富经验和知识。

虽然高等学院最初理念的许多方面在实践中得以实现,但也不可避免地在一些地方进行了一些调整。在此有两个地方值得说明。首先是博士项目的扩招。实际上,设置教育博士学位的想法是教师学院在 1934 年为应对越来越多公立、州立和地方性院校开始提供硕士学位的趋势而采取的对策,学院因此扩大了硕士后专业学习的渠道。然而最初的决定极大地限制了进入高等学院的人数,从而确保只有最优秀的学生才有入学机会。到 1938 年,高等学院进行了教育博士的扩招,博士候选人的数量已超过五百人。然而,这仅仅预示了今后不到十年内人数的快速增长。

第二个调整与第一个调整密切相关,主要涉及教师。最初,高等学院教师被看作是一个组织紧凑的小型团体,尤其关注硕士后的工作。到 1938 年,很明显,学院将有更多的教师参与其中。因此,高等学院组织中最重要的变化之一发生在 1938 年,教育研究系和高等专业教育系的两组教授组成了这些系的执行委员会(Executive Committees),当时众多担任博导的教授并不是这两个系的正式成员,这个变化在一定程度上是出于对他们的认可。执行委员会的形成也意味着后来几乎所有教师学院的教师都参与到这两个博士生项目中。

1939 年,尼克劳斯·恩格哈特(Nickolaus Engelhardt)副主任(高等专业教育系执行委员会主席)和亚瑟·I.盖茨副主任(教育研究系执行委员会主席)递交了两份五年期报告,报告很好地概述了五年里高等学院的工作。[50] 两位教授很高兴地注意到学院调整课程的努力取得成功,能更有效地满足学生需要,并建立了更精确评估课程的方法。恩格哈特教授大加赞赏了教育博士学位在学院取得的地位,而盖茨教授自豪地指出哲学博士学位的标准不断提升。有趣的是,他们的关注点十分相似:博士课程对教师的要求越来越高,以及如何培养学生具备进行重大研究和田野项目的专业知识。到 1939 年,这些问题只会随着博士入学人数的增加而加剧。

学院生活

学院有几年的生活似乎充满了趣味和刺激。与前后相对平稳的时期相比,这几年显得更让人心醉神迷。这就是教师学院的 1935 到 1939 年。

这一时期招生和财务情况又如何呢？大萧条造成入学人数下降的趋势似乎在 1933—1934 学年达到了最低点，当时教育学院与实用技术学院的注册人数总和减少到不到六千人。此后，情况开始好转，到 1936—1937 学年，入学人数已经超过了此前的最高数字，并还在持续上升，直到第二次世界大战再次扭转了这一趋势。在 1935 年至 1939 年的各学期中，非全日制学生的比例（修读 8 学分或以下课程的学生）保持不变，在 66% 至 70% 之间波动。学生的平均学分也趋向于稳定，在 7.3 至 7.7 之间。[51]

入学人数的增加也带来了学费收入的增长——学费收入的增长速度进一步加快。从 1936 年 9 月开始，每学分的学费从 10 美元增加到 12.5 美元。然而，即使在这样的增长之下，学院累计的赤字依然从 1936 年 6 月的 35 万多美元增加到 1939 年 6 月的接近 85 万美元。除了在 1935—1936 学年格蕾丝·道奇（Grace Dodge）遗赠的百万美元外，捐赠、拨款和遗赠在这十年的后半段中都有显著下降的趋势。总的来说，虽然到 1939 年学校的财务状况比其他教师学院更乐观、更鼓舞人心，但学院的财务状况并不完全令人满意。

教师学院财政：1935—1939

年 份	学费收入	教育和一般收入总和	总收入	捐赠和遗赠	累计赤字
1935—1936	$1 504 000	$2 814 000	$3 632 000	$1 298 000	$354 000
1936—1937	$1 772 000	$2 990 000	$3 807 000	$222 000	$430 000
1937—1938	$1 739 000	$2 881 000	$3 615 000	$159 000	$653 000
1938—1939	$1 682 000	$2 784 000	$3 468 000	$195 000	$844 000

来源：*Report of the Dean*，1936，pp. 114—123；同上，1937，pp. 114—122；同上，1938，pp. 138—146；同上，1939，pp. 120—129；以及财务主管记录。

这些年来的财政困难只是激发了早些时候就开始进行的工作，将更多"民主"引入教师—行政—职员的关系中。20 世纪 30 年代，美国教育对社会学的探索，就像其在三十年前对心理学的探索一样。领导这场新运动的许多人都是教师学院的教师，尤其是专业 I 教育学基础的教师。因此，不难发现，这些领导者们如何在"自己家"进行最初的尝试，以便确切地了解将民主引入学院生活意味着什么。关于这个主题的著作很少：纽伦教授的《作为社会政策的教育行政管理》(*Educational Administration as Social Policy*)是其中最好的之一。[52]并且，这样的先例并不多见。因此，毫不奇怪，整个尝试常常具有以下特征：失败的行动、广泛的声明、尖锐的冲突和频繁的"自砸脚趾"。

本章开头所述的餐厅罢工是这一民主管理问题达到顶点的最早表现之一。[53]在20世纪30年代早期，教师学院为了学生和教师的利益，在非营利的基础上经营着四个食堂。这些食堂发展兴盛，雇用了一百多名兼职学生和大约九十名全职人员。从1932年开始，到1934年，由于预算原因，连续进行了三次减薪；薪水的削减引起了相关利益工会（本地119食品工人工业联合会，行业工会联盟的一个分支）和一些具有社会意识的学生团体的强烈抗议。宣扬减薪和其他"令人不满情况"的传单不断出现，集会一场场地举行，气氛越来越剑拔弩张——紧张的气氛导致食堂里发生了许多争执和口角。

1935年7月，厨师曼努埃尔·罗梅罗作为一个正式员工被解雇了。管理层解释说，他的工作不尽如人意，但是工会则认为，他是因为加入了工会而被解雇。7月初，罗梅罗开始在学院示威抗议，学院内外的利益集团开始组织起来抵制学院食堂。7月14日，另一名工会成员被解雇；9月17日，又有三名工会成员"因为不再适合这个组织"而没有被续聘。在1935—1936学年的冬季学期，这三个人与罗梅罗一起继续在学院示威。学院官员、伊丽莎白·里德(Elizabeth Reed)小姐、食堂主管、工会代表和一些学生组织代表参加的会谈结果并不令人满意。一些地方对进行师生联合调查的呼声越来越大，1935年10月12日的《教师学院新闻》(*Teachers College News*)发表了对十位教员的采访，也建议采取这样的联合调查行动。当院长同意支持此项行动时，三名教师和两名学生被任命组成委员会，由约翰·L.柴尔德斯(John L. Childs)教授担任主席，并且工会和行政管理部门都同意接受调查意见。

委员会辛勤工作，从11月11日开始，每周都会安排四次四小时的会议。它在1935年12月7日提交了报告，为厘清极其混乱的局面作出很大贡献。简而言之，调查结果显示，"严重和歧视性的工资削减"是争议的中心事实，四名工人"因为他们的工会成员身份和活动而被区别对待"，学院的自由雇佣政策(open-shop policy)和工人对工会代表权的渴望是"问题的根本原因"，以及他们所属的工会是一个"真正致力于其成员利益的工会"。小罗素院长坚持原有的协定,并于12月9日提出对食堂的财务和聘任政策进行一次彻底的重新审查。

然而这件事并没有就此结束。1936年1月10日晚召开的教师会议,就完全是为了解决这一争议。[54]院长发表了篇幅很长的声明,以此回应柴尔德斯委员会有关食堂财政和参与工会活动工人的不公正待遇的报告。他报告了自己在劳工部调停会议上为解决矛盾所做的努力,表达了对"外部利益集团"的强烈不满,他认为这些利益集团一直在利用学院的劳工问题达成自己的目的。他提醒教师,在学院的活动日益增多、收入却一直有限的情况下,他一直在努力平衡预算。尽管如此,他依旧赞同这份报告,并宣布将这四人安排在欧文·洛格(Irving Lorge)领导的教育研究所中工作。[55]

这次会议中的劳工问题和会议本身一样重要,这次会议还有更重要的弦外之音。这是一个至关重要的学院政策问题,师生委员会对此提出的建议中既有明示的部分还包含着许多暗示。院长在一些基本问题上持有不同意见。在劳工问题中,"民主管理"到底是什么?很明显,院长和他十分尊敬的一些教师之间存在根本分歧。"我想要民主,"他说,"但我不知道如何实现它。我丝毫不愿在教师学院的管理中进行实验。除非有百分百的把握,否则我不会随意儿戏。"[56]

一些强烈主张加强教师在行政事务方面的领导地位和权力的人似乎更愿意指明前行的方向。[57]

与整个问题密切相关的是教师工会主义逐渐在美国学校,尤其是教师学院中抬头。康茨教授、柴尔德斯教授、沃森教授、甘斯(Gans)教授等人在美国教师联合会(American Federation of Teachers)的事务中发挥突出作用,并且他们也是学院中教师工会组织的积极支持者。1936年夏,小罗素院长和柴尔德斯教授的意见交流极大地加剧了他们之间的分歧。[58]尽管院长明确表示出他欣赏工会对美国生活的贡献,但他并没有看到工会在教育行为中的位置。他指出,劳工策略不适用于专业人士,而教师是专业人士,不是工人。工会通过教师将政策管理引入美国学校的全部努力被描绘成徒劳无益的,并会导致可能是最糟糕的专制。完全由教师控制极有可能是严苛而不是温和的,因为少数能言善辩的人不可避免地会以团体的名义获得控制和领导权。

柴尔德斯教授在所有这些问题上都与小罗素院长的意见相左。他认为,教师是工人,这主要是因为他依赖工资谋生。"教师工会,"他继续说,"认识到工人利益和私营业主利益之间冲突的重要性,并认为从这个更根本的经济意义上讲,所有工人、农场、工厂和专业人士都具有同样的利益。"从这个角度来看,他尖锐地批判了院长的立场。为了"共同利益"诉求而忽视基本的阶层分裂,就是忽视工业社会的核心事实。利益各不相同;组织是表达它们的手段;民主进程是和平解决这些问题的方式。

在整个 1936—1937 学年,这些问题持续地潜滋暗长。学术自由仍然是活跃的讨论话题,教员们一如既往地继续在教育的过程中和一般期刊上公开表达他们的不同立场。关于某些"激进者"将会从教师队伍中被除名这样的传言甚嚣尘上,以至于院长认为有必要在 1937 年 1 月 8 日的教师会议[59]上重申他支持学术自由的立场。他在 1937 年提交给董事会的报告中用很大篇幅再次指出行政民主的问题。"那是在 1903 年,"他提到,"杜威(Dewey)教授提请人们注意美国学校行政管理中的不民主特性,从那时起这个问题就被广泛讨论……董事会或学校管理层是否有最终控制权? 教师和学生不应该有更多的权力吗? 教师和学生是否可以直接联系董事会,而不是通过首席行政长官? 作为一名管理人员,我清楚地意识到这个问题的存在;但我不确定该如何解决。"[60]

至少有一项重要革新产生于这次广泛的讨论,即为院长设立一个非官方咨询委员会。根据院长本人的建议,在 1937 年 4 月 29 日的全体教师会议上,选举了教师咨询委员会(Faculty Advisory Committee)。同事们根据学术层级中教师人数的比例来选择委员会成员。第一届委员会由六名正教授、三名副教授和三名助理教授组成,托马斯·布里格斯(Thomas Briggs)教授担任主席。[61]

教师咨询委员会第一年的大部分工作是更加清晰地界定其宗旨和职能。尽管委员会在这个问题的讨论中产生了一些重大分歧,但成员们似乎有一种共识,即该委员会"不仅会就院长提出的问题(原文如此)向院长提供建议,而且……可以随时提出委员会认为应该通告和建议院长的事项"。"委员会还认为,"这份报告继续说道,"其最重要的职能之一,是不论作为团体或是个人,听取学院成员认为院长应该关注但出于某些原因他们不愿自己直接向院长提出的事项。然而,从任何意义上讲,教职工都不应认为委员会的存在会以任何方式阻碍院长或其他行政官员关于他们个人或专业事务的发言和讨论。"[62]

教师咨询委员会耗费大量的时间讨论了一些诸如"处理个人以外的学院公共政策"、对年轻教授工作的评估和晋升政策、对学院新教师的调整,以及一些避免人事的突然变动对学院的持续研究造成影响的事项。在一年的工作结束时,其报告指出"院长和委员会双方都十分坦率和诚恳",并且"讨论的事项中,院长采取的重要行动都经过委员会的一致同意"。[63]报告中还包括院长对委员会工作的赞扬。

在随后的一年里,教师咨询委员会和学院都持续关注学术自由问题。1938 年春,威廉·格勒尔曼(William Gellermann)撰写了一篇博士论文,题为《作为教育者的美国退伍军人》(*The American Legion As Educator*)[64],这篇论文出人意料地在出版前被公开。该研究对退伍军人政策提出了尖锐的批评,因此引发了激烈的争论。国家指挥官(national commander)应邀向学生致辞,他的演讲谴责了"公众对哥伦比亚大学'左翼教授'的公民责任的漠不关心"。[65]作为此研究的指导教授,康茨教授安排了一场对学生公开谈论这个问题的演讲,但在与院长的会谈后他取消了这次演讲。这很快引发了侵犯学术自由的呼声;院长迅速做出回应,发表了一份明确的声明,重申康茨教授有权随时就其所关心的任何话题在教师学院发言。后来,康茨教授自己解释道,如果他进行此次演说,会对参与论文发表的两位朋友造成不愉快的影响。"当我回顾这一事件,"他反思院长在此事中扮演的角色,"如果我暗示了他干涉我的学术自由,这对他可能是不公平的。"[66]

那年夏天发生的事件,以及人们对这一问题的持续关注,促使教师咨询委员会应院长的要求,正式考虑学术自由的问题。当他们在 1938 年 10 月和 11 月进行讨论时,很明显,至少有三种普遍观点:第一种观点建议为了学院的良好声誉而自我限制发言;第二种主张出台明文限令;第三种支持正面重申学院内学术自由是一种基本的保障。[67]最终教师咨询委员会发表了一项题为"教师学院的学术自由"(Academic Freedom in Teachers College)的声明,这也成为 1939 年初数次教师讨论的基础。

大量证据表明,到 1939 年 6 月,这四年的持续争执、争吵和争议已在洽谈下很大程度上得到了缓解。战争的阴云笼罩着欧洲,团结的精神在教师之中日益普遍。1939

年 9 月的院长报告将 1938—1939 学年贴切地称为"行动与善意"（activity and good will）的一年。[68]

政治和教育的交汇

20 世纪 30 年代的教师学院备受瞩目。这不仅是因为它已成为全美最重要的教师教育机构，也是由于造就学院辉煌的自由使公众得以了解到其内部的矛盾。第十三章将讨论这些年来重大的教育争论。本章将继续简要讨论 20 世纪 30 年代后期的政治风暴如何在学院中体现，从而影响了学院在公众眼中的形象。

将学生、职工和教师作为一个整体来看，20 世纪 30 年代的每一种主要政治观点都能在学院里找到支持者。由于教师和学生一贯享有参与政治事务和发表意见的自由，分歧很快就与学院本身的名字紧密联系在一起。很容易看出，由专业 I 提出的教育社会理论又深化了这一情形。如果学校与未来的社会秩序息息相关，那么这种社会秩序的概貌就具有重要的教育意义。因此，这些政治分歧不仅仅是个人的"私人"事务，它们已经成为十分紧迫的专业相关问题。

由于学院在公共媒体中日益被贴上激进派的标签（尽管大多数教职工对政治要么漠不关心，要么并不支持任何一个团体），越来越多的人认识到学校不可避免地会成为社会政策的仲裁者，同时院长坚定承诺非专业人士对美国公共教育的基本控制，高等学院有关非教育专业政策的会议模式于 1938 年进一步正式化。同年 2 月 14 日，董事会原则上批准成立一个非教育专业理事会（Lay Council），由二十五至三十位非教师学院职员构成，科特兰德·兰利（Cortlandt J. Langley）先生被委任为秘书长。[69]早期的理事会中，温斯洛普·W.奥尔德里奇（Winthrop W. Aldrich）担任主席，其成员包括沃尔特·S.吉福德（Walter S. Gifford）、沃尔特·E.霍普（Walter E. Hope）、亨利·詹姆斯（Henry James）、小伊莱休·鲁特（Elihu Root, Jr.）和亚瑟·海斯·苏兹贝格（Arthur Hays Sulzberger）。理事会的目的是考虑非教育专业者与教育的关系，并就这种关系的可能影响向院长提出建议。[70]理事会还率先开展更广泛的活动，征求美国劳工联合会（American Federation of Labor）、美国商会（United States Chamber of

Commerce)、国家农人协进会（National Grange）等具有代表性的非专业组织的建议。[71] 由于这项更为广泛的任务进展缓慢，也由于非教育专业理事会大多都是以商业为导向，这一组织遭到了批判，[72] 这虽然看似理所当然，但必须认识到这一时期绝大多数高等院校在外行组织下的工作——也包括现在的大部分——都是针对商人和拥有良好社会地位的专业人士的。[73]

非教育专业理事会第一年的主要工作是组织民主教育大会（Congress on Education for Democracy），大会于 1939 年 8 月 15 日、16 日和 17 日在教师学院召开。[74] 十年来，民主教育的理念一直是学院生活的中心：它是小罗素院长年度报告中永恒的主题之一；是专业 I 和其他专业方向的新重点；也是高等学院非教育专业会议的核心。随着学院长期的内部争斗在欧洲全面爆发战争两周之前结束，它似乎在学院的历史上占据了重要的地位。

与非教育专业会议和非教育专业理事会一样，民主教育大会的理念是为了弥合公众和学校之间的裂痕，以期实现相互理解和共同规划。28 个非教育专业组织——代表美国各主要行业——受邀组成委员会参加大会。同样，教师学院在与主要的教育界组织商议后，接受成立全国教育工作者委员会（National Committee of Educators），代表各级各形式的正规教育。人们期望这次大会能成为众多相关团体之间不断交流和规划的第一步。

这次民主教育大会取得了巨大的成功，为学院 20 世纪 30 年代的工作提供了一个完美的顶峰。全体大会座无虚席；小型研讨会定期举办，参与人数也很多。会上的发言可以在《民主教育》（*Education for Democracy*）这本书上找到，这些高质量的发言以富有挑战性的方式提出了一些问题，进而引发交流、理解并寻求解决。也许它最显著的教育意义是，尽管一些激进的报纸批评它"叛降"了商业，但商人们对它并非全是赞扬。[75] 如果没有九月爆发的战争，大会可能会造成更广泛的影响。

那么，在这几年的动荡岁月中，学院向前走了多远？没有比 1938—1939 学年中期发表的一组相互矛盾的文章能更好地评价它了。1938 年 12 月中旬，《国家》（*Nation*）杂志刊登了时任特约撰稿人詹姆斯·韦克斯勒（James Wechsler）对教师学院衰落的尖锐评论。[76] 韦克斯勒认为，在 20 世纪头 30 年里，教师学院一直处于领先地位，但自

1934 年或 1935 年以来,由于院长高压专制的手段,学院一直在走下坡路。劳工受到压迫,教师受到被清洗的威胁,克伯屈以退休养老这样站不住脚的借口被辞退,进步主义被遏制,学术自由正在消亡——格勒尔曼事件(Gellermann affair)就是缩影——而非教育专业理事会则是自由机构向大企业势力最明显的屈服。

这篇文章在学院内外自由派中产生巨大反响。它在团结原先政见不同的教师方面起到惊人的作用。两个月后,一篇名为"谁的黄昏?"的精彩反驳在《社会前沿》上发表,康茨教授逐一反击韦克斯勒的观点,揭露文中充斥着半真半假的陈述。[77]他指出,教师咨询委员会是加强行政民主的一个例子;他提到,克伯屈教授适时退休后,学院任命了新的政治进步人士;并且他阐明了格勒尔曼事件的事实,本章在之前已对此进行了描述。康茨总结道,正是这些人认为学院和美国民主已步入黄昏。

几乎与此同时,教师咨询委员会发表了一份长篇声明,提出了许多相同的观点。[78]尽管两者并没有试图为学校官方的每一项行动辩护,但双方在看待过去几年的进步时都相当自豪。下一个十五年的成绩似乎给了他们毋庸置疑的资格以坚定地反问批评者:"谁的黄昏?"

注释

1 Committee on Teacher Education,*Report to the Dean and Faculty of Teachers College*,Columbia University,May,1936.

2 "Report of the Student Council Curriculum-Guidance Committee,May 10,1937."

3 Committee on Teacher Education,*Report*,p. iii.

4 同上,p. 4.

5 Letter,William F. Russell to the Staff of Teachers College,November 12,1936,President's files.

6 "Report of the Student Council Curriculum-Guidance Committee,May 10,1937," p. 6.

7 同上,p. 44.

8 招生情况载于 the Dean's copy of the *Teacher College Announcement*,1934 - 35,in President's files.

9 Minutes of the Faculty Conference,December 19,1934.批评来自于专业 I 的坎德尔教授、斯内登教授和赖斯纳教授,以及其他专业的多位教师。另请参阅 Minutes of the Executive

Committee of Teachers College, January 11, 1935, President's files.

10 *Report of the Dean*, 1936, p. 31.

11 同上,1937, p. 29.

12 同上,1936, pp. 41 – 43.

13 同上,1936, p. 31.

14 同上,1936, p. 34.

15 Teachers College Announcement, 1934 – 35, p. 106.

16 Report of the Dean, 1938, pp. 62 – 65.

17 *Teachers College Announcement*, 1934 – 35, p. 128.

18 *Report of the Dean*, 1938, pp. 65 – 66.

19 同上,1936, p. 40.

20 同上,1937, p. 39

21 *Teachers College Announcement*, 1938 – 39, p. 106.

22 *Report of the Dean*, 1938, pp. 70 – 71.

23 *Teachers College Announcement*, 1938 – 39, p. 126. 有关专业 IV 部门间合作的示例,请参见社会科学系、英语系和艺术系成员提供的关于历史 165M – 166M – VVestern(Western?)欧洲的文化背景的描述 (*Teachers College Announcement*, 1934 – 35 p. 141).

24 *Report of the Dean*, 1935, pp. 44 – 46.

25 *Teachers College Announcement*, 1935 – 36, p. 237.

26 Minutes of the Faculty Conference, December 19, 1934.

27 *Report of the Dean*, 1936, pp. 48 – 52.

28 Clarence Linton and Joseph J. Katsuranis, "A Study of Alumni of Teachers College Receiving Degrees from 1928 to 1935," *Teachers College Record*, XXXIX (1937 – 38), 407 – 22, 734 – 46; XL (1938 – 39), 150 – 59. See also pp. 759 – 760.

29 *Report of the Dean*, 1938, p. 107.

30 Minutes of the Faculty of Teachers College, April 29, 1937, p. 18.

31 Minutes of the Faculty Conference, January 8, 1937.

32 Minutes of the Trustees of Teachers College, April 8, 1937.

33 无此次的会议记录,但其他文件中提到了此次会议。

34 Minutes of the Faculty of Teachers College, May 9, 1938, *passim*(多处), and *Report of the Dean*, 1938, pp. v – vi.

35 See *Educational Vanguard*, Vol. III, No. 3, February 17, 1938.《教育先锋》由教师学院的共产党每周发行。See also James Wechsler, "Twilight at Teachers College," Nation, CXLVII (1938), 662.

36 *Teachers College News*, September 21, 1935, p. 3.

37 同上,October 26, 1935, p. 1.

38 同上。

39 *Report of the Dean*, 1936, p. 24.

40 同上, 1935, p. 30.

41 "Tentative Text of a Memorandum to Those to Be Invited to the Proposed Lincoln's Birthday Conference," p. 1, President's files.

42 Program, Advanced School of Education Conference on Lay Responsibility for the Development of Educational Policy, February 12, 1936, President's files.

43 Program, Second Conference on Educational Policies, February 12, 1936, President's files.

44 Program, Third Conference on Educational Policies, November 11, 1937, President's files, and *Report of the Dean*, 1938, p. 44.

45 *Report of the Dean*, 1936, p. 29.

46 同上。

47 See, for example, *Teachers College Record*, XXXVIIII (1936 – 37), 618.

48 *Advanced School Digest*, II (1937), 3

49 See, for example, *Teachers College Record*, XXXVIII (1936 – 37), 248.

50 *Report of the Dean*, 1939, pp. 29 – 34.

51 "Registrar's Summary" (教师学院未公开的注册数据) and *Report of the Dean*, 1939, pp. 95 – 99.

52 Jesse H. Newlon, *Educational Administration as Social Policy* (New York, 1934).

53 *Teachers College News*, August 28, October 5, December 10, December 14, 1935.

54 Minutes of the Faculty Conference, January 10, 1936.

55 已通报在 1936 年 1 月 8 日《纽约时报》第 20 页。为了避免后续可能出现的纠纷,这些人被安排在研究所中承担基本的普通文书工作。作为对柴尔德斯报告的进一步回应,学院行政部门与哥伦比亚法学院三位教授磋商,对学院劳工政策进行全面审查。这项研究中产生的改革很快使教师学院在劳工关系和工作条件方面领先于同行学术机构。1936 年三月学院建筑工人罢工(由当地雇员"社交俱乐部"牵头)在一周内就解决了,并且与以往相比,困难和敌意都减少了很多。

56 Minutes of the Faculty Conference, January 10, 1936.

57 美国教师联合会教师学院分部对这一问题尤为积极。

58 *Teachers College Student News*, August 5, 1936, pp. 1, 3.

59 Minutes of the Faculty Conference, January 8, 1937.

60 *Report of the Dean*, 1937, p. 16.

61 Minutes of the Faculty of Teachers College, April 29, 1937, pp. 192 – 193. See also letter to the faculty concerning Advisory Committee, dated April 26, 1937, President's files.

62 Minutes of the Faculty of Teachers College, May 9, 1938, p. 148.

63 同上。

64 William Gellermann, *The American Legion as Educator* (New York, 1938).

65 *New York Times*, July 22, 1938, pp. 1, 3.

66 George S. Counts, "Whose Twilight?" *Social Frontier*, V (1938 – 39), 137.

67 Minutes of the Faculty Advisory Committee, October 31, 1938.

68 *Report of the Dean*, 1939, p. 1.

69 Minutes of the Trustees, February 14, 1938.

70 *Report of the Dean*, 1939, p. 13.

71 同上, 1938, p. 35.

72 See, for example, James Wechsler, "Twilight at Teachers College," *Nation*, CXLVII (1938), 662.

73 See, for example, Hubert Park Beck, *The Men Who Control Our Universities* (New York, 1947).

74 *Education for Democracy; the Proceedings of the Congress on Education for Democracy Held at Teachers College, Columbia University, August 15, 16, 17, 1939* (New York, 1939), p. 6.

75 *Report of the Dean*, 1939, p. 15.

76 James Wechsler, "Twilight at Teachers College," *Nation*, CXLVII (1938).

77 George S. Counts, "Whose Twilight?" *Social Frontier*, V (1938 – 39).

78 "A Statement Concerning Teachers College, Columbia University," *Teachers College Record*, XL (1938 – 39), 444 – 450.

第十章
战争年代的教师学院(1939—1945 年)

1939 年整个夏天,战争的阴云一直笼罩着欧洲。民主教育大会实现了良好意愿,取得了丰硕成果。休会一周后,《苏德互不侵犯条约》(Soviet-German Nonaggression Pact)的签署实际上预示了战争的发生。1939 年 9 月 1 日,条约缔结的八天后,欧洲爆发了全面战争。

种种迹象表明,怀疑、困惑、悲观和理想破灭是美国的普遍反应,当然也包括教师学院在内。当首个战争爆发的消息传来时,居住在校内的学生和教师并不多。只有少数人在学院忙于短假期课程或从事个人研究。大部分人在暑期班之后,带着混合了民主教育大会带来的乐观与《苏德互不侵犯条约》引发的担忧这种复杂的心情离开了。然而,当他们回校面对新学年的众多琐事时,随处可见新现实情况的严峻局面。"欧洲战争的爆发," 小罗素院长在 1939 年的年度报告(报告由于民主教育大会的相关活动而被推迟)中写道:"让我们灰心丧气。在一片黑暗的前景下,对下一步行动提出建议十分困难,甚至有些冒失。"[1]学院在这样的晦暗局面中肩负重任:"我们必须引领我们的人民,让他们能决断、不慌乱,避免陷于动乱、暴民统治和物质主义之中,让自由、平等和幸福能存在于疯狂的世界中。这就是教师学院目前面对的艰难斗争。"[2]他的这番话深深影响了九月底的第一堂课。

财务情况

战争不可避免地从多个方面对学院产生了影响。其中十分重要的一个方面是入学人数,由此也对财务状况造成了影响。尽管在美国真正参战之前,武装部队和军工产业的需求并不紧迫,但是为战争准备的压力日益显著。军工产业用远超教育委员会的薪资吸引了教师以及正在接受培训的教师,而义务兵役则需要越来越多的青年参军。中小学人数的不断减少显现出大萧条引发的出生率下降趋势,教师的需求也在不断缩小,学院受到的影响也日益显著。

学院从大萧条中复苏后,入学人数的上升达到峰值是在 1938—1939 学年。但 1939—1940 年的冬季学期只招收了 5 828 名学生,相比于上一个冬季学期减少了近 400 人。1941—1942 学年,入学人数依然急剧下降,冬季学期入学人数为 4 474 人, 1942—1943 年冬季学期为 3 414 人,而同一学年春季学期降至 3 223 人。此后,入学人数出现了上升趋势,1944—1945 年冬季学期学院再次招收了超过 5 000 名学生。[3]与前一时期一样,非全日制学生的比例在 65% 至 70% 之间波动,除了 1943 年的三个学期, 1944 年这一比例攀升到 73%。[4]

鉴于学院对学生学费的依赖,其财务状况不断恶化。在 1939 年至 1943 年间,教育总收入下降了近三分之一,来自捐赠、拨款和遗赠的收入也出现了大幅波动。与入学人数一样,在 1942—1943 年间财政收入达到谷底,此后呈现稳步增长的趋势。

教师学院收入:1938—1945

年 份	学费收入	教育和一般收入总和	总收入	捐赠、拨款和遗赠	累计赤字[a]
1938—1939	$1 682 000	$7 784 000	$3 468 000	$195 000	$844 000
1939—1940	$1 937 000	$2 987 000	$3 672 000	$278 000	$802 000
1940—1941	$1 679 000	$2 551 000	$3 196 000	$72 000	$823.000
1941—1942	$1 376 000	$2 311 000	$2 943 000	$461 000	$671 000
1942—1943	$1 067 000	$1 922 000	$2 579 000	$142 000	$599 000
1943—1944	$1 093 000	$2 021 000	$2 792 000	$196 000	
1944—1945	$1 393 000	$2 378 000	$3 229 000	$301 000	

来源:*Report of the Dean*,1939,pp. 120—129;同上,1940,pp. 114—122;同上,1941,pp. 82—90;同上, 1942,pp. 134—146;同上,1943,pp. 90—104;同上,1944,pp. 90—97;以及财务主管记录。[a]1943—1944 年通过不受限资本基金的证券转移,消除了累计赤字。

学院作用的重新评估（1940—1943年）

也许学院应对战时挑战所作的最显著的努力，同时也是学院之前四年发展的强有力证明，就是全体教员的参与度。从某种意义上说，1939年至1945年这段时间显然与学院前期的生活迥然不同。30年代中期的许多紧张局势已经平息；它们的结束也带来了安定感。另一方面，入学人数的下降迅速引发了学院的生存问题，因而这几年的主题变成了："教师学院如何才能在继续生存的同时还依然保持其自身的卓越地位？"

欧洲战争开始后的首个全体教师声明充分说明了30年代所进行的工作已深深扎根在全体教员的思想中。在广泛讨论、调查和委员会审议工作的基础上，1940年夏天，发布了题为《当前危机中的民主和教育》（*Democracy and Education in the Current Crisis*）的声明。[5]这是教师学院值得引以为荣的信条。"我们的问题，"教师们认为，"是在这样一种公众觉醒和警惕的情况下，为国防事业做好充分的准备，即民主价值不会被摧毁，相反，会在我们人民坚定和团结的努力下得到加强。作为教师学院的一员，我们已准备好竭尽所能来实现这一目标。"声明中接着阐述了六十项条例，探讨了民主理想在美国生活中的重要意义。除了两名教师外，所有人都签署了这一声明。它显然是令人振奋且实用的，后来，它成为了小罗素院长与布里格斯教授合作撰写的长篇著作的基础。[6]

在整个1940—1941学年间，教师团队不断努力了解新的社会和教育情况对学院的意义。有一个事实正越来越明显，即国家支持的师范院校，往往在教师学院毕业生的领导下，与教师学院日益激烈地竞争。这场竞争也许是对学院工作成效的最好证明，但并不会减少学院所面临的挑战。以前，教师学院倾向于通过提供更高水平的学习机会来应对这种竞争，但随着教育博士学位的设立与接纳，这一道路似乎不再可能继续。保持优势将比以往任何时候都更依赖于培养计划的总体实力。

回想起来最后的这个观点曾出现在1936年沃森-科特雷尔-劳埃德-琼斯报告中。这也是1940年底甘斯（Gans）教授，沃克（Walker）教授和沃森（Watson）教授以及肯尼思·贝内(Kenneth Benne)先生共同撰写的颇具挑战性的备忘录"改进教师学院的建议"(Suggestions for Improving Teachers College)的主题。[7]这份备忘录的主张本质上有四个基本要点:(1)教师学院应沿续其在教育领域的领导地位;(2)教师学院应当对其培养计划进行长远规划;(3)教师学院应尽一切可能在校园中引入更民主的程序;(4)教师学院应了解"一线教师的需求和各行各业年轻人及成年人的问题和意愿"。在迅速发展的国际教育、团队工作、工人教育、黑人教育和民主社会规划等领域中,教师咨询委员会看到了前沿教育思想的领导地位,它远比30年代的知识活力和独创性更具竞争力。

1941年初,学院就人口问题展开了多次重要的讨论。几代人以来,出生率的下降和广泛的人口流动首次导致了教育总入学率的下降。对教师需求的下降显然近在眼前。这对学院的工作意味着什么?一个由学院职员组成的调查小组对此进行了深入分析。结果显示,协力改善教育服务能很好地填补这一缺口。"如果公众要求所有的孩子,"欧文·洛格(Irving Lorge)教授说,"接受当代理论中的最佳教育,那么对教师、教师服务的这类需求并不会减少。"[8]

这种自我评估的措施在1941年的最后几个月逐渐减少;随着美国加入战争,它被暂时搁置,以支持迫在眉睫的战时活动。这一活动将在本章中进一步详细讨论。可以这样说,学院的教职工和行政人员竭尽全力确保学院可以将资源用于保卫国家和赢得战争之中。这也是1942年的主题,取得了很大的成就;同年年底,教职工们已经为学院整体评估未实施时期最受人瞩目的阶段做好了准备。

在12月,根据R.布鲁斯·劳普(R. Bruce Raup)教授的最初建议,1934年1月4日举行的教师会议拟定了一项计划。教员们被分为十组,每组就组员最为擅长的领域征求组员的想法。每一个这样的非正式小组都要选出一人作为中央委员会的代表——之后被命名为十人委员会(Committee of Ten)——该委员会将负责指导进一步的讨论活动。[9]

全体教员于1月4日聚集开会,此后不久,十人委员会发表了十三项主要议题以供讨论,这些议题可以说包含了会议的核心思想。[10]由于这些要点为今后两年继续进行的学院讨论提供了框架,有必要将它们完整地罗列在此:(1)面对战后世界;

（2）国际关系与教育；（3）美国少数族裔的跨种族、跨文化问题；（4）社区关系与教育；（5）工作经验与职业教育；（6）重建与教育；（7）地方社区、国家、世界中作为现代生活要素的"沟通"；（8）性格、人格与态度问题；（9）美国生活和教育的表达；（10）参与制定社会政策的教育；（11）职前教育；（12）学院内有效教学的条件；（13）学院与公立学校以及"田野"（指教育现场）之间的关系。

整个一月和二月，组织对这十三项议题感兴趣的教职员工小组的工作（向护理教育专业和学院下属各学校的教师发出邀请）不断推进。第二、第三组与第一组合并。第九组与第七组合并，并且增设了第十四组和第十五组——分别是各学校和教师学院正在进行的项目（The Ongoing Program of Schools and Teachers College）和乡村地区教育（Education in Rural Areas）。到 1943 年 3 月 11 日，指导委员会（由劳普、莫特（Mort）和奥斯本（Osborne）教授组成）报告说，这些小组已经组织完备，并且正高效地探寻他们的答案。他们当时还建议各小组组长选择一个执行委员会作为项目的中央协调机构。根据指导委员会的这项动议，组长们选择 R.布鲁斯·劳普教授为领头人，请他提名其他执行委员会成员。[11]不久之后，埃莉诺·威特默（Eleanor Witmer）教授、埃文登（E. S. Evenden）教授和埃丝特·劳埃德-琼斯（Esther Lloyd-Jones）教授受到任命。[12]

讨论持续了整个春季学期。一些小组时常会面，一些成员在商讨、研究和报告方面花费了大量时间。另一些人倾向于以较小的努力得出结论。无论如何，到 5 月初，十一份小组报告已准备完毕，以不同方式涵盖了起先提出主题的所有相关领域。这些材料以全文和文摘的形式提供给全体教员。[13]总的来说，三大重要趋势贯穿于大部分的报告之中。

首先，人们普遍认为学院必须不断寻求"更具生命力、更有责任感的教育"。在这一点上，教师们认为，传统的学科体制固然很重要，但"更具生命力、更有责任感的教育""对生活有至关重要的作用"，因而同样值得重视。在这方面，执行委员会的报告指出：

> 阅读这些报告后，人们会发现它们都认为有必要引领教育远离所谓的学术无

责。报告中有一种兴趣贯穿始终，即开发对生活至关重要的那些事物的学习项目。其中并没有否定知识学科（intellectual disciplines）的倾向，但是具有强烈地将知识学科视为固定的、细节性的且功能性的倾向。报告坚持认为，需要培养的知识领域不应由传统学科独占，而应包括人类个体的和集体的重大需求。这种强调反映了当前对真正的、具有社会责任感的教育的需求。[14]

其次，人们意识到，对于学院中的某些决定，需要打破传统的专业界限进行思考。显然，执行委员会所报告的工作中隐含着进行跨专业讨论的意愿。还有什么比为了未来去寻求制度化更有意义、更容易理解的建议呢？因此，报告继续说道：

> 很明显，在扩宽教育视野和发展教育智慧方面，几个专业方向的教员需要彼此的帮助。也许这是因为教育的实际问题，特别是我们感受到的上面提及的对责任和活力的需求，需要跨越学科界限。例如，那些关注学校实践的人发现，如果没有来自于基础研究的许多理念，他们就不可能获得正确的方向。另一方面，对教育学活力和责任感的需求，是无法通过那些不能在实践中明确证明的基础研究结论来满足的。[15]

作为声明中的第三个重要思路，委员会指出，有许多地方涉及新的专业需要，但尚未形成一套知识体系，也没有发展出足够的技术。显然，其中一些是指在科学和社会科学中新兴的跨学科研究。最重要的一个例子就是对教育领导力的内涵和如何培养教育领导力的关注。在这方面，几份报告似乎提出了相似的建议：

> 小组进行的实地研究显现出两个特征：（1）强调跨越其他专业职能，（2）有必要为新需求发展教育领导力和开发教材。这些小组建议委员会拥有一定的行动权，保持研究职能，培养他们的受众并将提案动态地公开给学院、专家和公众，直到其形成应有的影响力。此类委员会工作的任何永久的组织性结果都应是这种实验研究的成果。[16]

随着这一阶段计划完成，受到期末事务和即将到来的暑期班的影响，活动也趋于停滞。然而，常规学年开始后不久，人们又重拾热情。1943 年 11 月，劳普教授给院长写了一封长信，表达了许多讨论小组组长的共同愿望，即再次把报告中的问题和建议展示给全体教员。[17] 在某种程度上是一种回应的性质——尽管种种迹象表明筹备已久——院长向教职员工发布了一份备忘录，指出了学院在春季提交报告之后所进行的许多创新和探索。[18] 他也一一列举了几个小组的建议，并说明已经采取的行动，或者此事已经提交给哪个学院管理层以进一步考虑。

显然，这样的讨论已经取得了大量的成就。然而，尽管贡献巨大，但院长认为，战争不寻常的需求会耗费教员大量的时间，因此除非是在自愿的基础上，否则继续进行大规模的小组讨论是不明智的。他对劳普教授和执行委员会的工作以及全体教员的工作表示赞赏，认为这是学院历史上最有成效的团队工作经历之一。

行政民主的进一步发展

随着上述发展，学院的管理也进一步民主化。20 世纪 30 年代全面重组的中心主题也历历在目，即有必要进行分权从而使行政管理工作更有效地服务于教学计划。同样由 20 世纪 30 年代紧张局势的加剧应运而生的教师咨询委员，也代表教师观点更轻松地进入行政政策的机制。现在，在这个十年的最后一年中，学院针对这些需求做出了进一步的安排：（成立了）政策、项目和预算委员会（Committee on Policy, Program, and Budget）。

小罗素院长在上任初期就经常提出这样的观点："一个机构不再是一个人拉长的影子；它一定是一支队伍拉长的影子。"[19] 这一想法在 1937—1938 年的年度报告中得到重申和扩展，报告中详细阐述了教师学院这样规模的机构实行"学院式"管理的困难。[20] 然而，30 年代行政民主化的工作充满了冲突。对于学院应该是由谁来组成的"团队"的"拉长的影子"，学院内部众说纷纭。在很多情况下，院长都曾明确表示将把它设想成一个由高层管理岗位值得信任的理解者组成的团队。另一方面，为了应对来自教师的巨大压力，所有人都努力传达各种问题，不论大小。然而，在这些会议上，教员们总是以顾问的身份工作。学院的规章制定的最终权力依然掌握在董事会和院长手中。即便是正式成立了教师咨询委员会,它仍然是一个非官方的咨询团队,并不拥有直接权力。

然而,尽管存在这些缺点,行政部门在与非官方教师团队存在强烈分歧的一些情况下,还是将教师们的意见考虑在内——这一真诚的努力已表明民主化取得很大进展。总的看来,这样的程序仍然存在独裁的可能性——至少从某些方面来看是专断的。对这一本质的担忧,加上学院日益增加的行政负担,进一步的责任分工受到严重阻碍。寻找可行的解决方案以及使行政服务于教学计划的真诚愿望,无疑是政策、项目和预算委员会成立的主要推动力。

在20世纪30年代后期,一些专业方向的主任和院长进行了一系列的非正式会议,会上提出并讨论了学院政策的共同问题。之后在1940年10月,学院的财政再一次受到影响,院长宣布成立紧急预算委员会——作为"长期委员会",由五个专业方向的主任、学院财务总管萨德·洪加特(Thad Hungate)先生以及学院教务长米尔顿·德尔·曼佐(Milton Del Manzo)构成。院长担任主席,霍利斯·卡斯韦尔(Hollis Caswell)博士担任副主席,曼佐教务长担任秘书。[21]显然,紧急预算委员会运作良好,因为1941年9月22日,委员会进一步发展,在学院任命下,卡斯韦尔教授(主席)、斯特雷耶(Strayer)教授、林顿(Linton)教授、康茨(Counts)教授和洪加特先生组成了一个长期的、正式的政策和预算委员会(Committee on Policy and Budget)。主席有权召集学院内任何团队,包括执行委员会,在必要时还可以召集全体教职员。[22]

1941—1942学年结束时,政策和预算委员会无疑在学院的行政领域中确立了自己的地位。1942年5月25日,院长致全体教师的备忘录中,对委员会成立两年来的工作表示高度赞扬。"确实,我认为它的工作极其出色,"院长指出,"在我看来,只要可行,这个行政管理计划就应该正规化并纳入我们的规章中。"[23]接着备忘录阐明了政策和预算委员会在学院中的定位。虽然跟往常一样,有关政策和计划的建议可能来自校友、学生、职工、教师、官方和董事会,但政策和预算委员会的职能是"研究和关联"所有政策和计划的建议。每个主任都要在固定的会议上与本专业的成员讨论政策和计划问题,并将建议传达给院长。院长在制定预算时需要政策和预算委员会的意见与协助；一旦预算制定完成并提交给董事会，商业和财政委员会（Trustee Committee on Business and Finance）将与政策和预算委员会（现在该委员会的全称变为政策、项目和预算委员会）共同进行审议。

虽然很可能有人会说——也确实如此——对政策、项目和预算委员会的重视仅仅是对"一小群受信赖的教员"作为"团队"领导这一概念的延续，但它作为学院朝更加民主的管理迈出的重要一步，也有很多值得称道的地方。首先，仅仅从时间的角度来看，每个教员接触各自专业主任的机会要比接触院长本人多，这项政策是确保这种联系将有助于管理政策的手段。此外，大量权力从原先集中在个人手中变为委员会共有，这样的转变必然地为各种思想和观点之间的相互作用提供了比以往更大的空间。当院长因为国防和战争的需要而必须离开很长一段时间，这样的空间大大增加，行政权力明确地从院长转移到委员会手中。

至于教师咨询委员会，它继续积极且顺利地进行工作。在 1939 年至 1942 年期间，教师咨询委员会除了每年设法解决六起人事难题之外，还广泛、持续地关注影响教员人事政策的所有问题。教师咨询委员会很早就试图明确它与新成立的政策、项目和预算委员会之间的关系，并且双方进行了大量的共同努力。随着两个委员会职能划分的明确，很明显，教师咨询委员会将继续更直接地代表全体教员的利益——特别是在人事问题方面。

关于这一点，教师咨询委员会花费了许多时间讨论在财政困难的情况下学术自由和人事任期的规定。1941 年，教师咨询委员会的成员们阐明了他们的信念："教员们赞成维持原有的任期规定，不赞成仅仅为了平衡预算而终止个别教师的工作或缩减机构的培养计划。"[24]

他们重申，坚持"更健全的行动"，以"每一项合理的开支削减之后，通过公平评定薪金来弥补现有的赤字"，取代这样的政策。[25] 鉴于此，他们不断向全体教员公开各专业商议的结果，[26] 并在长期财务政策中代表教员，[27] 解释一些普遍关注的问题，如晋升政策[28]、退休规定[29]、解雇程序[30]等类似的问题。

在 1942—1943 年间，教师咨询委员会为学院提供了无价的服务，他们几乎与每一位教员交谈"以确保行政部门可以了解到教员认为他们应该特别注意的事项以及建议"。[31]教师咨询委员会主要关注的问题之一是,战时紧急情况和对战后教育需求的预测;在这种情况下,它的工作与普通教员的工作非常相似。委员会在冬季学期基本上完成了这些面谈,因此春季没有举行会议。[32]下一个学年中也没有,因为战争的压力以及高涨的教师士气减少了这种正式会面的必要性。[33]

为了应对战争紧急状态以及随之而来的学院财政问题,教师咨询委员会就每一位在战争期间辞职或被开除的教员的情况与院长进行商议。[34]经过1944—1945这一年富有成果的讨论之后,委员会再次重申了它的信念,即"只有得到美国大学教授协会(American Association of University Professors)普遍承认的那些理由才能作为解雇的依据,包括项目和预算的问题,必须在这个框架内做出选择"。委员会的报告进一步证实了成员们的理解,即院长和各专业主任们与成员们站在同一立场上,并且一致承认,在战争期间,预算和培养方案是导致教师离职的唯一原因。[35]

战争对学院的影响

在1939年到1940年后期,学院的"国防意识"稳步提高。这被看作是全国性"备战"的一部分,在美国真正参与战争之前很久就开始了。然而,很明显,1941年12月以后,学院的国防活动才真正开始。在整个过程中,有一个贯穿始终的主题是这一阶段工作的特征,即对战后问题以及当前军事局势需求的关注,在整个战争时期,学院政策制定的核心就是不断努力保持这两者之间有意义的平衡。

总的来说,主要有三种直接参与应战的形式。首先,是专门负责民防和校园保卫即时事务的教师组织。第二,在切实可行的情况下——虽然存在许多力不从心的地方——努力将培养计划指向战争需要。最后,受过训练的教师在军队内外各种位置为战争作出实际贡献。

珍珠港事件后不久,院长任命了一个由约翰·K.诺顿(John K. Norton)教授领导的"教师学院战争与国防问题中央委员会"(Central Committee of Teachers College on Problems of War and Defense)。该委员会以学院长远教育目标为最高准则,致力于策划和统筹学院内各项有益的战争活动,对临时紧急措施和长远政策做出区分,提升学院士气,并在危机时期维持学院在教育界的领导地位。[36]

教师学院战争与国防问题中央委员会由七个子委员会组成——分别是校园保卫、贵重财产、战争救济、战争人员、课程、信息和宣传——把注意力集中在各种各样的活动上,如空袭时组织娱乐活动、图书馆珍贵资料的储存、西海岸撤离者的营养问题,以及开设能让学生调查战争教育发展的工作坊。[37]这些子委员会成员的工作热情在战争的头几个月就达到了顶峰,在随后的岁月中,他们提供了持续的保障。

就培养方案而言,这里既有学院支持者认可的内容,也有评论家可指摘的素材。学院的支持者可能会对教师们的努力给予称赞,认为他们在保持基本培养计划的同时还照顾到与战争工作相关的领域。批评人士可能会对后一领域中如雨后春笋般出现的新课程保持警惕。无论如何,在 1942 年和 1943 年,在现有课程的框架内以及在创建的新课程中,为了实现教师的这两个目标而进行了一系列的努力。回顾那几年的公告,可以发现每个专业方向都开设了新的课程。专业 I 所关心的是战争与和平时期的教育和相关问题,以及战时和战后时期的教育。专业 II 开设了一个论坛,其中包括战争问题对行政管理的影响。专业 IV 提供了许多的相关课程,从战争时期的社会研究课程,到预防措施和儿童急救课程,以及战时海报的美术课程。专业 V(现为专业 VI,即护理教育)提供有关家庭护理的讲座及示范。[38]从具体的课程名称和描述来看,学院为战争提供的重要帮助给人留下深刻的印象。另一方面,维持常规培养方案的力度——由于这一时期内的离职不可避免会有疏漏——证明了教员们愿意承担其同事离开而带来的额外负担。

除了对实际课程开设的广泛变动之外,还有一些短期的工作坊和会议。例如,1942 年 11 月 4 日、5 日和 6 日,卫生和体育教育系与美国教育办公室(United States Office of Education)合作,在学院设立了体育健身研究院(Physical Fitness Institute)。大约有八百人参加了这项工作,这是平民教育者和部队军官共同为院校开发体育健身课程的一次尝试。[39] 1943 年夏,专业 II 与全国教育协会小学校长部(National Education Association's Department of Elementary School Principals)合作,召开了为期两周的特别会议,讨论战争对小学造成的影响。议题涵盖了从"战时活动区延长的上课日"再到"战争的地理格局"。来自美国二十五个州、哥伦比亚特区和波多黎各的一百多名小学教育工作者参加了这次活动。[40]

1943 年初,随着一些冲突局势的明晰,小罗素院长提出了许多关于培养方案的重要建议,首先是对全体教员,然后是对董事会。教员个人对这些建议给予了广泛的赞同,董事会也于同年 4 月 29 日完全接受了这些建议。这些建议的本质是什么呢?首先,院长敦促设立教师进修服务暑期班(Summer Session Refresher Service for Teachers),这实际上加强了学院已经开展的假期班和暑期班的工作。除了基本的学院工作外,它的目的是开设特殊课程和工作坊,以满足战时的特殊需要,并为学生提供机会观察纽约市的学校处理全国性战争问题的方式。

其次,小罗素院长敦促学院对正在进行的三个研究项目——约翰·诺顿教授的关于学校财务的研究、保罗·莫特教授的大都会学校研究联合会以及弗兰克·西尔(Frank Cyr)教授的州立学校行政管理提升项目——以及在儿童和青年的福利和教育领域开展的主要研究项目增加财政支持。所有这些项目都将在学院现有组织的推动下进行。

院长最后的提议来自于他对战后教育一些可能需求的评估。首先,他设想了这样一种可能性:世界各地的教育工作者将向美国寻求援助,帮助他们建立旨在促进民主事业的教育项目。其次,他看到了 1 100 万退伍军人重新适应平民生活所带来的一系列不可避免的问题。第三,他看到了军事行动导致的伤残中内含的巨大教育需求。第四,他看到了失学青年教育需求的增长。最后,他指出,越来越需要将学校的工作与非学校的社区机构提供的教育联系起来。为了使学院能通过精心设计的项目来满足这些需求,院长建议创建五个新的中心,每一个中心只有在需求依然存在的情况下才继续工作,它们分别是:国际服务中心,退伍军人服务中心,康复服务中心,青年服务中心,以及社区服务中心。[41]每个中心都将配备一名主任和大约十二名员工。[42]

到 1942—1943 年春季学期结束时,五个中心已经被组建起来,并进入了规划阶段。然而,在战争的背景下,事与愿违的情况时有发生,五个中心进展举步维艰。康复服务中心的确在 1943—1944 学年提供了一些课程和工作坊,但此后不久便停止运作。社区服务中心启动了一些项目,并在 1944 年春季偶尔发布一些消息。然而,归根结底,这些中心产生的最持久的影响可能是它们强调了思想的重要性,而这些思想后来在学院项目的其他地方受到重视。

如果没有简叙图书馆为满足学院和政府大量战争需要所作的广泛努力,这类报告就不是完整的。1944年的图书馆员报告实际上是一个目录,呈现了图书馆以多种不同的方式为战争作出的独特贡献。[43]图书馆不断地为战争情报办公室、战争部、陆军等机构提供情报。在挑选阅读材料向美国营地的轴心国囚犯介绍民主生活的方式时,国际青年基督教青年会也受到它的特别援助。

当与德国的战争结束、再教育项目开始时,军政府发现自己完全没有为德国儿童准备非纳粹教育的教科书;在这种紧急情况下,图书馆国际研究所收藏的几百本教科书变得异常宝贵。当日本战败,历史重演时,图书馆再次提供了类似的帮助。

最后,教师学院的人员也真正参与到战争的实际工作中。贡献者的名单很长,且他们工作的种类也十分繁多,难以在此列出一个简单的目录。只能说,有四十八名教职员工在武装部队中服役,他们的职级在上校及以上,[44]许多人在相关政府和机构项目中任职,例如战争情报办公室(Office of War Information)、红十字会、美国公共卫生署(United States Public Health Service)、全国战时劳工委员会(National War Labor Board)等。幸运之神眷顾着学院,没有一名服役的教员伤亡。他们的贡献是如此之大,整个国家和学院都完全有理由感到骄傲和感激。

组织和培养项目的持续调整

出于各种目的和效用,作为20世纪30年代主题的学院重大重组在30年代结束时已经大体完成了。检验其有效性的重要测试之一,是学院的培养项目可以在多大程度上允许持续变革,以满足不断变化的专业需求。总的来说,它在1939年至1945年的调整中完成了这一考验。

莫特教授自1934年高等学院成立以来一直是其中的关键人物,他于1940年辞去了院长一职。[45]这为他提供了一个极好的机会来评价他领导期间所取得的进展。由于在高等学院创建之前,他就一直负责学院的博士项目,因此他拥有一个特殊的角度来进行比较。总的来说,他看到了新的安排带来了五项主要贡献:(1)学院对博士教育中的个人、家庭、学术和专业问题有了更好的理解;(2) 学生的团结精神;(3) 扩大学生与公众的联系;(4) 以个别教员指导代替一系列行政障碍;(5) 在博士生培养过程中,合理化学生对学术与专业两方面的投入。在这些因素的综合作用下,博士课程的质量稳步提高。

然而,学院在莫特教授的临别赠言中发现了他最重要的洞见,即关于高等学院与全体教员之间的关系。他建议道:"在博士学位的工作中取得卓越的成就,并不是通过增加细致的法规来实现的。就像通往充满活力的学术系统的道路一样,首先要创造条件使自由茁壮成长。"他指出,只有教授保持高素质,他们丰富的智慧得到鼓励,逃离琐碎工作的束缚,这种自由才有可能产生它所追求的结果。"随着这种情况的增加,"他总结道,"严格立法的需求将会降低。"[46]

拉尔夫·B.斯宾塞(Ralph B. Spence)教授接替莫特教授,担任高等学院的执行官。在 1941—1942 学年和战时,斯宾塞教授两度离职,其间院长一职由弗洛伊德·B.奥利尔(Floyd B. O'Rear)教授和爱德华·H.赖斯纳(Edward H. Reisner)教授接任。总的来说,工作的方向是继续前几年广泛而多样的培养项目;然而,战争所带来的削减开支是不可避免的。例如,1939—1940 年期间,人们对炉边讨论、教育技术和科学论坛、非教育专业会议以及《高等学院文摘》(*Advanced School Digest*)的出版具有浓厚的兴趣。[47]然而,在战时只有炉边讨论以及更多的非正式讨论小组还在继续进行。[48]甚至到了 1941—1942 学年结束时,曾极受欢迎的《高等学院文摘》也被迫停止出版。[49]

就每年在读和完成研究工作的博士候选人的实际人数而言,在 1941—1942 年的春季学期是有所增加的,这个时候战争紧急状态已经开始造成负面影响。然而,到1945 年,有一个明显的趋势:学院和实践领域都对教育博士的接受度越来越高。1944年春天,哲学博士候选人被正式要求具备母语以外的两种语言的阅读能力,这使得教育博士的接受度得到进一步提升。[50]

在那个时期的博士项目中,最明显的潮流可能是高等学院持续将其特权转移到几个教学部门。到 1939 年,这种潮流的发展已经十分明确。

博士项目：1939—1940 到 1944—1945

年 份	博士后	教师学院录取注册学生	哲学博士授予数	营养学博士	教育博士授予
1939—1940	47	245	69	0	45
1940—1941	50	260	52	2	48
1941—1942	60	268	39	3	64
1942—1943	38	183	42	1	58
1943—1944	62	206	23	4	46
1944—1945	42	254	42	0	40

来源：*Report of the Dean*，1940 年，p. 15；同上，1941，p. 12；同上，1942，pp. 16-17；同上，1943，p. 4；同上，1944，p. 25；同上，1945，p. 16。

　　1944 年，高等学院的教员与哥伦比亚大学研究生院合作，采取了一些行政上的改革措施，迅速推动了博士项目改革的进程。根据这些安排，哲学博士学位明确为大学学位（University degree），由研究生院管理。教师学院通过指定院内 18 名教师组成哲学研究生院的教育研究系，保持其在研究生院的代表权。院长是这个部门的当然负责人；哲学博士项目的实际管理是由一个九人委员会负责的，该委员会由教师学院院长从教育研究系的现任或前任成员中任命。因此，教师学院的哲学博士候选人必须符合研究生院的一般普通博士的学位要求。

　　另一方面，教育博士学位被明确认定为教师学院学位，依据高等学院教员制定的规章进行管理。该学位的具体管理由教师学院院长任命的十五人委员会负责。高等学院的原有职能已经产生了实质性的改变，这在赖斯纳（Reisner）教授 1944 年的年度报告的结束语中清楚地阐明："通过高等学院这种新的工作安排，所有教员都参与两个博士学位工作并负责两个学位标准的维持。"[51]

　　教学计划本身留存在早期的专业组织中。1941 年 9 月，纽伦教授不幸突然逝世，卡斯韦尔教授暂时担任专业 I 的领导；一个月后，康茨教授接任这个职位。从 1942—1943 学年开始，心理与生物基础系加入了研究方法系，成为心理学基础与教育研究系，由盖茨（Gates）教授领导。

　　1942 年斯特雷耶教授退休后，约翰·诺顿教授成为专业 II 的主任；而林顿教授战时服役离开后,鲁道夫·品特纳(Rudolf Pintner)教授和诺顿教授依次担任专业 III 的代理主任。卡斯韦尔教授在此期间一直是专业 IV 的领导者;当他的负担不断增加时,他任命唐纳德·科特雷尔(Donald Cottrell)教授为副主任(1941)。专业 IV 内还进行了一些部门调整。例如,当艾伦·阿伯特(Allan Abbott)教授和威尔伯·L.卡尔(Wilbert L. Carr)教授于 1941 年离开学院时,他们原来的系合并成为英语和外语系,由伦诺克斯·格雷(Lennox Grey)教授担任系主任。1940 年,残障人士教育系变成特殊教育系,赫伯特·C.布鲁纳(Herbert G. Bruner)教授担任系主任,这一变化代表着人们对天才儿童和残障儿童需求的关注日益增加。从 1944—1945 年开始,随着几个跨专业方向的研究项目的建立,宗教教育系被废止。最后,专业 V 继续在伊莎贝尔·斯图尔特(Isabel Stewart)教授的领导下发展。

在这一时期,培养项目领域发生了许多有趣的发展,其中有三项值得讨论:跨专业方向研究项目的建立;与哥伦比亚大学、巴纳德学院建立教师职前教育合作项目;在林顿教授服役离开后,专业咨询委员会作为一个整体的作用和职能不断削弱。

某些专业要求具有一项以上教育相关专业的能力,似乎是跨专业方向研究项目发展的自然结果。此外,应该记得,整个跨专业合作的概念是 1943—1944 学年全体教员广泛讨论的主要主题。在这些讨论的基础上,1944—1945 学年期间建立了五个跨专业方向的项目,包括以下领域:(1) 社区服务,(2) 团队工作,(3) 沟通和沟通艺术,(4) 增强合作服务,(5) 休闲娱乐。每一领域都有一小组教员构成咨询委员会,代表行使相关职能。这些课程挑选自教师学院和哥大其他院系,目的是培养在多个领域工作取得成功所必需的广泛技能。主修跨专业项目必须通过学院中承认的科系进行注册,通过这样的整体要求保持了整个学院培养项目的水准。因此,例如,希望进入社区服务项目的学生可以在社会与哲学基础系(Department of Social and Philosophical Foundations)、教育行政系(Department of Educational Administration)或课程与教学系(Department of Curriculum and Teaching)的"大本营"中学习。[52]这些培养项目很快获得了成功,并迅速成为整个专业课程的一个公认部分。

教师职前教育合作项目的建立出于复杂的因素。[53]专业咨询委员会的早期研究中发现一个事实,越来越多的人从文理学院毕业来到教师学院,接受教师职前教育。这引起了学院的极大关注。众多没有专业经验的学生前往专业研究生院就读，用什么方法为他们的教学做准备最好？这个问题是新学院（New College）培养项目的核心；它也受到沃森-科特雷尔-劳埃德-琼斯教师教育委员会的关注。巴纳德学院、哥伦比亚学院和教师学院的代表就这个问题进行了更具体的讨论，以期设计一个优质的培养项目，使大学能够培养出高素质的教师。

各方力量的结合在1938年化为实际行动，当时普通教育委员会（General Education Board）提供了一个为期五年的资助以使美国教育委员会（American Council on Education）创建一个教师教育委员会（Commission on Teacher Education），开展一项全国教师教育培养方法的研究以及鼓励教师教育的实验。教师学院的卡尔·W.比格罗教授被任命为这项研究的负责人。1939年春，教师教育委员会决定与已经开展教师教育项目的多所院校合作，作为其总项目的一个方面。6月，哥伦比亚大学项目的初步报告提交给教师教育委员会后，哥大作为受邀的二十所院校之一，参加其为期三年的实地服务项目（Field Service Project）。接受这一邀请是大学开设正式教师培养项目的第一步。

在为期三年的实验中，三所院校的五十多名教职工参与到这项项目中。一项培养方案制定出台：哥伦比亚大学和巴纳德学院准备做教师的学生，在大三大四的每学期都要参加一个3学分的教育研讨会，这个研讨会的功能是对专业领域进行介绍。学生有机会观察和参与实际教学环境，并探索学校与社会之间更广的联系。同时，工作人员能够搜集数据，以便在培养项目后期阶段进行指导和甄选。

在研究生阶段，学生们通过一年的学习，在感兴趣的领域做一步研究，参与人文、社会科学或自然科学专业的研讨会，积极加入探讨教育和文化关系的"核心研讨会"，进行教学实践，并在此过程中建立起自己的平衡点，最终获得硕士学位。另一些毕业于其他文理学院、未参与培养项目第一阶段的学生，将修读调整后的同一培养方案。

在三年实验结束时的评估中，工作人员一致认为项目"显然在总体上获得成功"。与哥伦比亚大学、巴纳德学院的合作仍在继续，并且大学中明确确立了教师专业培训的五年项目。这样的示范还留下了一笔遗产，即在战后注定要进行基于先前经验的对职前教育更深入的思考。

而专业咨询委员会作为"委员会"的重要性的下降似乎解决了林顿教授早在1936年就指出的一个冲突,即其成员对其各自专业领域和委员会的双重忠诚。20世纪30年代后期,越来越明显的是,教学部门自己承担咨询功能的现象也越来越常见。随着1939年紧急预算委员会(后改名为政策、项目和预算委员会)的成立,原先属于专业咨询委员会范畴内的许多事务似乎更适合移交给新委员会。这一总体迁移在1941年达到顶峰,当时专业咨询委员会的报告"实际上是教学部门负责人、学生人事协调委员会、教师学院的教师个人和团队、学生会以及教育高等学院多个学生委员会所负责的各种工作的报告"。[54] 1941年7月开始实施的重组,实际上把咨询的职能转移到了各专业主任和系主任的管理下。专业咨询委员会参与的学生事务最终归属于院长领导下的人事服务部。虽然专业咨询委员会依然作为一个行政实体而存在,但此后基本上是一个由个体组成的书面组织。

迈向战后时期

1944年11月15日下午,学院的发展史上迎来了重要的事件:学院的五十周年纪念大会。[55]虽然美国人民还没有见证12月军事上的急剧逆转,但战争的局势已经变得很明显了。纳粹军队在东、西两个方向上被击退,而在太平洋战场上,日本面对日益加剧的军事压力,也撤回到本国附近。乐观主义者已经开始期待一个和平、善意和富足世界的到来。

虽然学院饱受战争之苦,但仍然运作良好。基本的培养项目不仅得以维持,而且在关键的时刻还取得了进展。为了回应董事会的一致要求,纽约州大学理事会(Board of Regents of the University of the State of New York)于1941年7月18日投票表决,对学院章程进行修正,更明确、更全面地界定了自1889年以来在广度、深度上得到极大扩展的教育学授权管理工作。[56]董事会于1942年2月16日通过的新章程和议事规则也出于同样的目的。[57]强大的教师学院,在战争紧急状态的苦难达到顶峰后再次成长,在半个世纪的领导地位下重新评估了自己的成就和责任。

为了召开这次大会,人们尝试重视1894年主楼刚落成那一年的典礼。因此,纽约主教、哥伦比亚大学校长、约翰·霍普金斯大学和哈佛大学的校长应邀在典礼上致辞。前哥大校长沃尔特·L.赫维和名誉院长詹姆斯·厄尔·罗素也发表了讲话，院长威廉·F.罗素担任主持。

在这样的场合中，回忆过去是固有的惯例。毫不奇怪，有几位演讲者试图把 19 世纪 90 年代的低调工作与 20 世纪 40 年代的伟大事业进行比较。这种对比就像将 19 世纪 90 年代的美国与 20 世纪 40 年代的美国进行对比一样，本身就十分惊人。就像每一次在这样的场合中，人们都倾向于从怀旧转向未来，那些谈到未来的演讲者都看到了学院的巨大责任。主教威廉·曼宁（William Manning）在"建立国际友谊和世界和平"中祈求神的指引。约翰·霍普金斯的校长艾赛亚·鲍曼（Isaiah Bowman）谈到对安全和持久和平理想的"首要和不懈关注"；哈佛大学校长詹姆斯·B.科南特（James B. Conant）则表示学院应在协调教育者矛盾中发挥领导作用，他大胆地希望"在过去教育多艰时表现突出的教师学院，在教育和平时代中同样也能表现出色"。

那时的学院有许多值得骄傲的地方。但它的自豪意味着一种巨大的责任感，这是对未来世界的责任：这份责任超越了即将结束的战争所带来的恐怖、悲剧和黑暗。

注释

1 *Report of the Dean*，1939，p. 17.

2 同上，p. 20.

3 同上，1945，p. 67.

4 同上。

5 Faculty of Teachers College，Columbia University，*Democracy and Education in the Current Crisis*，August，1940. 印刷的声明是由打字机打印出来的声明的副本，后者有除了两人外所有教员的签名。

6 William F. Russell and Thomas H. Briggs，*The Meaning of Democracy*（New York，1941）.

7 Kenneth D. Benne，Roma Gans，Helen M. Walker，and Goodwin Watson，"Suggestions for Improving Teachers College."这份声明似乎早在 1941 年 1 月就得到了油印。

8 这些言论收集自 1941 年 1 月教师会议油印记录的多个标题。

9 "Outline of a Plan to Develop a Pattern of Rubrics Under Which the Faculty Will Be

Further Organized for Study and Action." 声明日期为 1943 年 1 月 4 日。另请参见 letter，William F. Russell to Faculty Conference Group, December 15, 1942, President's files.

10 Letter, Professors Butts, Evenden, Forkner, Grey, Jersild, Kitson, Mursell, Raup (chairman), Rugg, and Walker to William F. Russell, January 14, 1943, President's files.

11 Letter, Paul R. Mort, Ernest Osborne, and R. Bruce Raup to William F. Russell, March 11, 1943, President's files.

12 Letter, R. Bruce Raup to William F. Russell, March 25, 1943, President's files.

13 打印的报告被送到了院长办公室。题为"教师会议工作小组所涉领域简要说明"的油印声明，以及 1943 年 5 月教师会议工作小组协调委员会的另一份报告在教员中流传。

14 "Report of the Faculty Conference Work Groups to the Faculty and Staff, the Dean and the Committee on Policy, Program and Budget of Teachers College, June, 1943" (Typewritten), p. 6, President's files.

15 同上，p. 8.

16 同上，p. 11.

17 Letter, R. Bruce Raup to William F. Russell, November 10, 1943, President's files.

18 Memorandum, William F. Russell to the Staff of Teachers College, December 7, 1943, President's files.

19 Memorandum, William F. Russell to Members of the Faculty Conference Group, May 25, 1942, President's files, and William Fletcher Russell, "The Holier Alliance," *Teachers College Record*, XXX (192829), 4 - 5.

20 *Report of the Dean*, 1939, p. 5.

21 Minutes of the Faculty Conference, October 3, 3940.

22 Minutes of the Faculty of Teachers College, September 22, 1941.

23 Memorandum, William F. Russell to Members of the Faculty Conference Group, May 25, 2942, President's files.

24 Minutes of the Faculty of Teachers College, April 24, 1941, p. 42.

25 同上。

26 Letter, Thomas H. Briggs to William F. Russell, September 30, 1941, President's files, and Minutes of the Faculty of Teachers College, May 12, 1942, p. 47

27 Minutes of the Faculty of Teachers College, April 24, 1941, p. 42

28 同上，p. 43.

29 同上，April 24, 1941, p. 43, and May 12, 1942, p. 49

30 同上，April 24, 1941, p. 43.

31 同上，May 3, 1943, p. 34.

32 同上。

33 同上，April 13, 1944, p. 44.

34 Minutes of the Faculty of Teachers College, April 11, 1945, p. 34.

35 同上, pp. 34 - 35.

36 Minutes of the Teachers College Staff Meeting, January 31, 1942.

37 同上。

38 See Teachers College Announcement for 1942 - 43 and for 1943 - 44. A special listing of "War and Postwar courses" was carried on pp. 162 - 65 of the latter.

39 *Teachers College Record*, XLIV (1942 - 43), 212 - 216.

40 Conference on Elementary Schools in Wartime。另请参见教师学院埃尔斯布雷教授档案中参与者的油印花名册。

41 3 月初,在名为《战后教育服务机构》的机密小册子中,设立这些中心的提议首次提出,向全体教员征询意见。在接下来的几周内,学院收到了大量的回信。在 1943 年 4 月 29 日董事会正式批准该计划之前的数周,各中心人员配备的建议在 4 月得以具体化。康复服务中心的预算实际上是在 4 月 20 日由赫伯特·布鲁纳教授写给小罗素院长的信中提出的。1943 年 5 月 3 日对五个中心的行政官员进行正式任命。

42 包含关于战时进修课程和服务中心建议的印刷文件题为 *An Interim Report to the Trustees of Teachers College*, *Columbia University*, written by Dean Russell. It was dated April 29, 1943.

43 *Report of the Dean*, 1944, pp. 60 - 61. See also 同上, 1945, p. 49.

44 在 1942、1943 和 1944 年期间,《教师学院学报》记录教员离职的报告。1944 年《院长报告》第 9 页,简要总结了他们的贡献。

45 *Report of the Dean*, 1940, p. 26.

46 同上, pp. 24 - 25. 莫特教授提交给院长的年度报告中包括他在任职期间的观察记录。

47 同上, pp. 15 - 17.

48 See *Teachers College Record*, Vols. 43 - 46 passim. "炉边讨论"这个名字似乎被弃用了,但是依旧发挥其职能。

49 *Report of the Dean*, 1942, p. 18.

50 同上, 1945, p. 16.

51 同上, 1944, p. 26.

52 *Teachers College Announcement*, 1944 - 45, pp. 160 - 69.

53 埃文登和巴茨编辑的《哥伦比亚大学教师职前教育合作项目》的最终报告对职前教育项目进行了详尽的介绍(纽约, 1942)。

54 *Report of the Dean*, 1941, p. 49.

55 系列大会的报告和演讲者发言都记录在 1944 年 12 月《教师学院学报》中。

56 *Teachers College in the City of New York*, *By-Laws*, 1942, pp. 5 - 6.

57 同上, and *Report of the Dean*, 1942, p. 3.

第十一章
战后世界中的教师学院(1945—1953 年)

1945 年 9 月 2 日,随着日本在美国密苏里号上正式投降,第二次世界大战宣告结束。战争的最后几周,世界见证了有史以来最可怕的力量之一:核能。所有伴随战后调整而来的压力和紧张局势因此变得更加紧迫和危险。正如赫伯特·乔治·威尔斯(H. G. Wells)所指出的那样,历史比以往任何时候都更像是一场正确的教育和灾难之间的竞赛。

日本投降后短短数周内,美军开始回国。全世界惊奇地看着史上最强大的军队之一迅速复员。对于美国士兵来说,这是他们期盼已久的重返家园,重见深爱之人,重归完满的家庭生活,以及实现疲惫岁月时的梦想。充满感激的国会,代表心怀感恩的人民,在《军人再调整法案》(Servicemen's Readjustment Act)中——通常被称作《退伍军人权利法》(G.I. Bill of Rights)——为退伍军人的失业保险、贷款和教育津贴提供了慷慨的补助。然而,即便是最乐观的立法者也可能从未想到,会有如此多的人在这项津贴中受益。

尽管教师学院早已对战后教育问题进行了长期准备,但是大量学生仍然以势不可挡之势涌入学院。早在 1945—1946 年的春季学期,就出现了蜂拥入学的迹象;这种预兆在 1946 年的夏天更加明显。同年 9 月,种种迹象表明"堤坝已经决堤"。注册入学的长队看不到队尾。学生队伍绕过罗素大楼的桌子,穿过主楼大厅,有时甚至都快排到梅西大楼和道奇大楼。9 月 26 日开学时,所有可用的座位、桌子和窗台都被占满。"战后时期"——在 1943 年漫长讨论中近乎神话般的岁月——已经到来。

学院扩张

学生人数激增现象很快成为战后的时代主题。仅仅是 1945—1946 学年第一学期和第二学期之间的差异——从冬季到春季,注册人数增加了 1 300 人——就足以预示学校规模的加速扩张。在之后的两年里,学生人数达到了顶峰,常规学年的入学人数保持在 7 500 人左右。此后的每学期都有所下降,到 1953 年春季,入学人数约为 5 500多人。

与其他所有高校一样,1946 年至 1948 年间的入学人潮主要是二战退伍军人。到1953 年 6 月,当《退伍军人权利法》所给予的权利即将到期时,政府资助学习的学生人数急剧下降,仅占注册人数的 26%。在法案期限内,退伍军人倾向于参加全日制课程,通常在一个学期安排 17、18 或 19 个学分。因此,近年来,非全日制学生的比例普遍下降,同时平均学分数随之上升。[1]

教师学院招生人数:1945—1953

	1945—1946	1946—1947	1947—1948	1948—1949	1949—1950	1950—1951	1951—1952	1952—1953
冬季	5 300	7 447	7 597	6 672	7 080	6 710	6 247	5 613
春季	6 625	7 559	7 607	6 752	7 359	6 666	6 147	5 549

来源:数据由注册办公室提供。

高入学率,加上二战后学费的三次上涨(1946 年 9 月学费提高到每学分 15 美元,1948 年 9 月提高到每学分 20 美元,1952 年 9 月提高到每学分 25 美元)大大增加了学院收入,尽管存在通胀成本,但学院的活动得到了很大扩展。但是,这一扩展是在政策、项目和预算委员会预先制定的新政策内进行的。这是一个"未雨绸缪"的政策。学院会在经费充足的年份拨出储备资金,以便在资金短缺的年份维持基本项目。如此一来,尽管预算仍然敏感地反映着登记入学的趋势,但它将更少受到其波峰和波谷的影响。

教师学院财政状况：1945—1952

年　份	教育和一般收入	总收入	捐赠、拨款和遗赠
1945—1946	$2 948 000	$3 932 000	$225 000
1946—1947	$4 064 000	$5 381 000	$346 000
1947—1948	$3 908 000	$5 304 000	$185 000
1948—1949	$4 047 000	$5 464 000	$289 000
1949—1950	$4 617 000	$6 209 000	$657 000
1950—1951	$4 922 000	$6 811 000	$858 000
1951—1952	$4 614 000	$6 159 000	$1 221 000

来源：*Report of the Dean*，1946，pp. 64 - 70；同上，1947，pp. 84 - 90；同上，1948，pp. 74 - 82；*Report of the President*，1949，pp. 102 - 113；同上，1950，pp. 98 - 109；同上，1951，pp. 98 - 110；and 同上，1952，pp. 90 - 103.

　　这种新构想的优势很快在 1950 年以后的预算中得以体现。在战后的入学潮期间，学院积累了大约 75 万美元的现金储备，行政部门试图在一段时间内分配这笔钱，以缓冲入学人数下降的趋势，直到人数再次达到水平。就在 1952—1953 学年，新建立的现金储备首次在预算赤字中发挥了作用。

　　最重要的扩张还体现在教员方面。例如，从 1945 年到 1951 年，学院用于教学和研究的资金实际上增加了一倍，[2] 翻倍的部分原因是通货膨胀，部分原因是教师实际工资的提高，还有部分原因无疑是教员的增加。例如，在 1945 年 9 月至 1952 年 6 月期间，新加入的专业人士几乎是退休人数的四倍。四十岁以下的助理教授和副教授的人数有了显著的增加，教员和讲师的人数也有了很大的增长。额外的资金也能够为研究和课程工作提供大量的资助。

新任职和退休人数：1945—1946 至 1951—1952

	1945—1946	1946—1947	1947—1948	1948—1949	1949—1950	1950—1951	1951—1952
新任职	11	17	8	7	12	12	17
退休	1	6	2	1	5	6	3

来源：*Report of the Dean*，1946，pp. 1, 3；同上，1947，pp. 1 - 3；同上，1948，pp. 1 - 2；*Report of the President*，1949，pp. 12；同上，1950，pp. 2 - 3；同上，1951，pp. 2 - 3；同上，1952，pp. 2 - 3.

教师学院师资规模：1945—1946 至 1952—1953

	1945—1946	1946—1947	1947—1948	1948—1949	1949—1950	1950—1951	1951—1952	1952—1953
正教授	70	76	76	84	85	82	78	84
副教授	23	24	19	19	20	25	32	34
助理教授	15	16	21	22	22	18	24	20

来源：数据来源于每年四月的教师会议；参见 1945 年至 1953 年教师咨询委员会年度投票。

可用资金的增加大大刺激了另一个领域的发展，即物质设施的改善。从战前时期开始，在教务长的主持和政策、项目、预算委员会的监督下，已经设立了"教师行政空间委员会"（Faculty-Administration Space Committee）。[3]无需多说就能想象这个委员会在战争期间受到多大程度的限制。然而，随着战争的结束和学生人数的增加，教师行政空间委员会可以再次开展亟需的和早就该进行的重建工作。他们的工作一共赢得了超过一百万美元的拨款。

正如整个时代所面临的那样，这项任务需要最大限度地去利用学院有限的设施。[4]除了繁多的要求外，教师行政空间委员会还面临着学生群体和学院培养项目性质的诸多变化。有新近产生的院系用房问题，也有随战后入学人数倍增带来的各种困难。因此不仅需要增加大型班级（超过 75 名学生）的比例，还要大幅度增加与高阶博士教育有关的小型班级的数量。在助理教务长保罗・G.布尔格（Paul G. Bulger）对此问题深入研究的基础上，[5]教师行政空间委员会确立了整修和翻新的优先次序清单，开始进行改建工作。

商业与职业教育系、社会科学教学系、音乐与音乐教育系、教育管理系、课程与教学系、心理学基础系、数学教学系以及英语与外语教学系等都设有办公室套间，将原来分散的教师集中在一起。战后迅速发展的整个护理教育方向，安置在道奇大楼的一楼和五楼。学院建造了一个食品实验室和一个戏剧实验室。一个视听中心也竣工了。诸如公民教育和发展项目（Citizenship Education and the Development Program）等特别服务和研究项目也得到安置。新教室建立起来，通风、照明、供暖和音响条件也得到改善。最后，社交、娱乐和文化设施也有很大的进步。

像在那段期间的许多其他高等教育机构一样,教师学院也十分重视长期的资金支持问题。从教员工资到电话费,各个领域的开销都在上涨,管理层深知在 20 世纪 50 年代将会迎来巨大的财政困难。自从小罗素院长接替他父亲的职位以来,学生学费收入的占比一直在上升。显然,鉴于学费比例本来就很高,不再上涨学费是十分合理的。因此问题在于寻找其他的收入来源。从最广义上讲,这被看作是"发展规划"的职能,这一规划从 1948 年夏天任命亚伯·汉森(Abel Hanson)为执行官开始。

教师学院收入来源(百分比)

	1927—1928	1937—1938	1947—1948	1949—1950(约数)
学费	80.0	86.6	91.4	91.8
投资和捐赠	13.3	8.9	6.4	6.4
其他收入	6.7	4.5	2.2	1.8
每学分费用	$10.00	$12.50	$15.00	$20.00

来源: *Report of the President*, 1949, p. 97.

1949 年财务总管的报告明确提供了"发展规划"的账目。[6] 在概述了过去二十年学院的主要财政状况后,洪加特(Hungate)说:

> 无论是通过慈善事业还是通过公共基金,社会都还没有为教育职位的高级专业培训提供大量资金。部分是由于此类职位的专业培训项目较为新颖,部分是由于公众不了解受过良好培训的教育领导者对国家福祉的价值……相信当人们更加充分地认识领导力培训的改善能提升教育领导力的前景时,公共和慈善基金都会提供支持。这也是学院进行的长期发展规划所寻求的结果。[7]

着手制定与学院活动密切相关的项目,以广泛的公共关系策略为基础寻求经济援助,筹募与学院宗旨和政策相符的援助,并试图让尽可能多的学院"家庭"成员参与其中,"发展规划"几乎立即就收获成果。其最重要的成就之一,是在 1950—1951 年建立了校友奖学金基金(Alumni Fellowship Fund),该基金在 1952—1953 年提供了约

27 300 美元奖学金,在本书写作期间,1953—1954 年的资金正朝着超越这数额的方向不断迈进。[8]

教师学院的组织与管理

在组织和管理领域中,这些年见证了脱胎于 30 年代中期激烈冲突的几次运动的高潮。经过大量尝试和一些错误之后,教职工和行政管理部门已做好准备来回应 1936 年小罗素院长的感叹,即尽管他非常珍视学校管理中的民主,但是除非他确定有效的引进方式,否则他不愿意进行尝试。学院自 1947 年开始对其章程进行全面修订时,答复院长感叹的机会出现了。

有趣的是,尽管在小罗素担任院长期间,教师学院的性质和组织发生了许多变化,但它仍然在 1923 年制定的基本章程下运作。早在 1938 年,由德尔·曼佐教授、奥莱尔教授和洪加特财务总管组成的委员会就开始着手修订这些较为陈旧的规章,并且他们很快得出结论:需要一个全新的组织架构。根据他们的决定,他们着手制定了一个在范围、安排和前景上发生根本改变的修订版。[9]他们的修订版随后提交至教师咨询委员会,委员会仔细审查后,向院长递交了一些自己的建议。[10]1942 年夏天,当政策、项目和预算委员会开始研究这一问题时,正是这份洪加特-德尔·曼佐-奥莱尔草案,以及教师咨询委员会的补充建议,成为他们进行类似审议的基础。[11]

然而,由于战争对学院的影响越来越大,政策、项目和预算委员会的众多主要成员发现自己越来越忙于战争任务,因此讨论被推迟到更合适的时机进行。两年过去了,在 1944—1945 学年开始之际,随着战争结束在望,许多教员再次开始要求审议。隶属于美国教师联合会的纽约教师协会教师学院分部在这方面尤其活跃。在 1944 年的春季和夏季,他们举行会议,商谈事项,并起草了一份新版的章程(基于 1942 年草案),这一版本试图更加明确教授任期的规定(以 1940 年的美国大学教授协会原则申明作为基础),赋予教职工以及其正式成立的委员会更大的权力来选择和任命教学人员,并扩展了学生和教师申诉程序的规定。[12]到 1945 年初,教师咨询委员会的子委员会也开始讨论这个问题。[13]最后,在 1947 年夏天,教职工、管理人员和董事似乎一致认为,时机已经成熟。政策、项目和预算委员会基于先前的所有建议，着手起草另一个版本；正是这个版本在接下来的学年里成为细节审查和彻底讨论的基础。[14]

到 1947 年十月初，在政策、项目和预算委员会制定的良好程序之下，这样的审查和讨论变成彻底的合作事业。[15]大家一致同意，在该月的第二和第三周，小罗素院长将在董事间传阅该草案，征求他们的首次非正式意见。到 10 月 27 日，副本将送达学院；11 月 3 日，全体教员会议将会召开，届时院长将接受质询，内容涉及法规本身以及教员所进行的工作。

最初的这些步骤进展得相当顺利，全体教员迅速进入充满活力和认真的集体审议第二阶段。整个 11 月，四个专业方向的主任在各自专业开会，征求意见，提出问题，讨论分歧，探寻意义。此外，个别教员还被邀请以书面形式提出修改最新草稿的建议；在收到草案的 118 名教授和 9 名行政人员中，有 22 人做出回应。他们的信件全部都进行了油印（形成了一份 55 页的文件），并连同洪加特财务总管整理的 145 项主要建议的摘要一同分发给全体教员。[16]

在这一问题上，许多重要的修订工作都委托给了一个特别委员会，这个委员会从学院执行委员会挑选成员组成（卡尔·比格罗教授担任主席）。比格罗委员会在 1947 年 12 月 8 日的一次会议上，受全体教员的委托，"制定并执行一项计划，以便及时圆满地完成教师学院章程的起草并将草案提交给董事会"。[17]对此，比格罗委员会的第一项行动是安排了两次公开会议（12 月 17 日和 18 日），在这两次会议上，教师对面临的最重要的问题，进行了充分公开的讨论。人们热情高涨，据估计有 45% 的教师参加了一次或两次会议。[18]比格罗委员会随后准备了一份调查问卷，以客观衡量教师们对依然存在的那些最重要分歧的意见。

这份问卷在 1 月初被如期分发，在收到问卷的一周内，超过 80% 的教师进行了填写。[19]1948 年 1 月 9 日，委员会向政策、项目和预算委员会报告了调查结果，其中包括一长列来自学院教员未收录于调查问卷的提议。在随后 1 月 15 日的联席会议上，政策、项目和预算委员会已经将绝大多数教师的倾向纳入新草案中。[20]会议进一步讨论余留的几个问题，并且在 1 月 25 日提交的报告中，比格罗委员会建议全体教员对这一最新草案予以支持。[21]得到签署后，这份得到全体教员和政策、项目与预算委员会一致认可的一月的草案在 2 月 11 日提交给了董事会。[22]董事会将该草案转交给一个特别委员会,该委员会在四月给出答复,提出一些拟议的、在细节上的调整意见,并要求院长准备一份新的草案在秋季提交。[23]这项要求得到执行,新的章程最终在 1948 年 11 月 18 日由董事会通过。[24]

完成章程修订还需最后一步:与哥伦比亚大学重新协商两者之间历史悠久的协议。签订于 1915 年 6 月的协议在很多方面都已经过时了。主要的需求是更好地表明教师学院的财政和法律独立性。[25]教师学院的行政部门发现,随着教师学院与哥伦比亚家族日益融合,许多潜在的捐赠者未能考虑到教师学院的独立性,因此,可能会阻塞或失去一些经费来源。为了解决这一情况,行政部门提议在学院设立主席一职,职级与大学院长相同,还提出了其他关于优化财政——特别是关于教师学院和大学其他学院之间学生交换——以及组织的建议。[26]所有这些建议都是 1949 年 3 月 15 日教师学院和哥大校董会之间达成的新协议的一部分。[27]从该日起,小罗素被任命为主席,而自 1946 年以来一直担任副院长的霍利斯·卡斯韦尔被任命为院长。[28]

只要粗略地比较 1948 年章程和 1923 年章程,就能发现这二十五年间发生的巨大变化。[29]以前几乎完全由院长办公室承担的行政职责,如今通过主席一职分解为三个板块。教学、研究和实践研究属于院长的工作范围;学生服务由教务长主持;商业和财务事项是财务总管的职责。

显然,标志着民主化行政管理发展的十年改革现在已经制度化。学院执行委员会由四个专业方向选举产生,按各自人数分配席位。依照职权,被任命的管理人员也是学院执行委员会的成员。"为协助主席和全体职员制定学院政策、发展项目计划以及设计与之相关的程序",政策、项目和预算委员会正式成立,其成员由主席、院长、专业主任、教务长和财务总监构成。此外,教师咨询委员会的规章也正式确定下来,教师可以决定委员会的选举,该委员会负责"协助主席和院长寻找、讨论并调整人际关系或组织运作中可能影响学术任命的问题,出于某种原因,这些问题都不能在常规行政机构的渠道中得到令人满意的处理"。

1923 年章程没有任何关于学术自由和终身教职的规定,这也很好理解,毕竟新成立的美国大学教授协会(American Association of University Professors,A.A.U.P.)在七年前制定出有关学术自由的第一项主要声明。另一方面，1948 年章程对这些问题进行了明确且详尽的论述，大体上同意 A.A.U.P. 与其他相关组织合作制定的《1940 年有关学术自由和终身教职的声明》（1940 Statement on Academic Freedom and Tenure）。1948 年章程规定，在培养方案重大调整后不再需要的专业人才可以终止任期，这项条款与 A.A.U.P. 原则有很大的不同。然而，这一规定的执行将由政策、项目和预算委员会进行审查和批准，并受到教师咨询委员会规定的常规保障措施的约束。此外，每一种可能性都会被挖掘，以便"找到适当的替代方案为受影响的员工提供服务"。

学生权利与学术自由和任期的情况一样，没有在 1923 年章程中提及；而 1948 年章程提出了一些明确的原则。学生入学"不因种族、肤色、信仰或国籍区别对待"。所有学生被正式赋予(1)自由表达个人意见的权利；(2) 集会权；(3) 组织学生会代表全体学生的权利；(4) 请愿权；(5) 听取涉及学生利益问题的信息的权利。其中还包括对"学生人事师生委员会"（Student-Faculty Committee on Student Personnel）的正式安排（委员会已经运行多年，还帮助制定章程中有关学生的条款）。学生人事师生委员会将以顾问身份为学生会、学生组织办公室和行政部门服务，"帮助师生共同参与政策和项目的制定、程序的评估并且就学生人事管理所有事项向行政部门和学院提供建议"。此外对非学术人员以及其他人员权利的规定也包括在内。

毫无疑问，章程修订的整个过程为学院提供了一个绝佳的机会来评估自己的活动，并参与到未来管理这些活动的规则的制定工作中。从这个意义上讲，修订的过程是本着战前众多教职工会议和战时拓展自学项目的精神。然而，对于教师学院教职工而言，自我提高的动力似乎是长期存在的；甚至在修订完成之前，开展新一轮教师会议的构想就已经提上日程。新的会议包括了一个非正式的聚会，时间定在次年秋天，于纽约市郊树木繁茂的幽静之所举行。在那里，讨论是轻松而广泛的，其根本目的在于为学院项目的改进作出贡献。整个工作的性质和结果主要由学院教师掌控；大部分的日常开支由学院承担。首次聚会的地点选在纽约卡梅尔色彩缤纷的吉卜赛步道俱乐部（Gipsy Trail Club）。1948 年 10 月 16 日这周末，首届"吉普赛步道教学问题研讨会"召开，与会者身着鲜艳的运动服，尽情享受着秋高气爽的天气。自此，这样的研讨会成为惯例，每年秋季全体教员都欢欣鼓舞地期待这个活动的开展。

首先,更正式的——虽然在吉卜赛步道上更正式的形式仍是非正式的——小组讨论和完全非正式的活动(如散步、运动和用餐)令人欣喜地得到区分。由此,研讨会很快显现了它最重要和最有用的方面,就是教员们有机会更好地相互了解彼此。对于150名教职工来说,这是一项宝贵的资产。第二,通常在没有时间压力的情况下,能更充分地指出、归纳和探讨与教学有关的共同问题。第一次研讨会界定了三个这样的问题:(1)改进对学生工作的评价;(2)改进教学方法;(3)重组教学项目,以提供更高效、更少重复、短期、"紧凑"的服务课程与跨专业和跨系的更小规模的班级课程。[30] 10月22日,在研讨会结束后的一周里,召开了一次教师会议,以便与会者可以"与那些无法参加研讨会的人分享成果"。[31] 在这次教师会议中,执行委员会被要求规划后续教员对研讨会上提出的问题进行研究探讨。[32] 在之后的会议上,全体教员投票决定继续进行这项已经开始的工作。[33]

第一次研讨会的反响非常好,因此学院决定此后每年10月继续举行研讨会。会议地点还是定在卡梅尔,直到1951年哥伦比亚大学的亚顿之家(Arden House)投入使用。在1950年和1951年的研讨会期间,讨论的范围被极大地拓宽。世界危机对教育的影响、教师学院与社区的互动关系、公共关系、招生、选拔、录取、学生的适应和个人调整等,这些话题都被加入到最初项目改进的问题中。[34] 参加研讨会的人很多,讨论也总是十分热烈。1952年10月向全体教员发放的一份问卷调查显示,人们普遍认为"研讨会的主要目的是增进伙伴关系和进行个人学习"以及"提出切实的建议或正式的后续行动之必要性和重要性,不应妨碍审议工作"。[35] 许多人在回答问卷时指出,研讨会以多种方式改进了他们在学院的工作。毫无疑问,这些年度聚会对教师学院的发展大有裨益;随着章程的合作制定,以及对学术自由和终身教职条款的采纳,吉普赛步道和亚顿之家研讨会见证了学院行政管理和内部民主的稳步发展。

教学项目

随着战争带来的财政、人员和智识上的困难,加上每一处物理设施都已不堪重负,教师学院发现自己要做许多关乎未来的重要决定。从根本上说,所有这些决定都以解决一个基本问题为中心。随着入学人数的不断增长,学院必然会面临这个问题:学院要为什么样的人服务。这个问题以及小罗素院长的决定,是 1947 年 6 月这份尤为重要的《院长报告》的核心。[36]

小罗素院长指出,学院内外一直存在强大的思想倾向,多年来坚持认为学院依靠很少的捐赠而运作,但来自捐赠的收入已经下降到前几年的一半,实体设施有限且扩建的希望渺茫,在公立学校中广受支持的教师教育对学院维持其广泛培养项目的挑战日益增加。此外,所有迹象都表明,学生群体越来越像是自己进修学习的兼职者,他们或断断续续地修读一学期的全日制课程,或是一直在持续补足全日制专业学习的工作量。就这一类观点而言,结论是明确的:教师学院应该大幅削减学生人数,只招收少数经测验具有能力的全日制学生。教员也应该相应减少,校园园区中不再需要的部分应该出租,所得收入用于培养这些未来的领导者。

院长虽然同意部分观点,但对结论提出了尖锐的质疑。“教师学院的目的,”他指出,“是为了改善教师和其他在中小学校、高等院校等教育机构工作人员的教育,从而改善美国人民和世界其他民族的教育质量。”为此,他继续说道,学院应该主要关注“少数最优秀人的培养、模式的设定(以工业术语而言)、模型的设计,将成规模的成果留给各地无数的机构”。[37]

到目前为止,他同意批评者的观点,但之后更多的是分歧。他的不同意见主要有两点。首先,他指出,专业教育的高阶工作与医生或律师的全职职前准备有根本的不同。专业教育的学生更像是研究生、参加在职教育的高级军官和经验丰富的执业医生,等等。其次,他指出了这样一个事实:尽管学院长期以来一直在寻找有效的测量手段来确定哪些学生是优等生,但这些方法并不成功。由于大量的专业课程要求不同的兴趣和能力,因此问题变得复杂起来。在缺乏有效测量工具的情况下,唯一的方法是在各式各样的课堂和实际场景中,在大量的学生中进行个人化的选择。因此,鉴于这两点,未来广泛的培养项目应该包括五个基本方面:(1)继续选拔学生,淘汰不合格和不感兴趣的学生;(2)继续关注非全日制学生,并制定扩展计划使教师能够更好地对优秀学生进行个人选择;(3)继续寻求测试来协助完成这项任务;(4)向经选拔的潜在领导者提供资助;(5)发展更加有效的高等专业教育项目。毫无疑问,这些是

1946 年至 1953 年期间政策的主要目标。

在此期间，最受关注的应该就是博士项目。它的发展在战前就已经十分明显，并且还在不断惊人地加速。

高等学院的发展：1945—1952

在校：	1945—1946	1946—1947	1947—1948	1948—1949	1949—1950	1950—1951	1951—1952
博士后	30	50	37	35	13	18	34
录取的候选人	499	593	701	726	884	1 193	1 045
未录取候选人	809	1 213	1 286	1 587	2 176	2 354	2 689
授予学位：							
教育博士	45	72	113	113	175	203	199
哲学博士	26	14	29	51	50	60	36

来源：*Report of the Dean*，1946，pp. 15 - 16；同上，1947，pp. 15 - 16；同上，1948，p. 16；*Report of the President*，1949，p. 41；同上，1950，p. 52；同上，1951，p. 51；同上，1952，pp. 42 - 43；数据也来自高等教育学院。

即使整个学院的入学人数都超过了峰值，高等学院的注册人数仍在继续增加。大约在 1951—1952 年，大约有一半的在校学生就读博士学位；这一趋势表明，教师学院迅速发展成为培养博士的机构。

显然，与这一趋势相关的最紧迫的问题之一是教员工作量。每位在校教授平均要指导的学生数量很多（大量的博士生或潜在的博士生并不住校，但他们经常在项目和论文的研究阶段花费教授的大量时间，因此平均数值被拉高）；但是，工作量分配不均使得问题变得更加严重。一个博士项目的委员会研究了 1949 年的情况后得知，一位教授担任一百多名处于博士项目不同阶段学生的主要或次要顾问，这着实令人吃惊。而其他教授由于工作性质的原因，则根本没有博士生。[38]虽然在这项研究完成后不久，对一些突出的情况做出了修正，但总的来说问题依然存在。

与这一工作量数值密切相关的是质量问题。首先，维持博士项目的费用要远高于硕士或本科项目。显然，由于 90% 的运营费用都来自学费，对博士生个人的重视是以牺牲硕士生为代价的。其次,博士项目本身的标准也越来越受到关注。由于学生人数众多,教师往往难以进行广泛的合作和必要的监督。尤其是在春季学期,大量学生都想在学校规定的最后期限内完成学业。在执行官爱德华·H.赖斯纳、爱德华·S.埃文登(Edward S. Evenden)和拉尔夫·B.斯宾塞(Ralph B. Spence)等的指导下,高等学院继续关注培养项目和教员分配的相关问题。

关于博士项目,1952—1953 年冬季进行了一项重大的行政改革。多年来,教师学院的博士工作一直被纳入到哲学学院行政单位之一的教育研究系中。这种传统安排让人充满担忧。对此的批评也是五花八门,极端的看法是教师学院博士研究不符合大学中的博士的标准和性质,也有更为温和的观点认为学位应该由教师学院而不是哲学学院提供。自 1940 年以来,研究生院正式成立的三个委员会一直探讨这个问题,但没有采取任何行动。为了进一步调查这个问题,研究生院院长约翰·A.克鲁特(John A. Krout)任命了一个由七人组成的委员会,其中有三人来自教师学院,另外四人代表研究生院(哥伦比亚大学历史系的奥斯汀·P.埃文斯(Austin P. Evans)教授担任主席)。委员会的任务是全面研究教师学院博士学位的问题,并向研究生院院长提出建议。

七人委员会的报告于 1952 年 1 月 29 日提交。[39]它确认了教师学院博士研究的四个主要领域:(1) 对人类行为、人类成长和学习、调节和指导问题的实验性和批判性研究;(2) 教育的社会基础和哲学基础;(3) 系统的教育组织、支持、管理和公共关系;(4) 各年龄段课程的主题、方法和组织。证据表明,"将教师学院的博士项目置于哲学学院的管辖之下已经不现实了",委员会建议解散教育研究系,并设立研究生教学联合委员会的常务委员会,由学院和研究生院的代表组成。就学院本身而言,这一建议意味着原博士委员会的终结,取而代之的是四个"领域委员会"(area committees)——每个研究领域一个——负责学位的基本管理。四个领域委员会的主席与高等学院的执行委员组成了教师学院博士学位的协调委员会。大学和教师学院当局[40]对该报告的认可迅速完成了博士项目行政权力的分散,并全面提高了其标准和质量。有趣的是,权力分散的举动似乎有足够的潜力,可以保证在 1952 年 12 月任命一个教师学院委员会,以探讨关于教育博士的类似权力分散的可能性。[41]

尽管博士项目有了巨大拓展，但硕士项目仍然是基本的重点。特别是在教学专业方向——中小学执业教师的教育中心——文学硕士项目的质量、方向和内容得到了广泛的讨论。甚至在战争结束之前，1945 年 3 月，该专业方向就任命了一个三人委员会，开始审查"硕士学位的课程和标准"。[42] 经过专业范围内的初步讨论后，该委员会着手推进一系列广泛的面谈和会议，并于 1946 年提交了一份报告，广泛探讨入学、课程、咨询制度、要求、学位标准、评价等问题。[43] 很明显这份报告所提出的观点和问题表明，许多问题并不仅限于专业 IV，而是全院范围的问题。

全院范围问题中存在最久的一个，涉及对教育基础学的长期要求。这种安排表现了发展自 20 世纪 30 年代的教师教育的广泛概念；这样的安排也与专业 I 之外的所有硕士生相关，要求他们在教育学基础修满八学分，并且通常来说达成要求的一般方法是完成教育 200Fa 和 200Fb。虽然在别处修读过类似课程的学生可以免修，但专业 I 会对此进行仔细审核。总的来说，现在的批评与早年相比有了一些变化：它们主要关注的是所有僵化的全院统一要求。[44] 随着学院变得越来越多样化，培养项目越来越多样化，许多顾问认为教育 200F 不再具有大学的普遍适用性。

早期的调整出现在 1946 年至 1947 年，专业 I 中一些更为专业的课程被列为教育 200F 合适的替代品，学生只须得到他们顾问的正式许可就可以进行选择。[45] 虽然这扩大了该要求的基础，但它与长期有效的替代政策非常一致；因此，这只是一种权宜之计。1948 年 1 月初，由于教学专业方向的持续关注，这个问题再次被提及，院长任命了一个由威廉·B.费瑟斯通（William B. Featherstone）教授领导的委员会来研究硕士学位的要求。[46] 经过一年的研究，该委员会发布了一份报告，提出了基本改变传统安排的方案。[47]

十多年来，对大多数学生非主修要求的设想完全是根据教育学基础的工作来进行的，但现在这个非主修领域将会扩大。教育学基础仍然是基本的、核心的要求。尽管如此，在新的安排下，学生可以选择在课程、管理或引导方面的"一般"课程中选修八学分最低要求中的两分。这项提案显然是为了将其他的一些一般课程纳入文学学士学位的要求，这些一般课程在 20 世纪 30 年代只是教育 200F 的附属。这项提案被全体教员通过，并于 1949 年 7 月开始实施。[48]

专业方向中发生的无数新动向反映了战时以及战后岁月的变化。1946 年发生了一次重大的行政变化，原来的专业 II 和专业 III 合并为管理和指导专业（Division of Administration and Guidance），之后被称为专业 II。随后的三年里没有专业 III，直到 1949 年，教学和护理教育专业方向被拆分专业 III 和专业 IV。战后年代也带来了一系列领导层的变化。1946 年设立了副院长的职位，主要负责领导教学和研究领域的工作。霍利斯·卡斯韦尔教授作为课程领域的教师和行政人员，多年来出色地胜任了这一工作。乔治·S.康茨教授继续担任专业 I 的主任，直到 1948 年下半年辞职。此后不久，亚瑟·盖茨教授接替了这一职务。约翰·诺顿教授于 1946 年被任命为新成立的专业 II 的主任，此后一直担任这一职务。副院长卡斯韦尔在 1949 年被任命为院长之前一直担任教学专业方向的主任，后来，这一职务由拉尔夫·菲尔德斯（Ralph R. Fields）教授接替。伊莎贝尔·斯图尔特教授一直担任护理教育专业主任，直到 1947 年她退休，其职务由路易丝·麦克马纳斯（R. Louise McManus）教授接任。为了协助主任处理专业方向中不断增加的行政工作，设立了执行官一职，在专业 I 中这个职位自 1946 年起由弗里曼·巴茨（R. Freeman Butts）教授担任，而在专业 II 中这个职位从 1946 年至 1950 年由丹尼尔·R.戴维斯（Daniel R. Davies）教授担任。

所有的专业方向都面临着共同的问题：（1）满足扩招的需要，尤其是博士阶段；（2）人员配备；（3）培养项目的持续评审。比如第一个问题，在战前注册人数几乎翻倍的情况下，教育管理专业方向不得不关注其人员配备、选拔和招聘政策，也不得不关注其培养项目——最后评审的标准来自凯洛格基金会（W. K. Kellogg Foundation）资助的一项研究，对培养学校管理者的有效方法进行了更全面的研究。[49]在人员编制问题上，比如社会和哲学基础系在 1947 年发现，由于许多教职员工即将退休，在接下来的七八年里，它将面临人员的大量削减。1946 年至 1950 年期间广泛的自我研究使得政策得以制订，能有效地指导挑选新的人员。[50]在培养项目方面，变化过于繁多，无法一一列举。其中的一个优秀的例子是为临床心理学设立了一个项目[51]——这项工作获得了美国心理协会（American Psychological Association）的极大认可。教学方向，尤其是课程与教学系，努力开发更好的方法对文理学院毕业生进行职前培训，并不断寻求满足新类型培训的需求，如对高中骨干教师、大专教师等的培训。[52]也许所有工作中最雄心勃勃的是护理教育方向的重大尝试，在护理教育的所有主要领域合作开发研究生专业项目。在凯洛格基金会的资助下，一系列广泛的课程研究（与该领域的众多领军机构、医院和个人磋商后开展）从 1944 年开始，[53]这一努力把专业 IV 直接置于大型全国性课程项目的先锋地位，将护理学的培养工作纳入美国高等教育的范围和设计之中。[54]到 1951—1952 年底，在护理教育的所有主要领域，向综合性研究生项目转变的长期努力已经完成，[55]阿德莱德·南丁和詹姆斯·厄尔·罗素半个世纪以前开始合作的宏图伟业似乎达到高潮。

最后，由跨专业培养方案设定的模式得到了延续和扩展，这种模式是从 1943 年全体教员扩大会议发展而来的。在全国基督徒和犹太教徒会议（National Conference of Christians and Jews）的资助下，新的培养项目在团体关系、婚姻和家庭生活教育、娱乐、舞蹈中都建立起来；在卡纳基公司的大力资助下，与公民教育项目合作，公民教育也设立了培养项目。1953 年，在政策、项目和预算委员会的积极建议之下，跨专业方向的培养项目的全部成果得到完整展示，即在专业 III 中设立一个新的家庭与家庭生活系——这证实了跨专业方向的项目，在建立与学院内系所地位相称的正式专业研究领域的方法和材料方面，获得了成功。

注释

1 本段及前段数据由注册办公室提供。

2 *Report of the Dean*，1946，p. 67，and *Report of the President*，1951，p. 205.

3 *Report of the President*，1949，p. 88.

4 同上。

5 Paul Grutzner Bulger，"Administering the Use of Academic Space in Teachers College，Columbia University"（Typewritten Ed. D. Project，Teachers College，Columbia University）.

6 *Report of the President*，1949，pp. 83 - 100.

7 同上，p. 97.

8 数据由发展办公室提供。

9 M. C. Del Manzo，F. B. O'Rear，and T. L. Hungate，"Draft of Teachers College Statutes，Submitted September 1，1938." 本章中后续提到的这份报告、信件、官方备忘录和文件可以

在教师学院主席档案中找到。

10 M. C. Del Manzo, F. B. O'Rear, T. L. Hungate, and Thomas H. Briggs（教师咨询委员会），"Draft of Teachers College Statutes, Submitted September 1, 1938, with Modifications Suggested by the Teachers College Faculty Advisory Committee."

11 Memorandum, T. L. Hungate to the Committee on Policy, Program, and Budget, July 30, 1942

12 参见 1944 年 9 月 25 日美国教师联合会教师公会的教师学院纪要，以及"修订哥伦比亚大学教师学院章程的初步建议"。参见巴茨教授的档案。

13 Letter from the Teachers College Chapter of the Teachers Guild, American Federation of Teachers, to Professor Willard Elsbree, January 17, 1945. Butts File.

14 Committee on Policy, Program, and Budget, "Draft, Statutes of Teachers College, As Revised," August and September, 1947.

15 Memorandum, H. L. Caswell to Members of the Committee on Policy, Program, and Budget, October 3, 1947.

16 Committee on Policy, Program, and Budget, "A Summary of Changes in the Draft of the Statutes of Teachers College Proposed by Members of the Faculty."

17 "A Report to the Faculty of Teachers College from the Elected Members of the Executive Committee Respecting Proposed Draft of the Statutes," January 25, 1948, p. I.

18 同上，p. 2, and Memorandum, Elected Members of the Executive Committee of Teachers College to All Faculty Members. Subject: Analysis of Issues to be Considered at the Open Meetings on Revision of the Statutes.

19 "A Report to the Faculty of Teachers College from the Elected Members of the Executive Committee," p. 2.

20 Committee on Policy, Program, and Budget, "Draft, Statutes of Teachers College, As Revised," January, 1948.

21 "A Report to the Faculty of Teachers College from the Elected Members of the Executive Committee," p. 13.

22 Letter, William F. Russell to Cleveland E. Dodge, February 13, 1948, and Minutes of the Special Committee of the Trustees of Teachers College to Consider Statutes and New Trustees, April 14, 1948, p. 3.

23 Minutes of the Special Committee of the Trustees, p. 4.

24 Teachers College, Columbia University, *Statutes and By-Laws and Other Official Documents*, p. 15.

25 Typewritten memorandum re revision of 1915 Agreement with Columbia（无标题，日期和时间）.

26 同上。

27 Teachers College, *Columbia University*, *Statutes and By-Laws*, p. 8.

28 *Report of the President*, 1949, p. 3.

29 Teachers College, New York City, Official Documents, 1923, and Teachers College, Columbia University, *Statutes and By-Laws*.

30 "Faculty Study of Problems of Instruction, Progress Report No. 4, August 1, 1949."

31 Memorandum, H. L. Caswell to the Faculty, October 19, 1948.

32 Letter, Alice Miel to M. C. Del Manzo, October 27, 1948.

33 Minutes of the Faculty, December 10, 1948, p. 2.

34 Margaret Lindsey to Alice Miel, "Summary of Suggestions and Recommendations from Faculty Conferences, 1949, 1950, and 1951," October 3, 1952.

35 Margaret Lindsey to Alice Miel and Group Leaders for the Arden House Conference, "Reactions of Teachers College Staff Members to Questionnaire Asking for an Expression of Point of View on the Purpose of the Conference," October 3, 1952.

36 *Report of the Dean*, 1947, pp. 4 - 14.

37 同上,p. 9.

38 See Memorandum, Harry A. Scott, Chairman of the Subcommittee on the Doctoral Program, to All Division Directors and Department Heads, December 19, 1949. 该研究由 Lawrence A. Cremin 为委员会执行,并以油印形式招标。

39 "Report of Committee on the Ph.D. Degree, 29 January 1952." 这是自 1943 年以来任命的专门研究教师学院博士学位的一系列特设机构中的第四家。其特色是教师学院的教授也是其成员。

40 See Memorandum, Hollis L. Caswell to the Faculty, November 21, 1952, and Minutes of the Faculty, December 12, 1952.

41 Minutes of the Faculty, December 12, 1952.

42 Letter, H. L. Caswell to Professors Hopkins, Locke, and Townsend, March 14, 1945.

43 "Report of the Committee on Program and Standards for the Master of Arts Degree, February 4, 1946."

44 这些批评意见包含在一份教学专业的各系主任写给当时该专业主任卡斯韦尔院长的信件档案中。

45 See *Teachers College Announcement*, 1946 - 47 pp. 38 - 51.

46 Letter, H. L. Caswell to Professors Butts, Davies, Elsbree, Featherstone, Fitch, Forkner, Hunt, Jersild, and Reiter, March 2, 1948.

47 Committee on Master's Degree Requirements to H. L. Caswell, November 5, 1948 (经订正 November 30, 1948).

48 Memorandum, M. C. Del Manzo to the Faculty and Other Members of the Instructional Staff of Teachers College, January 21, 1949, and Columbia University, Bulletin of Information, *Summer Session*, 1949, p. 109.

49 *Report of the President*, 1950, pp. 31 - 32.

50 See, for example, *Report of the President*, 1950, pp, 22 - 24.

51 *Report of the President*, 1949, p. 28;同上,1950, p. 37.

52 *Report of the President*, 1950, p. 44;同上,1452, p. 31.

53 *Report of the Dean*, 1947, p. 45.

54 *The Future of Nursing Education*, Proceedings of the Fiftieth Anniversary Celebration of Nursing Education in Teachers College, Columbia University (New York, 1950), p. 60.

55 *Report of the Dean*, 1952, p. 37.

第十二章
学校与研究所（1927—1953 年）

20 世纪 20 年代中期，教师学院有四所示范性和实验性附属学校；如今却一所也没有。教育实验的职能已在很大程度上转移到学院的研究机构中，转移到教师和博士研究生身上。尽管这种转变与学院、纽约社会和整个美国教育本质的基本变化密切相关，但取消附属学校仍然引发了大量激烈的争论，并且这些争论还没有全部结束。这一转变，以及围绕它所产生的高度紧张的情况，是本章的中心话题。

在 1927 年到 1953 年期间，学院所采取的行动中最重要的就是"新学院"（New College）实验。越来越多的人认识到，教师学院的毕业生在全国教师教育机构的教学和行政职位中占据相当大的比例——1930 年占 20%。学院成立之初，主要关注的是小学教师的培养，因此，它成立了一所小学供实验、示范和实践。不久以后，越来越多的教师学院学生在中学工作，学院又因为同样的目的建立了中学。现在，为了满足新的需求，似乎有必要建立一所实验性和示范性的师范院校。这样的需求促使 1932 年 9 月新学院的成立，这是教师教育中一次有趣而打破常规的冒险。

新学院和许多类似的机构一样，认为良好的教师教育项目的基础必须是合理整合丰富的学术、教育理论和专业实践。然而，新学院超越了这一点。整个实验反映了大萧条后的社会动荡。因此，学院的第一次公告引用了康茨的话："学校是否敢于建立新的社会秩序？"并提醒未来的学生："深刻地影响下一代社会秩序的发展，这是教师特有的权利。"培养新社会秩序的引领者，需要的不仅仅是通常的"学术步调一致"，它要求"接触生活的各个阶段，并理解它——理解人们的智力、道德、社会和经济生活"。[1]

为了通过第一手经验而非通常的替代方式"与生活接触"和"了解人民"，新学院课程也包括了校外时间。因此，所有学生都被要求至少在新学院社区（New College

Community)度过一个夏天,这是一个在北卡罗莱纳西部由学生经营的农场。他们还被要求在企业中工作一个学期,进行一段社会工作,并在国外学习和旅行至少一个夏天。在学校生涯结束时,学生必须在新学院职员的全面监督下作为教学实习生工作一年,才能获得学位。这个培养项目显然比其他任何教师培训机构所要求的时间都要长;它的目标十分高远。的确,事实证明抱负过于远大最终难以实现;因此,当实验遭遇学生对所需时间和费用的反对时,学院几乎立刻就妥协了。最终,大多数学生的社会工作要求被取消,学生在企业的工作要求也被放宽。即便如此,教师教育的发展阶段和新学院想要达到的发展阶段之间仍然存在巨大的鸿沟。

新学院还有其他不寻常的特点。标准的学分制或积分制被废除了,学生的熟练程度和专业素养是决定能否毕业的基础。学生的成绩是通过精心设计的书面和口头考试来衡量的。尽管所有的学生都需要参加通识教育课程,但对必修课程并没有严格规定。这种制度需要大量的个人咨询和指导;但由于学生人数不多——学院规定只能招收 360 名学生,并且从来没有招满过——这样的咨询和指导是能够做到的。此外,由于学生可以在教师学院或哥伦比亚大学的任何地方参加学习,因此相比于同等规模的本科师范学院,新学院所提供的高水准的课程范围要广泛得多。

由于没有规定课程的修读顺序,因此无法确定一个新生需要多长时间才能修完课程获得学位。最初的想法是,大多数学生将要花费六年时间获得硕士学位,其中包括一年的教学实习。然而,最终的情况是,新学院的大多数学生花了五年的时间获取硕士学位;除了新学院的学年比正常学年要长以外并没有其他不同(每学年有三个学期,每个学期十六周,每学年实际上相当于一年)。

在新学院获得学位所需时间的长度和不确定性,以及相对较高的学费,这些因素加在一起,在很大程度上阻碍了入学人数的增长。新学院在第一年接收了 149 名申请者,他们都是大一或大三的学生。到 1934—1935 年,在继续招收了两个班新生后,学生人数也只有 355 人。此后每年入学人数都在下降。1933 年以后,不仅每年进入新学院的学生越来越少,而且退学的人数也异乎寻常地多。1937 年秋天,一个由教师学院教员组成的委员会对这次实验进行了详细的研究,结果表明,曾经在新学院就读过的学生中,有 61% 的人已经退学。如此高的退学比例在一个新的实验机构中也许并不令人意外,但随着机构的发展和稳定,退学率并没有下降。经过数年的运作,新学院的学生保存率并不比刚开始时高。此外,许多公认有前景的学生不断地离开新学院。在它成立的第一年,获得奖学金的学生中,52%的人没有完成学业就离开了学院。[2]

当然,新学院的主要目的是培养一流的中小学教师,但是,它也作为教师教育实验室,供教师学院教员和其他担任教育领导职务的人使用。致力于在师范院校任职的教师学院学生与新学院教师密切合作,他们可以参加教师会议和听课。他们中的许多人还协助实际的教学工作。因此,在实验的前五年,93名教师学院学生在新学院进行了教学实践,主要是在音乐和心理学领域;还有少数学生就新学院项目的一些方面撰写了博士论文。虽然纽约市以外教师培训机构的教师们无法与该实验学校紧密合作,但其中的许多教授到新学院访问,并密切关注它的出版物。反过来,新学院的教师在专业协会和其他课外活动中也非常活跃,因此,实验的影响范围就远远超出了当时的大都会地区。[3]

要真正了解一所大学,光看学校简介和其他官方公告是不够的,你还必须要了解其学生和教员。新学院的教职工是一小群关系密切、忠于职守的教育改革家。在主任、教师学院教育学教授、德国教育的研究者托马斯·亚历山大(Thomas Alexander)的领导下,新学院的教师具有良好的团队精神,这种精神与其参与真正教育改革运动的意识密切相关。

新学院的教员是教师学院内部的一个独立组织,其中大部分成员被专门带到晨边高地参与实验。可以肯定的是,其中一些人来自教师学院,他们既教授实验性本科课程,也教授教师学院的常规课程,并且在两处都拥有学术头衔(他们被称为"新学院合伙人"(Associate in New College))。然而,尽管他们是新学院教职人员中更为重要的成员,但是人数很少。广大教职员工中的大多数教师并没有学术头衔,他们处于副教授的职级,需要每年接受一次任命。那些拥有教师学院学术头衔的教员的工资相对令人满意,但是其他一些人,甚至是那些全职工作的职员,他们的工资却少得可怜。1937—1938年间,23名全职员工中有7人的工资不足2000美元。新学院一些收入较高的教师对副教授职位的收入水平表示满意,但由于新学院的预算总是很紧张,无法负担很多副教授和正教授的薪资,所以教师在学术上升迁的机会很渺茫。

与 20 世纪 30 年代的其他本科师范院校相比,新学院的教师受到了良好的学术训练。1937—1938 年,包括兼职人员在内,共有 39 名教职工,其中 15 人拥有博士学位,15 人具有硕士学位,9 人没有研究生学历。在专业上,这是个活跃的团体。在成立的头五年里,新学院教师出版了一百多本书、论文和小册子。考虑到全体教员的繁重工作,这一成果十分惊人。大多数新学院的教师每周要上十五个小时的课,并且由于课程的个性化和整个学校的实验性质,学生会议和教师委员会会议需要花费大量的时间。新学院总部位于爱默生大楼的下层(171 街和阿姆斯特丹大道交汇处),那里总是非常繁忙。[4]

新学院的学生群体,至少是那些在尝试了教育实验后没有退学的人,同样是一个专注投入的群体。这群学生对教育哲学如此热衷,以至于将自己的第一份学生报纸命名为《新学院整合者》(*New College Integrator*)? 一小群来自不同专业的学生聚集在一起参加"中心研讨会",新学院的学生产生了强烈的认同感。他们也参加日常的大学生社交活动,每到星期六他们就去贝克·菲尔德(Baker Field)为他们的美国男孩锡德·鲁克曼(Sid Luckman)加油。大约一半的学生来自纽约地区,他们选择从家中通勤,其他来自全国各地和国外的学生住在校园里,女生住在惠特尔大楼,男生们住在大学宿舍里。然而,尽管有这么多的校外学生,新学院还是通过北卡罗莱纳州的社区,避开了大都市"地铁学校"的某些特征;通勤和住校的学生过着比晨边高地的学生更具田园风情的生活。

除了对公共教育的兴趣外,新学院学生在能力、背景和非专业兴趣方面更像文理学院的学生,而不是典型的州立师范学院的学生。1935—1936 学年的一项调查表明,在总体能力上,他们比文理学院的学生要强,而且相比于师范院校,学院相对较高的学费更能吸引经济水平良好的学生。他们也表现出了高度的政治兴趣,尽管这或许在 20 世纪 30 年代的众多院校中很常见。教师们担心学生象牙塔式的态度,因此不断地试图在学生中开展政治活动。1937 年秋天,亚历山大宣布,下一年将向两名学生颁发两项奖学金,奖励他们"积极参与校外生活而超越了'学术中立'"。所以毫不奇怪,新学院的美国学生联合会(American Student Union)分会,为西班牙共和党募集衣物、食物和资金;教师辅助工会(Teachers Union Auxiliary)分会组织抵制日本丝绸,并试图让学院女性保证购买清教和民主人士制作的莱尔线长袜。[5]

在财务状况上,新学院自开办后的第一年起,一直在亏损。在统计新学院的年度支出时,财务总监没有将运作和保养费用包括在内——新学院课程在教师学院空闲的教室中进行,这有时使得课程表十分奇怪——也没有将一般行政职能的服务费用包括在内。新学院预算的一小部分用于图书馆采购,但其实参与这项实验的学生可以自由使用大学图书馆。毫无疑问,如果没有教师学院和哥伦比亚大学使用自己的预算来提供设施,新学院在资金方面是不可能运转的。即使有这些帮助,新学院还是在1936—1937年期间亏损了超过45 500美元,在1937—1938年期间亏损了57 000美元。[6]

由于持续的财政赤字,在1937年秋天教师学院就开始考虑关闭新学院。当时有一个教师委员会对新学院进行了调查,它的报告中有一章是关于"清算时的责任和义务",由新学院教员秘书克拉伦斯·林顿(Clarence Linton)教授撰写。[7] 1938年1月,新学院宣布:唐纳德·G.图克斯伯里(Donald G. Tewksbury)教授将在同年暑期接替亚历山大的主任一职;在1938年春季学期结束前,新学院公布了一项紧缩计划,其中包括将北卡罗莱纳州的地产归还私人所有。[8]

第二年正常开学。大一新生共67人,他们都洋溢着乐观的精神。1938年11月10日,在米尔班克教堂新学院师生的特别聚会上,小罗素院长宣布新学院将于1939年6月30日关闭。这一通知引发了所有相关人员的不安,并且接下来的几个月这种不安持续发酵。学院关闭的通知被视作是宣战公告。小罗素院长在会上宣读了简短的声明后,一位教员发表了提出强烈抗议的演讲。学生们不断向院长大声提问,长达一个小时,直到他离开了会场;而余下的整个下午和晚上大家都在计划着反击。[9]

这次反击十分有力。如果所有那些敦促继续开办新学院的人,能够在新学院开办期间一直支持它,它肯定会招到比现在更多的学生,而且会有足够的资金来维持运转。在接下来的几个月里,学生和教师们频繁地召开会议,并且也出现了对关闭学院这一决定的公开批评。《哥伦比亚观察家》(*Columbia Spectator*)的社论谴责了新学院的关闭;《国家》(*Nation*)抨击了这一决定中除财政困难外的卑劣动机;去年加入新学院的利奥·休伯曼(Leo Huberman)在美国教师联合会(American Federation of Teachers)的刊物上发表了《一所大学被解散》(*A College Is Fired*)。[10]

反对小罗素院长关于新学院的决定的人有以下的观点。院长曾说过,如果有足够的捐赠基金每年为新学院提供 3.5 万美元,教师学院将继续进行这个实验,而他的批评者认为,3.5 万美元的赤字不足以结束如此重要的教育革新,他们认为做出这一决定还有其他未说明的理由。许多支持继续开办新学院的人声称,行政部门的决定是因为反对该学校的一些教员和学生的左翼政治活动。《国家》杂志引导读者推断,关闭新学院可能是为了使教师学院能吸引更多保守商业利益集团的捐赠。另一种批评的声音指出,新学院关闭的决定不是通过民主的方式达成的,院长和董事会应该与新学院的教职工,甚至是学生共同做出这个决定。虽然这是对决定程序而非内容的批评,但通常人们对一个决定感到失望时才会这样做。

关闭新学院的风暴在这个冬季余下来的时间里继续肆虐。反对者组织了一场激烈的运动,并成功地获得了许多人的支持,其中一些人还是学术界的重要人物。但这并没有改变关闭新学院的决定。11 月下旬,教师学院教员进行投票,在许多人弃权的情况下,最终以 55 比 29 票的结果通过关闭新学院的决定。[11]教师咨询委员会仔细研究了这个问题,得出结论:"行政部门行事正当,并尽最大可能服务于教师学院的整体利益。"至于关闭新学院是为了堵住发表激进政治言论之人的嘴,教师咨询委员会的报告指出,就其所掌握的信息来看,领导层从未"对新学院师生一切激进理论的……进行过任何批评"。关于关闭新学院的程序,教师咨询委员会没有达成完全一致。"事先未经全体教员讨论而宣布关闭新学院决定,教师咨询委员会对此存在异议。但教师咨询委员会的成员一致认为,院长真诚地按照他认为对各方都最有利的原则行事。"同年,教师咨询委员会的成员,包括一名新学院的助理教授,表达了许多具有细微差别的行政观点。[12]

1939 年春季学期结束时,为期七年的实验宣告结束。未完成本科学业的新学院学生可以在教师学院中继续学习,但是新学院作为一个独立的个体不再存在。对于关闭新学院有不同意见的矛盾双方都认为这次实验在教育上取得了成功,但要准确界定其影响力的大小,并精准衡量新学院给教师的本科教育带来的变化程度,则是另一个问题。许多参与实验的人认为,它对教师教育课程产生了相当大的影响,特别是在游学和工作经验的机会方面。可以确定的一件事是:因为新学院确实激发了人们对教师教育的思考,而且其中一些思想修正了全国师范院校的实践工作,所以在书写美国教育史时,新学院是不容忽视的。

新学院关闭的怒火还未平息,新一轮的争吵就打破了教师学院及其附属学校的平静。1940年贺拉斯·曼学校和林肯学校决定合并,合并后的小学部位于120街的原贺拉斯·曼大楼,初高中位于123街的林肯学校。林肯学校和贺拉斯·曼学校学生的父母为抵制这些变革做出不懈努力,这充分证明他们高度认可这些学校和它们的工作。

为了理解合并所涉及的问题,回顾普通教育委员会和教师学院之间的关系十分有必要,因为两者之间的一系列协议对于理解学校合并涉及的法律纠纷至关重要。1917年,亚伯拉罕·弗莱克斯纳(Abraham Flexner)的《现代学校》(*A Modern School*)一文发表后,教师学院同意开设"一个实验室,编制中小学课程,删除过时的材料,努力编写适应现代生活需要的实用教材"。这个"实验室"后来被称为林肯学校,普通教育委员会同意承担该校开支与学费收入之间的赤字。五年后,普通教育委员会将位于西123街的新林肯学校大楼及其土地的所有权移交给教师学院。在1922年的这次移交中,教师学院同意"在上述教师学院林肯学校的存续期间,为该校的使用、利益和目的"持有该财产。如果学校不复存在,或者该资产不再适合林肯学校的使用和利益,那么教师学院将根据书面协定将财产返还给普通教育委员会。[13]

在林肯学校搬到新楼后,教师学院和普通教育委员会讨论了所谓的"永久性融资"。小罗素院长于1925年4月30日以及林肯学校主任奥蒂斯·W.考德威尔(Otis W. Caldwell)于1925年10月13日正式提出资金申请后,普通教育委员会于1926年、1927年和1928年向教师学院分别拨款50万美元、50万美元和200万美元。这些拨款的法律文件写明,这300万美元的收入用于支持林肯学校,但也包含以下重要的说明:

委员会理解,学院的意图是为林肯学校申请捐赠……学院要按照现行政策,秉持小罗素院长于1925年4月30日信函以及1925年10月13日申请的精神,管理林肯学校,但学院深思熟虑后改变计划和方法进行教育实验或必要调查不应受到本文件的限制,因为若干年后这些改变对董事会来说可能是十分明智的。

这些拨款文件还明确取消了关于林肯学校土地和建筑使用的协议。此后,教师学院以绝对所有权的形式持有这一财产,不附带任何条件。[14]

关于普通教育委员会与教师学院之间的背景关系,还有一件事有待解释。1934年,普通教育委员会主动放宽了对教师学院的资助条款。委员会秘书的一封信件明确指出,拨款"应始终可用于最广泛的用途,以便最好地促进其总体目标的实现"。如果教师学院董事会判断,拨款的整体目标能得到更好的实现,那么拨款可以转移到其他机构;拨款之日起的十年后,为了服务于拨款的总目标,拨款可以"全部或部分用于一些特定用途,而非拨款的原初用途,这样的特定用途在当时可行的情况下应与原本的目标尽可能接近"。普通教育委员会在 1937 年重申了这一条款。[15]

贺拉斯·曼学校和林肯学校都受到了大萧条的严重影响,也受到了那十年中严峻的非经济形势的影响。两所学校在财政上都捉襟见肘。收入的减少和州及联邦所得税的增收导致许多父母让他们的孩子从这些收费的学校中退学。此外,社会变化对入学人数和财政状况的影响可能比经济萧条本身更大。一方面,出生率在 20 世纪 20 年代明显下降,特别是在那些把孩子送到林肯学校和贺拉斯·曼学校的上层中产阶级家庭中。到了 30 年代,适龄儿童的数量比上一个十年少。另一方面,纽约市的人口分布发生了重大变化。在大萧条时期,许多曼哈顿的中产阶级家庭搬到了郊区。从 1934年 9 月到 1938 年 6 月,这两所学校共有 634 名正式学生退学,其中不包括父母仅为纽约市临时居民的学生。其中超过三分之一的人因为居住地的改变而离开。这些经济和社会因素的变化严重损害了贺拉斯·曼学校和林肯学校。到 1938—1939 学年,贺拉斯·曼和林肯学校的学费收入比 1929—1930 年分别下降了 29% 和 32%。此外,普通教育委员会收到的捐款从 1930—1931 年最高的 154 000 美元下降到 1938—1939 年的 92 000 美元。[16]形势十分严峻。

虽然人们普遍认为必须采取行动,但只有在彻查各种困难及其原因之后再行动才是明智的。于是,在 1937 年秋,发起了一系列的调查。1938 年 1 月,教师学院教师委员会首先开展了一项调查,建议合并两所学校的行政部门来节省开支。根据首个教师委员会的报告内容,教师学院设立了"教育示范与公共服务部"(Division of Educational Demonstration and Public Service),后来被称为"学校实验与服务部"

（Division of School Experimentation and Service），并任命学院教务长米尔顿·C.德尔·曼佐为部门负责人。德尔·曼佐对这个问题进行了一系列的深入研究。与此同时，另一个由霍利斯·L.卡斯韦尔教授、威尔·弗兰奇（Will French）教授和威廉·B.费瑟斯通教授组成的教员委员会开展了第二项调查。[17]

此外，这两所学校的学生家长资助了两项对当下情况的独立研究。发布的首个报告，一般被称作《古力克报告》（Gulick Report），主要从林肯学校的角度出发进行分析。这份报告是由卢瑟·古力克（Luther Gulick）领导的委员会撰写，古力克是当时哥伦比亚大学市政科学与管理的伊顿教授（Eaton Professor of Municipal Science and Administration）。该委员会的其他成员还包括布朗克斯维尔地区的学校督学弗雷德里克·H.拜尔（Frederick H. Bair）、芝加哥大学的教育学教授弗洛伊德·W.里夫斯和康涅狄格教育专员阿隆佐·G.格雷斯（Alonzo G. Grace）。贺拉斯·曼学校的家长们资助了由美国大学协会（Association of American Colleges）执行理事盖伊·E.斯内维利（Guy E. Snavely）和伯明翰南方学院（Birmingham-Southern College）院长怀亚特·W.黑尔（Wyatt W. Hale）的研究。[18]

这些调查尽管程度不同，但得出了一些一致的结论。所有调查一致认为，当时的安排是错误的，最好的解决办法是合并两所学校。这些调查也一致认为，虽然这两所学校并不完全相同，但它们差异性小于相似性，并且这些不同并不妨碍两者的合并。各种调查还对拟议合并的学校的某些特点达成了一致。这样的学校是教师学院不可或缺的一部分，它联系了一批公立学校以测试并实践实验的成果，而且这类学校代表了典型美国社区人口的一个侧面。

1940 年 5 月，教师学院董事会特别委员会建议合并这两所学校。循序渐进地将女生从贺拉斯·曼高中转到林肯学校，这样一来，在贺拉斯·曼学校上七年级的女生就不必转去姊妹学校。根据计划，林肯学校小学部将在 1943—1944 学年完全转移至 120 街的大楼中，女子高中最后的高年级班将在 1945 年春季毕业。[19]

随着董事会特别委员会报告的发表，这场争论愈演愈烈。一群林肯学校的家长和其他关心学校的人强烈反对合并。在董事会的报告公布后不到一个月，林肯学校的一群拥护者就发表了长达 119 页、措辞强硬的回复。这个团体自称是"林肯学校家长教师协会的家长协商委员会",成员包括主席路易斯·布罗伊多(Louis Broido)、考利斯·拉蒙特(Corliss Lamont)夫人、威廉·霍德森(William Hodson)、勒罗伊·E.鲍曼(Leroy E. Bowman)、埃尔默·戴维斯(Elmer Davis)和J.B.C.伍兹(J. B. C. Woods)。他们的这份回复提出了几个论点:贺拉斯·曼学校是一所示范学校,林肯学校是一所实验学校,两者决不应该混作一谈;各调查组的人员不具备执行任务的资格(包括林肯学校家长资助的调查人员);合并这两所学校的合法性令人怀疑。[20]

这群家长的论点并没有打动教师学院的董事,于是在 1940 年 11 月 4 日,后者投票通过合并这两所学校的决议,就像特别委员会建议的那样。一群义愤填膺的林肯学校的家长以法律诉讼的方式回应了这一决定,试图从州法院获得禁令阻止合并。在诉讼悬而未决的时候,合并不得不暂停。

林肯学校的支持者,在纽约州最高法院法官卡罗尔·G.沃尔特(Carroll G. Walter)面前的辩论中坚称,合并的提议是对捐赠基金的滥用,"示范性"贺拉斯·曼学校的混入将破坏林肯学校实验的纯粹,以及董事会的动机是财富而非教育。沃尔特法官并不认同他们的这些观点。1941 年 12 月 16 日的意见书表明,他坚信:"中小学教育领域的实验工作不会停止,也不会因为实行董事会投票通过的计划而削弱活力或放慢步伐。"一些教育实验——不是作为教育机构的林肯学校——是由普通教育委员会资助的,因此拟议的合并没有偏离拨款的初衷,是合法的。至于合并是出于财务而非教育方面的考虑,沃尔特大法官写道:"前提成立,结论不成立。"恰恰相反,是因为教师学院大量的预算用在了运营学校上,才削减了教育实验的资金,"他们(董事会)已然是在领导保持和深化实验工作的方向"。禁令被驳回。[21]然而,这场在高级法院的诉讼导致合并被推迟到 1943 年秋天。

决定合并这两所学校的原因之一,是为纯粹的实验目的拨出更多的资金,也就是说,节省学校的运营经费,从而为教育实验留下更多的钱。当学校最终合并时,贺拉斯·曼-林肯学校实验研究所(Horace Mann-Lincoln Institute of School Experimentation)也同时成立,在新安排中承担了实验职能。

这个研究所的主要问题是:如何最好地利用贺拉斯·曼-林肯学校解决国家公立学校面临的问题?一旦研究所找到了解决这些教育问题的办法或一部分解决办法,它怎样才能最好地传播研究成果,并在公立学校真正投入使用呢?研究所认为,最好的办法是充当公立学校和西123街实验室之间的纽带。其工作人员与公立学校的教师和行政人员进行广泛的讨论,梳理和探索他们的问题,并且在贺拉斯·曼-林肯学校中解决这些问题,研究结果也会由工作人员呈报给公立学校,以帮助他们将解决方案应用于实际场景中。为了帮助这一进程的开展,研究所迅速与丹佛的学校系统建立了友好的工作关系,还有堪萨斯城、夏洛特市、宾夕法尼亚巴克斯郡以及马里兰州蒙哥马利郡的学校。[22]

这个计划看似合理,但并不奏效。在丹佛、堪萨斯城和其他地方的学校,学生们所面临的问题,不同于贺拉斯·曼-林肯已经面临的或是可能面临的问题。当公立学校的学生和贺拉斯·曼-林肯学校的工作人员聚在一起时,他们发现彼此使用的教育语言截然不同,面临的教育需求也迥然相异。公立学校面临的问题包括学生学习迟缓,毕业后直接走向工作岗位的学生的经济能力的培养,以及卫生教育。但诸如此类的问题在贺拉斯·曼-林肯学校中并不明显。在贺拉斯·曼-林肯学校里,学习迟缓者是智商达到110的小孩。这些学生在家庭中养成了良好的卫生习惯。最重要的是,贺拉斯·曼-林肯的学生在拿到高中文凭后并没有停止接受正规教育。1944年,贺拉斯·曼-林肯学校的每一位毕业生都于次年被大学录取;1945年的六十六位毕业生中,只有一位在第二年秋天没有上大学。在学术能力、社会经济背景和可能的未来职业方面,贺拉斯·曼-林肯学校的学生与大多数美国公立高中的学生相差甚远。[23]事实证明,在一个与大多数公立学校截然不同的机构中,试图解决一个典型公立学校的问题是不切实际的。

如果说从实验的角度来看,贺拉斯·曼-林肯学校是令人失望的,从财务上来说,它也同样是令人沮丧的。两所学校的合并确实在一定程度上降低了运营成本,并使投入更多资金进行研究成为可能。1942—1943年,在贺拉斯·曼学校和林肯学校独立运作的最后一年,一般开支以外可用于研究的费用为26 646美元,而第二年增加到47 463美元。但是,可用的研究资金在接下来的两年里缩减了,而且由于学校运营成本的上升,可用资金预计还会继续减少。为了维持学校的标准,有必要增加预算。1945—1946年,贺拉斯·曼-林肯学校的教师工资低于1935—1936年的水平,只有9

名教师的工资超过了 3 000 美元,而纽约市地区的优秀公立学校的教师工资却高达 4 500 美元。贺拉斯·曼-林肯学校退休金的支付规模也完全不够。[24]

考虑到这些情况,学院副院长、教师学院学校和学校实验部部长霍利斯·L.卡斯韦尔在 1946 年 3 月写了一份备忘录,题为《教师学院学校实验项目中的贺拉斯·曼-林肯学校》(Horace Mann-Lincoln School in the Program of School experiment in Teachers College)。他提出了三个可供选择的行动方案:实验可以完全在教师学院学校内进行,就像 1943 年以前那样;可以按照 1943 年以来的模式继续发展;也可以只在公立学校进行。他明确表示,最后这个选择是最好的方式,并且在 1946 年 3 月 14 日,教师学院行政部门建议学院的董事会关闭贺拉斯·曼-林肯学校,来自普通教育委员会拨款的收入将用于贺拉斯·曼-林肯学校实验研究所开展的教育实验。

董事会任命了董事当中的五人作为特别委员会来调查情况并提出行动建议。这个由董事亚瑟·W.佩奇(Arthur W. Page)担任主席的团体,建议在 1948 年 6 月关闭贺拉斯·曼-林肯学校,出售或出租西 123 街的房产,并将拨款基金的收入用于研究所。在 1946 年 6 月 13 日的会议上,董事会通过了特别委员会的建议,也通过了执行建议的决议。[25]

贺拉斯·曼-林肯学校的一些家长将董事会的行动视为法律战的信号,就像 1940 年的合并那样。普通教育委员会对教师学院管理层和董事会的决定没有异议,但这两个机构都希望在法庭上确认关闭学校的合法性。因此,教师学院对州检察总长纳撒尼尔·L.戈尔茨坦(Nathaniel L. Goldstein)和普通教育委员会提起了诉讼。一群贺拉斯·曼-林肯学校的家长和赞助人在这个时候作为被告参与到案件中,这个原本平静的案件变成了一场报复性的法律战争。

就像第一起诉讼一样,案件的关键在于对拨款文书的解释,首先是关于西 123 街的资产,还有后来拨给教师学院的 300 万美元。案件的被告争辩说,普通教育委员会已向教师学院拨款,用于实验学校的使用、维持、运作和支撑,因此,学院在法律上有义务维持这样一所学校。教师学院认为,已有拨款用于教育实验,贺拉斯·曼-林肯学校或其他任何实验学校的运作只是实验的一种模式,放弃这种模式和启用研究所不违反拨款的初衷。

第二场诉讼的主战场在纽约州最高法院,根据该州不同寻常的命名法,这是一审而不是终审。1947 年 4 月,在聆听了连日数不胜数的激烈辩论和证词之后,最高法院的主审官伯纳德·博泰(Bernard Botein)法官做出了有利于教师学院的裁决。他总结说,这是教育实验,而不是普通教育委员会拨款时考虑建立的实验学校,"原告的结论是合理的,即学校'不再是进行实验的有效工具',研究所公平竞争成为……实验的有效媒介"。[26]家长们将博泰法官的裁决上诉至最高法院,但在 1947 年 11 月,约翰·范·沃希斯(John Van Voorhis)法官,代表法庭的一致决议,维持原判。

法律障碍被扫清后,贺拉斯·曼-林肯学校在 1947—1948 学年结束时关上了它的大门。当时十一年级的学生第二年被允许在贺拉斯·曼大楼继续学习,1949 年 6 月,最后一批学生从实验学校毕业。从那时起,教师学院就一直都没有实验学校或示范学校,除非把位于里弗代尔的贺拉斯·曼男子学校算上。贺拉斯·曼男子学校与教师学院的联系非常薄弱,在地理和思想上都与学院不同。[27]

判断教师学院学校的价值是一件困难而复杂的事情。在学校的学生方面,对大多数计划上大学的中产阶级年轻人来说,它们无疑是一流的学校。学校中上大学的毕业生数量记录和教育专家公正的评判证明了这一点;在 1925 年的声明中,罗素院长对学校作为"实验站"的成功表示满意也证实了这一点。当时的学校,尤其是林肯学校,仍然对美国的公共教育具有相当大的影响。后来,学院学校的影响力下降了,这并不是证明它们的质量发生了变化,这说明公立学校的问题发生了变化,因为公立学校越来越关注美国所有年轻人的教育问题。

1946 年,董事会和管理层认为,贺拉斯·曼-林肯学校实验研究所是在公立学校进行试验最有效的工具,研究所的记录充分证明了这一点。关闭学校并将拨款基金用于研究所,增加了学院教育实验室的数量。以前教师学院只在晨边高地有实验学校,现在全国都有了,这些公立学校具有典型的公立学校学生群体。

研究所大量的出版物是该机构活动的证据,大量书籍的出售表明它的影响力远远超出其直系附属学校。在过去的十年里,没有任何一个教育研究中心像它这样多产。研究所在儿童发展内涵和社会变化对课程的影响、学生学习迟缓、经济能力发展和高效领导者教育等领域做了杰出的工作。

贺拉斯·曼-林肯研究所只是教师学院里众多此类研究机构之一，这些年来，学院一直把注意力放在解决关键性教育问题上。由于有组织的团体研究可以追溯到学院的成立之初，所以毫不奇怪，许多1927年以前的研究所在新政时期仍然存在，而其余的研究所是为了响应该领域新的教育需求而建立的。

当小罗素担任院长时，教师学院有四个主要的研究机构：（1）实用技术研究所（Institute of Practical Arts Research）；（2）国际研究所（International Institute）；（3）教育研究所（Institute of Educational Research），下设教育心理（Educational Psychology）、学校实验（School Experimentation）和田野研究（Field Studies）三个部门；（4）儿童福利研究所（Institute of Child Welfare Research）。1935年，实用技术研究所更名为实践科学研究所（Institute of Practical Science Research），在1936—1937学年继续运作，推动了营养学的研究，其存在的最后几年专门研究维生素B。

国际研究所一直持续到1937—1938年底，直到洛克菲勒基金会根据事先的安排终止拨款。事实上，在1927年以后的几年里，它的活动扩大了。越来越多的外国学生前来学习，直到大萧条席卷世界；在1931—1932年，也就是梅西奖学金（Macy Fellowship）资助的最后一年，超过1 200人在学院就读。教师学院的教授们则分布在世界各地，研究教育体系、授课和写作。乔治·康茨在苏联广泛游历；托马斯·亚历山大（Thomas Alexander）通过德国学校指导美国教师，通过美国学校指导德国教师；保罗·孟禄成为伊斯坦布尔罗伯特学院（Robert College）的校长，撰写了大量关于近东教育的著作；研究所的其他成员游历了欧洲、澳大利亚、新西兰和拉丁美洲；1932年，研究所参与了对伊拉克学校的广泛调查。然而，20世纪30年代的经济状况使得许多广泛的活动缩减。在1933—1934年间，洛克菲勒基金会的资金减少了，此后，游历考察和专门研究的次数减少了。而这个针对在校外国学生的项目仍在继续，并且获得了足够的资金来完成当时正在进行的研究。[28]

虽然自1938年国际研究所就不复存在——一个拥有短暂历史的比较政府与教育研究所（Institute of Studies of Comparative Government and Education）于1946年成立，"以科学的精密性来研究教育与民主之间的关系"，但在一年的积极活动后停止运作[29]——该组织的许多工作一直延续到现在。在教育社会与哲学基础系中，如今有许多比较教育的课程,这些课程的教授们继续在这个领域进行考察、研究和写作。学院里仍然有大量的外国学生,他们有专门的美国文明和教育课程。此外,研究所的重要引导服务通过做外国学生的顾问继续提供。通过国际研究所和外国学生,学院在海外具有相当大的影响力,因为在研究所存续期间,超过 7 500 名学生在学院学习,这些学生往往在本国教育系统中具有较高地位,其影响力远超其人数比例。

教育研究所的工作在这些年中继续进行并不断扩大,但进行了一些组织改革。为了更好地协调学院学校的各种实验和公立学校的许多教员研究项目,林肯学校实验研究所于 1927 年在奥蒂斯·W.考德威尔教授的指导下成立。一年后,它的名称被缩减为学校实验研究所(Institute of School Experimentation);在接下来的 7 年里,该机构继续资助中小学进行"学科、实践和程序"的开创性研究。1935 年,研究所停止运营,直到 1943 年贺拉斯·曼-林肯学校实验研究所成立,类似的机构才再次出现在学院中。

与此同时,教育研究所的另两个部门——它们在二战后变成了独立的组织,仍然非常活跃。教育心理部门继续开展许多核心项目,也进行了一些创新。在持续性研究中,包括对成年人的学习过程和知识保持情况进行的调查;还包括对 2 500 名男孩和女孩的工作生涯进行的后续研究,被调查者在 1921 年受到了该部门的智力、文书和机械测试。后一项研究在职业指导领域具有重要意义。在桑代克教授退休后,亚瑟·I.盖茨继任该部门的主任,后来欧文·洛格(Irving Lorge)成为研究小组的执行官。在新一届管理层的领导下,该部门着手进行一项重要的语义学研究,对词汇各种含义的使用频率做了详尽的统计。[30]最近,它为残疾人士开发了智力测试,在脑瘫协会(Cerebral Palsy Association)的支持下进行了一项研究,并为美国空军开展了心理方面的工作。现在它被称为心理研究所(Institute of Psychological Research),它还与成人教育研究所(Institute of Adult Education)进行老年病的合作研究。

不论是作为教育研究所的一个部门,还是从成为一个独立研究所之初,田野研究团队的主要职能是进行学校调查,并向学校行政人员和教育委员会提供咨询意见。全国没有任何组织在这方面如此积极。佛罗里达的一所公立学校,从大学、学院到中小学,还有一所芝加哥的公立学校,都在其广泛的调查中。它的财政研究对各地的学校管理人员都很有用，并且它为发展功能更强大的学校架构进行的工作，也在全国各地产生了影响。

管理研究所（Institute of Administrative Research）和教育管理合作项目（Cooperative Program in Educational Administration）于近期成立，主要关注学校管理。前者负责协调一些独立项目的工作：大都会学校研究协会（Metropolitan School Study Council），该协会由六十个主要位于纽约地区的学校系统组成；联合公立学校系统（Associated Public School Systems），包括全国超过两百个学校系统；中央学校研究（Central Schools Study），包括纽约州超过两百个中央农村学校；还有一个致力于解决大城市教育问题的组织。教育管理合作项目是全国性项目的一部分，致力于改善由凯洛格基金会资助的学校管理者教育，教师学院是美国八个地区研究中心之一。

儿童福利研究所于 1929 年更名为儿童发展研究所（Child Development Institute），直到资助它的资金于 1936 年到期。海伦·T.伍尔利（Helen T. Woolley）退休后，儿童发展研究所由露易丝·海登·米克（Lois Hayden Meek）领导，出版了许多专著，开办了幼儿园，还成立了家庭咨询局（Family Consultation Bureau）。它在临床研究中与学院的心理学家密切合作；在新政初期，它在帮助联邦紧急救济总署（Federal Emergency Relief Administration）为贫困家庭建立幼儿园方面发挥了重要作用。

最后，近年来，教师学院还成立了另外三个大型研究机构：成人教育研究所（Institute of Adult Education）、公民教育项目（Citizenship Education Project）和护理教育研究与服务研究所（Institute of Research and Service in Nursing Education）。成人教育研究所成立于 1941 年秋天，当时教师学院与成人教育协会（Association for Adult Education）和卡耐基公司达成了一项协议。几年来，卡耐基公司一直是成人教育协会的主要赞助者；卡耐基公司希望在其领域中培养更多的人才，因此迫切要求与学院达成协议。随着该研究所的成立，成人教育协会会长莫尔斯·A.卡特赖特（Morse A. Cartwright）成为新研究所的执行官以及教师学院的教育学教授。从那时起，该研究所不仅制定了有效的成人教育人才培训项目，而且在这一领域进行了重要的研究。在战争年代，成人教育研究所与其他相关组织合作，为回国的退伍士兵定制了教育项目。从那时起，它一直致力于达成国际间交流理解的成人教育。

如今教师学院规模最大、最引人注目和宣传效果最好的组织之一是公民教育项目。该项目始于 1949 年，得到了纽约卡耐基公司的慷慨资助和德怀特·D.艾森豪威尔（Dwight D. Eisenhower）总统的支持。这个项目旨在帮助全国的学校，把学生培养成有责任心和有能力的公民，近一千所公立学校、超过二十所师范学院和大学教育学院与之合作。除了与学校的合作外，该项目还与军方领导者合作，开发了一项被称为"自由时光"（Hours of Freedom）的有趣且有影响力的活动，这个活动为美军信息和教育部（Division of Information and Education of the United States Armed Forces）准备了一系列辅助训练。

这个项目的领导者——小罗素校长担任主任，威廉·S.文森特（William S. Vincent）教授为执行官，罗素教授是副执行官——工作前提是，仅有政府、政治和社区的相关知识不足以培养良好的公民意识。他们的目的是帮助教师吸引学生参加公民活动。这个计划旨在通过实验室实践，让学生们像学习化学或家政学一样，成为积极主动、见多识广的公民。一些学校和社区在发展公民意识和公民进步方面取得了可喜的成果。1953 年初，卡耐基公司为这个项目提供了额外的资金，其拨款总额超过 130 万美元。

最后，学院最新成立的研究所是护理教育研究与服务研究所。这个研究所在 1953 年 3 月 1 日正式成立，是首个以护理教育和服务为目的的专门机构，并获得洛克菲勒基金会为期五年的 10 万美元拨款。毋庸置疑，设立该机构的最初提议显然源于专业 IV 更全面的工作，将护士专业教育纳入大学的范围。[31] 因此，人们很可能期望它的项目在未来几年成为更广泛的研究中的一部分。

因此，通过学校和研究所，教师学院已经并将继续对美国教育产生重要影响。通过实例和已发表的研究，以及通过真实的教育领袖的培养，起源于校园的思想和政策因此辐射全国。衡量这种影响的程度将是一项非常困难，甚至是不可能完成的任务。然而，毫无疑问，来自 120 街的许多创新改变了美国教育的目的和方式。因此，如果"弯曲的树苗终将长成弯曲的大树"这句谚语是正确的，那么教师学院从这个方面来说对美国文明产生了不小的影响。

注释

1 引自 *Report of the Dean*，1931，p. 22，and *New College Announcement*，1932 – 33，pp. 4，5.

2 "Report on New College"（Unpublished manuscript signed by Professors Jesse H. Newlon，Florence Stratemeyer，E. S. Evenden，and Donald G. Tewksbury，dated November 27，1937），pp. 16 – 17，President's files.

3 同上，pp. 3 – 10.

4 同上，pp. 25 – 27.

5 同上，pp. 16 – 22；*New College Outlook*，November 13，1936，November 13，1937，and November 22，1937.

6 "Report on New College," p. 39；William F. Russell，Announcement Regarding New College，November 10，1938.

7 "Report on New College，" pp. 48 – 51.

8 *New College Outlook*，January 18，April 8，1938.

9 *Columbia Spectator*，November 11，1938；*New York Herald Tribune*，November 11，1938；New York *Times*，November 11，1938.

10 *Columbia Spectator*，November it，1938；*Nation*，November 19，1938；*American Teacher*，XXIII（December，1938），16 – 17.

11 Minutes of the Faculty of Teachers College，February，1939.

12 教师咨询委员会的报告收录在 *Teachers College Record*，XL（February，'939），444 – 50. 引用从 pp. 448 – 449.

13 Supreme Court of the State of New York，County of New York，David Elliott，*et al.*，Plaintiffs，v. Teachers College and John J. Bennett，Jr.，as Attorney General of the State of New York，Defendants，Opinion of Walter，J.，December 16，1941，p. 3. 以下简称为 Walter Opinion. Exact copies of the agreements of 1917 and 1912 are in Supreme Court of the State of New York，Appellate Division，First Department，Teachers College，Plaintiff- Respondent，v. Nathaniel L. Goldstein … and General Education Board，Defendants-Respondents，and Harrison S. Elliott … Elinor S. Gimbel … and Walter M. Wechsler … Intervening Defendants-Appellants，New York County Clerk's Index No. 17825 – 1946 (3 vols.，1947)，I，42 – 62. 此后第二份林肯学校诉讼的记录被引用为教师学院诉戈德斯坦等。

14 Walter Opinion，pp. 4 – 5；the instruments of grant are published in Teachers College v. Goldstein，et al.，1，31 – 41.

15 Walter Opinion，p. 5；Teachers College v. Goldstein，et al.，I，63 – 70.

16 *Report of the Special Committee of the Trustees of Teachers College on Horace Mann School and Lincoln School*，May，1940，pp. 4 – 5，10 – 11. 以下引用为 Report of the Special

Committee，1940.

17 同上，pp. 7 - 8.

18 Frederick H. Bair, Alonzo G. Grace, Floyd W. Reeves, and Luther Gulick, "Report of the Informal Advisory Committee of the Lincoln School," November, 1939; Guy E. Snavely and Wyatt W. Hale, "The Horace Mann Schools and Lincoln School and Their Relation to Teachers College," December, 1939.

19 *Report of the Special Committee*, 1940, pp. 25 - 26.

20 *The Lincoln School-Teachers College Controversy: A Reply to ... Teachers College*, June 5, 1940.

21 Walter Opinion. Quotations are from pp. 8, 10.

22 "Progress Report to the Director, Horace Mann-Lincoln Institute of School Experimentation, to April 1, 1946," Appendix D of *Report of the Special Committee of the Board of Trustees of Teachers College on Horace Mann-Lincoln School*, June, 1946, pp. 93 - 113.这份报告在下文中引为 *Report of the Special Committee*，1946.

23 Testimony of Hollis L. Caswell in Teachers College v. Goldstein, *et al.*, 1, 383 - 86; *Report of the Special Committee*, 1946, pp. 21 - 24.

24 *Report of the Special Committee*, 1946, pp. 30 - 33.

25 同上，pp. 43 - 45; Teachers College v. Goldstein, *et al.*, I, 19 - 21.

26 Teachers College v. Goldstein, et al., I, 484.

27 学院也经营阿格尼丝·拉塞尔中心,现在位于贺拉斯·曼大楼。这所学校主要用于服务学院师生的孩子,不用于实验或示范。

28 *Report of the International Institute of Teachers College to the Rockefeller Foundation*, January, 1939.

29 *Report of the Dean*, 1947, p. 27.

30 Irving Lorge, "The Division of Educational Psychology of the Institute of Educational Research," *Advanced School Digest*, II (February, 1937), 1 - 2.

31 "Proposal for an Institute of Nursing Education Research, Experimentation, and Field Service" (Mimeographed), in files of Director of Division IV.

第十三章
全体教师(1927—1953 年)

众所周知,教师对任何教育机构的成功都起着关键性作用。教师学院从一开始就充分意识到这一点,并一直致力于吸引有能力的学者和教师,并为他们持续的专业发展提供令人振奋的激励。教师的主要职能当然是教学和研究;但是,培养高级教育工作者的要求不止于此。在世纪之交前,一位明尼苏达州的学校主管就曾写道:"大学教授可能会安坐在高座之上,解决一些业已稳定的问题;但师范学校的教授却生活在马背上,必须面对田野。"他的论点也适用于教师学院:学院所需要的教授就是这样的人,他们在教育一线的工作和对地方、国家、国际各种教育项目的参与将不断丰富他们的教学和学术写作。[1]

一项对正教授的深入研究很快显示,1927—1928 年间学院共有 103 名教授,这是一个同质化程度相当高的群体。其中的大多数人出生在东部或中西部小城镇,来自印第安纳州、伊利诺伊州和俄亥俄州的教授占比最大。仅有两个人出生在纽约市。有不少人来自南部和新英格兰,而来自远西区(Far West)和加拿大的各有三人。出生在瑞典的亨利·约翰逊(Henry Johnson)和原籍罗马尼亚的艾萨克·坎德尔(Isaac Kandel)是仅有的两位非英语背景的教授;约翰逊两岁时来到美国,坎德尔在英国曼彻斯特长大。

1927—1928 年间典型的正教授出生于 19 世纪 80 年代,有小型的文理学院或州立大学的学习经历,并且曾在公立学校任教多年。大多数人在芝加哥大学或教师学院取得了他们的博士学位。他们中的大多数人在学院工作了十年或以上;在被任命为正教授时,他们通常被认为是各自领域的专家。因此,这一时期教师学院的教授是来自小镇的美国人,家世普通,通过在大学里的出色工作和在该领域的丰富经验被公认为杰出的教育权威。[2]

到 1950—1951 年,常任教师的人数已增至 137 人。教师的平均年龄没有明显变化,一半以上的教师还未到五十岁。大约 36% 的教授是女性,与 1927—1928 年相比有很大的增长。的确,学院在这方面的成就十分具有开创性,因为在这一时期,女性很难甚至几乎不可能担任比导师(instructor)或讲师(lecturer)更高的职位,而学院的女性成员在学术上的晋升与她们的男性同事一样。尽管教职工来自全国各地,但中西部地区仍然是主要力量,贡献了超过 40% 的教授,东北部占 34%,南部和远西区各占 10% 左右。[3] 1950—1951 年间,有 9 名教师出生于国外。

在 20 世纪中期,一个典型的教师可能迫切需要阿诺德·本涅特(Arnold Bennett)那本有四十年历史的经典著作,《一天 24 小时如何生活》(*How to Live on 24 Hours a Day*)。教师的教学范围包罗万象,从开课前的数百场讲座,到博士生研讨会的指导,再到成熟领导者分享专业经验的工作坊。毫无疑问,教师拥有独特的教育方法,这不仅能提高学习质量,而且还可以通过学生激发更好的教学。教师学院的教师们让学生围成圆形、椭圆形、正方形或排成行。学期被分为"有组织的"和"无组织的";教学是"指示性"和"非指示性"的;小组是万灵药,也是麻烦精;等级评定是评价性的、有益的同时也是陈旧过时的(passé);考试既必要也不必要。而"普通教授"(Average Professor)对持不同意见的同事能友善但自信地进行批评。

此外,田野工作、与公民团体合作和参加专业组织的需求也一直存在。在这些年的任一期《教师学院学报》(*Teachers College Record*)中,我们都可以看到每个院系团队的各种活动。事实上,在 20 世纪第二个二十五年中,在全国教育范围内都很难找到一个主要的执行委员会或编辑部,会以缺少教师学院教授的成员为荣。例如,仅在过去的十年中,学院教职人员就曾在下列组织中担任主席:儿童教育协会(Association for Childhood Education),全国商业教育协会(National Council for Business Education),美国卫生、体育教育和娱乐协会(American Association for Health, Physical Education, and Recreation),美国天才儿童协会(American Association for Gifted Children),美国教育研究协会(American Educational Research Association),美国国家艺术协会(National Art Education Association),美国社会科学协会(National Council for the Social Studies),杜威协会(John Dewey Society),美国英语教师协会(American Council of Teachers of

English），美国心理学会（American Psychological Association），以及美国高校教育学教师协会（National Society of College Teachers of Education）。

除了教学和田野工作外，教职工委员会还有无数的任务，从监督食堂到改进年度记录的格式和可读性。对民主程序从来不吝惜时间；作为对学院事务拥有发言权的代价，教授们将大量时间花费在与同事们讨论学院事务上。

最后，在剩余的时间里，教授可能会进行写作——撰写他巨著中的一章，不计其数的文章，或是对其专业年鉴作出迟来的贡献。在这一方面，教员们每年的生产力是惊人的，董事会议室墙边排列的几百本各色书籍很好地证明了这一点。快速回顾任何一年，可以发现其主题的丰富性，从营养学到学习理论，从临床护理到教会、州和学校的问题，从协奏曲欣赏到城市学校系统成本与质量的关系，每个主题都代表着学院庞大和多样的项目的不同重要方面。

高等院校特别容易产生一种知识疾病，即"一元论"的毛病，其可靠的免疫方法仍未被发现。它最可怕的症状是整个机构在语言、思想和行动上极度雷同。教师学院的教师们有时被指责已经病入膏肓。然而，就像马克·吐温（Mark Twain）一样，关于死亡的报道是一种"严重夸大"。

事实上，很少有人能像 1937 年《纽约时报》（*New York Times*）的专栏作家那样，捕捉到教师学院教师的智慧。在"时代主题"的标题下，他写道，"对其最好的描述应该是，这是一个不幸福的大家庭"。[4]专栏作家进一步解释说，不和睦的家庭里，成员们总是在每一个能想到的话题上扯着嗓门争吵。《纽约时报》认为，这正是它应该有的样子，这一情况使教师学院成为纽约市最令人鼓舞的知识中心之一。文章总结道："一般来说，当教师学院的一名教授出现在晨报上的时候，他正在和隔壁的教授争执。"[5]

小罗素院长在 1937 年的年度报告中，明确了这场内部纷争的思想和行政基础。他把巴黎古老的大学作为学术理想，在那里，学生们上山能聆听香蒲威廉（William of Champeaux）①的观点，下山能听取阿伯拉尔（Abelard）②的回应。院长坚持认为，教师

---

① 香蒲威廉（约 1070—1122 年），曾在巴黎大学和圣维克多修道院任教，是十一世纪末至十二世纪初知名的哲学家。——译者注
② 阿伯拉尔（1079—1142 年），法国著名的神学家和经院哲学家，曾师从香蒲威廉。——译者注

学院没有单一的观点和制度化的哲学。没有采取单一的立场，没有提出统一的建议，也没有发布大家都认可的声明。事实上，学院一直试图确保所有观点的代表性，因此老罗素院长的政策被延续下来，以确保良好的知识差异。[6]事实上，这差异是如此完美，以至于院长的政策声明本身就遭到克伯屈教授的反对，理由是它会延续过时的社会哲学。[7]

然而，院长并没有将倡导具有代表性的思想和观点推向破坏性的极端立场。他欣然承认，给"普通"的地理学家、颅相学家、占星家或《麦加菲读本》(*McGuffey's Readers*)的拥护者提供工资和办公场所，似乎无利可图。[8]因此，教师学院的思想冲突与管理制度的支持和鼓励共存；事实上，院长本人也经常积极参与到争论中。此外，冲突牵涉到了现实的问题，因为美国教师和学校过于紧迫和持久的需求，绝不能在学术上卖弄或造假。

1927 年以后的时间，以有关教育哲学和教育政策无休止的公众争论为标志，不用说，这些争论不可能全部记录在册。对少数必要问题进行简单陈述就足够了，因为这几个问题能清楚地展示分歧的基本特点。这件事几乎立即变得十分明显：许多冲突的矛盾点深深植根于基本的哲学分歧。一方面，有些人坚信公认的方法和机构能最好地处理当今的问题；另一方面，有些人坚持认为，只有新的方法和机构才能实现根本的社会和教育变革。前一派中有许多人使用更传统的哲学假设来支持他们的主张，而后者往往没那么看重经验主义的哲学。

在这几年里，除了学院教育哲学的教学团队以外，找不到更活跃或更有资格的经验主义立场的诠释者了。他们都是亲近杜威思想的学生，他们不断地寻求——无论是以个人还是合作的方式——进一步发展哲学思想并加强其对教育的影响。柴尔德斯(Childs)教授的论文，《教育与经验主义哲学》(*Education and the Philosophy of Experimentalism*)，是最早系统地将杜威哲学向教育领域扩展的一次尝试，它也很好地阐释了当时的观点。[9]柴尔德斯在介绍他的观点时，称经验主义是一种美国本土哲学，是一系列特定时间、地理和文化条件的产物。在经验主义者的世界观中，隐含着一个不断变化、不断更新的充满了不确定性和偶然性的世界的概念。[10]有了这种世界观，人类创造性的智慧就成为处理生存问题的基础。因此，教育的最终目的是培养懂得如何明智地管理自己生命的人。[11]

在经验主义哲学中同样重要的是知识的工具性概念。根据这一观点，所有信仰和行为的最终权威都源于普通的人类经验。因此，知识变成了"我们对事件条件和后果的理解"。[12]因此知识既是经验的结果，又在进一步的经验中复用，通过不断丰富的经验获得发展是一切教育的目的。[13]

经验主义把它的意义建立在人类经验的基础上，拒绝一切绝对真理。在经验主义者的世界里，变化是真实的，生活是一个不断面对改变的过程。这个过程就是经验；经验发展形成了我们所知的独特的人类。因此，对于经验主义者来说，知识、思想和智慧都是个人日常经验的一部分。

根据这里描述的情况，对 20 世纪 30 年代教员的忠诚度提出高要求似乎是公平的。尽管如此，一些著名的教授还是提出了尖锐而有力的批评。艾萨克·坎德尔就是这样的一位批评者，他的 Kappa Delta Pi（KDP）①演讲集《不确定性崇拜》(*The Cult of Uncertainty*)，吹响了保守派战斗的号角。坎德尔认为，经验主义既是一种看待世界的方式，也是一种方法论。作为一种看待世界的方式，它摒弃了完整性和确定性的概念，专注于不确定性。作为一种方法论，它试图解决生活中不断变化的问题，发现事实和价值。事实是行得通的，价值是随时代而变化的。[14]因此，任何经验都是合理的，因为除了个人的反应之外，没有其他的价值标准。在这样的说法下，即使是经济剥削和极权主义也可能站得住脚。

坎德尔接着说，进步的教育者是民主理想最坚决的拥护者之一。另一方面，他们对创新的强调和对传统权威的轻视忽视了这样一个事实：经历了几个世纪漫长而痛苦的人类斗争之后，民主才得以出现。[15]坎德尔警告说，在暂时的知识和不断变化的价值观念中，反智主义和非理性主义一直存在；它们很容易变得根深蒂固，以致重归理性的道路是如此漫长而艰难。如果说民主有什么意义的话，那它的意义就是对过去经受过考验的价值观的信赖。因此，一种拒绝权威、传播怀疑论的哲学只能导致反民主。"少年和儿童，"他说，"用他们自己的语言回应了这些观念。""那又怎样"和"你说你的"

① Kappa Delta Pi（KDP）是一个国际范围的教育荣誉性学会组织。——译者注

这样的口号,是对权威和久经考验的信条的新态度。[16]

这场针锋相对的哲学争论的本质,是关于学科在学校课程中的角色的根本分歧。毫无疑问,这是当时讨论最广泛的教育问题之一,无论教师们在何处见面交谈,这个问题都会引起激烈的争论。教师学院教员在这个问题的正反两个方面都有很好的观点来支持。因此,威廉·H.克伯屈(William H. Kilpatrick)询问进步主义者:"我们的学校是否应该将体验和活动工作的非正式学习作为中心,减少正式的系统化的功课、纪律和服从的压力,转而通过鼓励学生在教师主导的情况下展现主动性和培养责任感,寻求对学生主动性、纪律性、责任感的培养和基础学科的掌握?"[17]作为回应,威廉·C.巴格莱(William C. Bayley)向本质主义者发问:"我们的公立学校是否应该通过对阅读、写作、算数、历史和英语等学科的系统培训,来培养男孩女孩作为成年人的责任,并且在必要时,是否应该通过将非正式学习作为补充而非核心来强调纪律和服从?"[18]

冲突历时长久,其间著作繁多。保守派称进步派是"轻率的",而进步派则回敬他们是"守旧的"。关于进步主义立场,克伯屈在深思熟虑后写了一份关于进步主义立场的声明,他在《行动运动的要旨》(*The Essentials of the Activity Movement*)中阐述了新学派的中心思想。[19]他认为,传统的课程是由"既定学科内容"构成的,新课程以自我驱动为核心,旨在通过孩子们有目的的努力来克服障碍和解决问题。[20]他以皮尔斯(Peirce)、詹姆斯(James)和杜威的思想作为哲学基础,重申了实验主义者对变化性和偶然性的未来的概念。他认为,正是这种偶然性否定了保守派的说法——为成年生活提供具体的准备是可能的。事件的发展充满惊喜;为了管理它们,人们必须分析、计划、测试并做出改变。换句话说,人必须有目的地探究。这个过程是活动项目的核心。行动项目与民主密切相关;任何真正的民主人士都会觉得它很亲切,因为这个行动项目代表了理智的自我驱动,而不是屈从,代表了无私的关心,而不是自我中心的个人主义。[21]

正如克伯屈被公认为进步主义的领导者一样,威廉·C.巴格莱也被认为是保守派的代表。巴格莱的文章《学科内容过时了吗?》("Is Subject-Matter Obsolete?")就是一个极好的例子,证明了他对有组织的学科内容的终生捍卫。[22]他认为,在要求取消学科时,通常存在两种谬误。第一个谬误是必须一直牢记学科内容。[23]实际上,巴格莱指出,保守教育者对理解的兴趣远胜记忆,前者是真正的学习发生的唯一形式。第二个谬误更加阴险,即假设知识只有工具性这种单一的功能。巴格莱引用桑代克的实验,证明"真正的学习只能在有问题的情况下进行"这一论点在心理学上是站不住脚的,[24]巴格莱主张进行系统研究,以便更深刻、多视角地了解现状。进步主义者只强调工具性,进行一个片面的理论之争;在否认有组织的学科内容的作用时,他们是在削弱国家的教育组织。[25]

在过去的那些岁月中,哲学和课程之争并不是唯一震动学院的矛盾。在教育学中文化理论大行其道的情况下,政治冲突也成为日常事务。"不幸家庭"的画面再一次占据了上风。这一时期最伟大的宣传册之一是乔治·S·康茨的《学校是否敢于建立新的社会秩序?》(*Dare the School Build a New Social Order?*)——集合了他在 1932 年向教育协会发表的三场演讲。[26]在那本小册子中,他重申了美国人对正规教育传统的坚定信念。然而,他同时也尖锐地指责了进步教育学家们狭隘的教育理论。他认为,进步主义者如此重视儿童,但他们忘记了养育孩子的社会。如果教师要真正进行教育,他们就必须把更多注意力转向社会环境,这是一切教育发生的环境。

然而,这种观点一旦被认可,理想社会的问题就立即变得息息相关。康茨的立场是,教师应该在制定理想社会目标方面发挥主要作用,并自觉地为实现这些目标而努力。他强调美国人生活在一个因科学技术的出现而变革的时代。人类在历史上首次拥有消除世间贫困和苦难的手段。此外,一个多世纪以来,美国梦的本质一直是这样的一个社会愿景,即普通人的生活能更富裕、舒适和高尚。美国教师的道路十分明确:他们必须获得权力,并利用它来帮助创建一个伟大的新社会,"相较于今天的美国,那个社会的公正、高尚和美丽是难以估量的"。[27]

尽管这样的论点吸引了上千名美国教师,但很快一种同样真诚、同样充满活力的反对意见也开始出现。没有人比小罗素院长本人表达得更为清楚。尽管他经常明确地发表反对意见,但没有比 1937 年在新奥尔良发表的重要演讲更清楚明白的了。在这篇演讲中,院长称康茨教授是关注"新社会秩序"的一批学者之一。他接着说,这种关注正中法西斯的下怀。不过,他希望,对乌托邦的专注仅仅是危险思想中的一段过程,他期待未来少听到类似的言论。"谁能说得准,"他问,"一场精心策划的社会变革会不会像美国的英格兰麻雀和澳大利亚的欧洲野兔那样，只不过是一种祸害？"[28]

在院长看来，1932 年康茨提出的想法既浪费又危险——浪费是因为所有毫无意义的乌托邦都经过精心设计，危险是因为大萧条的影响促使美国人寻求"行动计划"。"那么，"他问道，"谁有一个简洁、易懂而且还具体的行动计划呢？"只有法西斯主义者。[29]而美国需要的是一种中间路线的教育，他认为，这种教育要考虑到民主变革需要时间，不能一蹴而就。说到底，对院长而言矛盾存在于革命与渐进主义、智慧与暴力、自由与奴役之间。[30]

即使在上述的各个阵营中，也还有各种各样进一步的意识形态细分。例如，在康茨教授观点的支持者之中，对于马克思主义分析方法是否适用于 20 世纪 30 年代中期的美国，存在着相当大的争议。因此，进步主义阵营中极其活跃的成员哈罗德·拉格教授断然拒绝将马克思阶级概念作为描述或重建美国社会的工具。在 1936 年的《美国的思想和阶级问题》(The American Mind and the Class Problem)一文中，拉格坚持认为，任何对美国政府的现实分析都将最终证明，是功能性的特殊利益集团，而不是马克思主义的阶级，充当掌控的力量。他总结说，美国人民不应被视为"泾渭分明的对立阶级，而应被视为充满流动性的群体组成的万花筒"。[31]在题为《教师能置身于阶级斗争之外吗？》(Can Teachers Stay Out of the Class Struggle?)的文章中，柴尔德斯尖锐反驳了拉格的说法，并坚持认为，任何对美国生活静态的社会和政治分析都不足以做出有意义的解释。相反，方向和变化的问题是核心。虽然他承认马克思主义的阶级分析并不能完美地描述美国社会，但他确实认为，鉴于美国财富和收入的日益集中，阶级分析是最有用的结构。他总结道，它的真正有效性在于它可以在重建社会的实际任务中发挥作用。[32]

保守派阵营内部也存在重大分歧。例如，院长曾告诫不要不分青红皂白地把自由主义的变革努力和革命策略混为一谈。他的建议赢得了许多人的尊重，虽然这些人仍然强烈反对他的政治观点。然而，引导专业的哈里·基特森(Harry Kitson)教授似乎对进步或"前沿"群体的有效性，甚至是正确性都不乐观。1935 年底，当时餐厅的问题十分严重，在给《教师学院新闻》(Teachers College News)的一封信中，基特森教授对"前沿"阵营的教师学院教授进行了刻薄的抨击。在谈到学院"共产主义活动"的诸多方面时,基特森指责一些教员被社会不公正和邪恶的虚假景象所蒙蔽。"作为美国的前沿思想家,教师学院的高尚人士,应当有能力洞悉这些现象的本质。像现在这样的交流是没必要的。就像一头大象被蚊蝇所困恼,它也只是扇动耳朵,继续做它的事情。"[33]

在各个专业领域中,存在着同样激烈和紧张的争论。例如,与围绕学校社会功能的康茨-小罗素辩论密切相关的,是关于学校管理者的政治角色日益增长的矛盾。乔治·斯特雷耶教授领导着学院管理专业的教授,他相当坚定地认为,学校理事会被赋予了制定政策的立法职能,而学校管理者主要负责执行政策。虽然后者可以自由地提出建议,但如果涉及政策制定,就是越权。[34]

另一方面,杰西·纽伦本人多年来一直是一位活跃的学校管理者,他把斯特雷耶的管理者类型——商业经理类型——归为他所拒绝的四种类型之一,认为四种管理类型不足以满足时代的要求。这样的管理者认为自己只不过是理事会的代理人:他没有创造性思维;他只是执行命令,就像工厂主管执行中央办公室的指令一样。美国教育需要的管理者应该能认识到行政管理是教育和社会统御的一个问题,事实上,应被视作一种社会工程。纽伦理想的管理者是一位良好的组织者和协调者,研习教育、社会以及美国的历史和文化。最重要的是,他以民主的方式开展工作。[35]

斯特雷耶和纽伦之间的基本分歧在于如何有效地培训管理者。在专业期刊中,在协会会议上,尤其是在管理人员的专业培养项目设计中,都可以发现这一分歧。而且,顺理成章地,学院里出现了一些有趣的院系间的分歧。例如,如果学校系统的行政长官仅仅是执行理事会政策的行政人员,那么就需要另一位专家来领导课程的制订工作。为了满足这一需要,课程系,包括教师学院,开始准备承担此职责的领导人选。另一方面,如果行政长官从根本上说是一名社会工程师,他就不得不承担课程领导者的核心职能,并将其融入到自己的领导角色中。这同样适用于各学校。校长只是领导课程负责人工作的首席执行官,还是校长本人就是课程负责人?在这种形式下,这个问题不仅在学院的管理专业的教授中产生了分歧,而且在战后的几年里,教育管理系和课程与教学系之间也产生了持续的差异。

但一个"不幸福的家庭"仍然是一个家庭,它由共同的经验、共同的观点、共同的忠诚和共同的传承联系在一起。的确,如果没有其他情况,一家人应该求同存异。人们不应该从这些有代表性的争论中得出这样的结论:1927 年以后,学院里的一切都是混乱、分歧和冲突。事实远非如此。学院并非某些人想象的那种一元论的机构,在许多方面学院全体教员都能积极达成共识。没有比 1940 年 8 月的黑暗岁月中,作为学院对世界的宣言,发表的《当前危机中的民主与教育》(Democracy and Education in the Current Crisis)这份全体教员声明能更好地阐明这一问题。

其中的六十项民主信条,大胆地阐明了对自由-民主的哲学追求,这种哲学力求在自由和责任之间、在个人和众人的主张之间保持最佳平衡。其中个别条目涉及"全人类的可塑性",对"安全感"的需要,"每个人的最大发展",理性原则,"每个人都能保持自尊并泰然地为其生活的社会作出独特贡献"的权利,"自由表达"意见权,"不受限制结社和集会"的自由,"人权"高于"财产权",信仰自由和政教分离,"通过持续教育焕新民主力量,实现民主的意义和宗旨"。[36]毫无疑问,这些信条几乎得到了全体一致的认同,这充分证明了教师在寻求教育智慧过程中的基本忠诚。

综上所述,我们应该记住,美国在过去三十年中取得许多辉煌的教育成就并非自动长出的天然成果。相反,它们是在开放的教育思想市场中激烈碰撞后取得的来之不易的胜利。教师学院的教师在这个市场中表现出色;每一个重大教育问题的重要方面,都有来自于学院的倡导;并且这些争论所获得的结果,为美国和世界开辟了新的教育展望。

注释

1 *Teachers College Reporting to You* (New York, 1951), p. 6.

2 在哥伦比亚大学教师学院近期结束的一项研究中,梅尔·博罗曼(Merle L. Borrowman)十分重视在此讨论的这一代教育领袖的地理和学术渊源。他认为只要美国人从欧洲借鉴了教育哲学,他们就很容易把与之相关的"实用"技术与教育哲学本身分离开来。欧洲的理论根植于一种陌生的生活体验,往往难以理解,因此借鉴者认为它们过于"累赘"。博罗曼总结道,真正的美国教育哲学正等着去培养一代本土的教育领袖,他们深深沉浸在美国经验的独特传统、思想和实践中。到詹姆斯·厄尔·罗素退休时,正是这样的一代人在教师学院坚守着。Merle L. Borrowman, "The Liberal and the Technical in Teacher Education"

(Unpublished Ed.D. Project, Teachers College, Columbia University, 1953).

3 *Teachers College Reporting to You*, p. 6.

4 New York *Times*, February 25, 1937.

5 同上。

6 *Report of the Dean*, 1937, p. 5.

7 同上, p. 30.

8 同上, p. 5.

9 John L. Childs, *Education and the Philosophy of Experimentalism* (New York, 1931).

10 同上, p. 54.

11 同上, p. 93.

12 同上, p. 107.

13 同上, p. 127.

14 I.L. Kandel, *The Cult of Uncertainty* (New York, 1943), pp. 62 - 63.

15 同上, pp. 98 - 99.

16 同上, p. 79.

17 Quoted in Edgar W. Knight, *Fifty Years of American Education* (New York, 1952), p. 373.

18 同上。

19 William H. Kilpatrick, "The Essentials of the Activity Movement," *Progressive Education*, Vol. XI (1934).

20 同上, pp. 346 - 347.

21 同上, pp. 350 - 359.

22 William C. Bagley, "Is Subject-Matter Obsolete?" *Educational Administration and Supervision*, Vol. XXI (1935).

23 同上, p. 402.

24 同上, p. 403.

25 同上, p. 411.

26 George S. Counts, Dare the School Build a New Social Order? (New York, 1932).

27 同上, p. 55.

28 New York *Times*, February 24, 1937.

29 同上。

30 小罗素院长和康茨教授之间始终相互尊敬且友谊长存,这是"不幸福的家庭"观点的最好例证。甚至在他们争论最激烈的时候,康茨公开感谢了院长对他一如既往的支持和鼓励。参见 George S. Counts, *The Prospects of American Democracy* (New York, 1938), p. viii.

31 Harold Rugg, "The American Mind and the Class Problem," *Social Frontier*, II (1936), 139.

32 John L. Childs, "Can Teachers Stay Out of the Class Struggle?" *Social Frontier*, II (1936),

221 – 222.

33 *Teachers College News*，November 9，1935，p. 2.

34 George Strayer，"Building the Profession of School Administration," *School Executive*，LVI（1937），248 – 249.

35 Jesse Newlon，"Responsibility of the Superintendent for Professional Leadership," *School Executive*，LVI（1937），252.

36 The Faculty of Teachers College，Columbia University，*Democracy and Education in the Current Crisis*（New York，1940），pp. 10 – 13.

第十四章
学生(1927—1953 年)

一位明智的父亲在试图帮助他的儿子选择一所本科学校时,曾就学校手册和信息公报中不对学生群体的特征做很详细的公开表示惋惜,对他而言这是学校最重要的方面。这位父亲的看法很有道理。一所学校的好坏,与其中的学生息息相关,大学历史的研究者必须同时从讲台两侧,即师生双方进行考虑。

持续影响教师学院学生生活和幸福的最重要因素之一,就是学生的绝对数量。当一所大学的所有工作都在一个街区范围内进行时,集中在这个地区的人数会对生活、学习和工作的模式产生很大的影响。入学人数已经在文章的其他地方一再说明,因此此主题之中只需一份简要的说明。1927 年,学院实现了全面发展,此后,注册人数稳定在 7 000 人左右。之后学生人数的波动,无论多么剧烈,更多反映的是时代的状况,而不是学校内部的变化。教师学院招收的学生已经达到了其设施可容纳的最佳人数。

每年数千名学生的加入,使班级规模必要地扩大、注册队伍蜿蜒蜿蜒以及图书馆和食堂门前总是排着长队。学院虽然很拥挤,但运转良好。在 1945 年秋,入学人数空前增多。秋季学期,回国的退伍军人和战时服役过的教师使得入学人数增加到 8 000 以上,在接下来的两年里,人数也不断增加,1947—1948 年人数增长至 9 692。早期学生只是觉得注册的队伍太长。但现在,住宿问题也变得越来越困难,尤其是越来越多的学生拖家带口来到纽约。成百上千名学生住在由废弃的杉克斯军营(Camp Shanks)改建的营地中,它位于哈德逊河上游约三十英里处,每每在通勤时间总能看见学生拼车往返的盛况。有些班级人数众多,不得不在麦克米伦剧院(McMillin Academic Theater)上课。到了 1950 年,入学人数再次下降到正常水平,教师学院片区不会再像蜂巢一样拥挤了。

大多数学生都来自东北部各州,自 1927 年以来,来自该地区的学生比例持续上升;从那时起,南部、中西部和远西部口音的学生比例逐年下降。在 1927—1928 年间,大约 63% 的学生来自东北部,9% 来自南部,16% 来自中西部,5% 来自远西部,7% 来自国外。[1]到 1951—1952 学年,来自东北部的学生比例增加到 83.5%。下降最明显的是来自中西部地区的学生数,从前一年的近 16% 减少到后一年的略高于 4%。[2]毫无疑问,人数下降的主要原因是全国研究生院校和教育学院的增长。今天,几乎所有美国人口稠密地区的附近,都有高级专业教育机构。虽然学院博士项目不断吸引全国各地的学生前来学习,但大批教师跨越半个美国来攻读硕士学位的日子似乎已经一去不复返了。

教师学院研究生生源的地区变化的另一个重要特点,可以从这些研究生的本科院校中发现。人数最多的群体仍然是那些从哥伦比亚大学获得学位的人,在 1927—1928 年间,紧接着的五所重要的学校分别是亨特学院(Hunter College)、纽约市立学院(College of the City of New York)、芝加哥大学(University of Chicago)、纽约大学(New York University)和史密斯学院(Smith College)。[3]十年后,史密斯学院跌至第十三位,芝加哥大学跌至第十四位,取而代之的是布鲁克林学院(Brooklyn College)和福德姆大学(Fordham University)。[4]因此,对教师学院研究生人数贡献最大的六所学校均位于纽约市。1947—1948 年,同样也是这六所高校高居榜首。[5]当人们意识到美国十分之一的教师住在哥伦比亚大学的通勤范围内时,教师学院学生中有极大比例的人来自泛纽约市就不足为奇了。按照目前的趋势,似乎有越来越多的学生都来自这个地区。

修读不超过八学分的非全日制学生,他们的注册数据也支持这一结论。1927—1928 年,这一群体占学生总数的比例略高于 57%。[6]十年后,这一比例上升到超过69%。[7]二战后,凭借《退伍军人权利法案》涌入的全日制学生,比例有所下降,但到了1951—1952 学年春季,这一数字再次回升至近 66%。[8]

1936 年的一项研究对教师学院毕业生的背景进行了描述,其对这一时间段的概括非常准确。这些毕业生拿到学位时,最年轻的四分之一的学生还不到 29 岁,年龄最大的四分之一的学生超过 33 岁,而人数最多的群体年龄在 30 岁到 33 岁之间。[9]与学院早期一样,大多数学生都觉得有必要做兼职。超过42%的受访毕业生表示,在学院期间,几乎所有的开销都是自己兼职负担,10%的学生表示,一半的开支是自己负担的,22%的学生负担了更少的开支。[10] 43%的毕业生在一年内完成了硕士学位的所有学习,43%需要2到5年的时间,剩下的14%需要花费超过5年的时间。[11]

调查问卷中的回答还显示,有相当大比例的学生来自中下阶级家庭,他们的父辈从事商业、手工业或农业工作;只有少数是工人的子女。然而,从另一方面来讲,这些学生很好地代表了美国的整体人口。学生来自全国各地,他们代表了众多不同的种族、宗教和民族。随着各个移民群体开始在美国主流文化中占有一席之地,他们也在教育领域作出了重大贡献;回顾这一时期教师学院毕业班的学生名单,就能很快发现美国人民的异质性(heterogeneity)。

研究生比例在早期不断增加,这一趋势在1927—1928年之后的几年里也没有减弱。在1927—1928年,56%的学生是大学毕业生。[12]到了1937—1938年,有68%的人拥有本科学历,十年后,这一数值上升至82%。[13]到1951—1952年,这一比例达到91%,并且仍在不断上升[14],并且这一年注册的617名本科生中,有413人是护理教育的学生,这些学生主要是毕业于护理学校并正在攻读理学学士学位的女性,还有204人分散在其他13个系中。然而,到1950年,不论是从性质还是外表上看,教师学院几乎在各方面都完全成为一所研究生学院。

各个主要研究领域的相对受欢迎程度反映出多种趋势:对这类培训的普遍需求、教师学院教授的声誉以及学生的构成。1927—1928年,研究生学习的最主要领域是英语,共有261名学生就读,宗教教育有222名学生就读,家政技术紧随其后,有221人就读,而初等教育和中等教育专业的学生人数分列第四和第五。[15]十年后,初等教育成为最受欢迎的专业,有498名研究生,家政技术以392人位居第二,指导专业以356人位居第三,紧随其后的是体育和英语,都有超过300名研究生。[16]在此期间,至少有两种教育趋势可以解释这些转变。一是研究生学位对小学教师的重要性与日俱增;二是指导在教育领域的兴起。然而,我们不应该认为教师学院随波逐流,被这些外部力量简单地影响和重塑。事实上,往往是教师学院本身的创造性引领了这些教育运动。到1947—1948年,有一千多名研究生主修指导专业,1939年,这一专业已扩展成为六个不同的领域,音乐教育的修读人数居于首位,儿童教育以 848 名研究生位居第二,健康和体育教育以 474 人位居第三,职业指导是指导专业方向中最受欢迎的专业,与英语教学并列第四。[17] 在 1951—1952 年,最受欢迎的是儿童教育,包括幼儿教学和大龄儿童教学,共有 568 名研究生,其次是音乐教育、护理教育、小学行政管理和学生人事管理。[18] 如果要从这几个主要专业领域学生人数巨大的波动中,总结出一个趋势,那就是对指导和音乐教育等领域的专家培训需求的普遍增长。促使大量学生修读儿童教育和小学行政管理专业的另一个因素,可能是大多学校系统硕士生薪资的不断提高,这使得许多本来不会继续学业的小学教师,去承担高等学业的巨大经济负担。

除了常规学期在教师学院就读的学生外,还有两个群体的学生也注册了课程:他们是校外班学生和暑期班学生。在 1927—1928 年间,超过 2 180 人在七个州和哥伦比亚特区举办的校外课程中注册入学。这些课程的主要参与者,是从师范院校毕业并希望获得大学学位的女教师。持有学士学位的学生仅占校外班招生的 18% 左右,其余大部分是师范院校的学生,4% 的人只受过中学教育。但这项工作成果的质量显然是值得肯定的,因为将近 80% 的参与者最终获得了大学学分。[19]

在 1929—1930 年校外班的注册学生达到 2 420 人的高峰后,入学人数逐渐下降。在战争最开始的几年里,下降的趋势更为明显。到 1945—1946 年,只剩下两个班级,每个班各有一个工作坊;一年后,学院完全放弃了校外课程。[20] 项目负责人认为,对这类课程的需求已经消失了。当教师赶路去教师学院或其他机构变得很困难,且他们中的大多数只有两年师范院校证书时,这些课程满足了他们的实际需要,但随着越来越多的学生从四年制学位授予机构获得文凭,授课课程(lecture courses)的需求大大减少,而工作坊——教师学院讲师与学校工作人员合作解决当地的问题——的需求则增加了。与传统课程相比,这给讲师带来了更沉重的负担,并且需要耗费更多的时间。事实上,与其说他是讲师,不如说他是学校系统的顾问。在战后的岁月中,校外班课程的负担越来越重,对校园中教师的要求越来越高,当校外班课程的需求也越来越少时,人们决定停止开办校外课程。

这个项目有一个突出的发展,那就是在二战早期就已经将校外班的中心扩展到南方。这一扩展是为了满足黑人教师的需要,这些教师认为自己无法在家乡的专业学校里得到所需的培训。起初，一些人认为有色人种与白色人种之间的关系可能会受到北方大学入侵南方地区的干扰。但在年底，所有实验中的相关人员，教师，学生和当地管理人员，都对他们的工作表示赞赏。一份报告总结道：

> 虽然结果难以评估，但可以举出一些具体实例来说明已完成的工作。例如已经为高中开发了一套完整的核心课程，并将于明年推出。又比如说，对社区进行了全面的卫生调查，并计划在明年采取某些明确的矫正措施。另外，学校调查结果被纳入考虑之中，并将在来年实施这些建议。[21]

教师学院的暑期班获得了当之无愧的声誉。尽管它是学年的一个组成部分，但在许多方面它是独特的。这些学生代表了一个更接近全国情况的群体；与常规课程相比，他们的项目中包含了更多在纽约的游览和远足、更多的音乐会、更多的舞会以及更多的活动。这些项目也包括了更集中的学习。

北卡罗莱纳大学已故的埃德加·奈特（Edgar Knight）教授多年来一直是教师学院暑期班的教员，也没人比他更能把握学院暑期班学生的精神。奈特教授坚决否认暑期学校是一项轻松的项目。他写道：学生"从始至终……都忙碌于一系列任务中……排队付学费、去书店买课本、吃饭、在体育馆找储物柜或是去图书馆找参考书……在办公时间向教授请教问题，以及在学期末与教授们告别。"奈特教授接着说，教师学院"在暑期班期间发展了更崇高的抱负、更大的坚韧性、耐心、审慎和坚毅，比两个学期更多的信念、希望和仁爱"。通过观察，他表明："根据暑期班的要求，迟缓的乡下人从南方的昏昏欲睡中醒来，进入熙熙攘攘的北方，变得机警而敏捷。没有任何其他的教育项目能使他如此迅速和长久地获得时间感和方向感，获得躲避人流的技能。"暑期班取得如此大的成就的一个原因，是学生们"在上下课途中、在走廊、在街角、在冰淇淋店、在餐厅、在地铁，甚至在看电影的时候，都在不断地讨论他们的学业"。所有的暑期班中，教室并不是学生获得知识的场所。大部分有价值的内容都是从远足中习得的，例如"在沉睡谷（Sleepy Hollow）、爱伦坡小屋（Poe Cottage）、唐人街（Chinatown）、在公园或马路边的长椅"。[22]

二战前每年的暑期班,最重要活动之一就是教师学院男士晚宴(Teachers College Men's Dinner)。在课程结束前不久,所有感兴趣的男学生都将前往布朗克斯的贺拉斯·曼男子学校参加美食节。一份典型的菜单包括 1 150 磅的 T 骨牛排及适量的土豆沙拉、新鲜的西红柿、派克面包卷、洋葱片、腌黄瓜,以及哈蜜瓜冰淇淋咖啡、曲奇和巧克力棒作为甜点。[23]《教师学院新闻》记录了 1936 年的那次宴会的故事,反映了当时的情况。其标题如下:第 20 届年度教师学院男士晚宴 500 名学生放下学术身段大快朵颐。这篇文章的开头写道:"上周六 500 名暑期班学生放下学术的体面和所有与餐桌礼仪有关的教育理论,聚集在河谷,参加一年一度的男子牛排晚宴,不用刀叉,不用汤匙,吃了 16 盎司的 T 骨牛排。"[24]这就是教师学院暑期班的精神!

20 世纪初,在斯特雷耶博士的建议下,罗素院长正式鼓励成立院系俱乐部。这些组织成为学生社会生活、学生组织部门和提高专业兴趣的工具,而学生会(Student Council)则继续作为全体学生的代表。在 1931—1932 学年,学生会花费一年中大部分时间来探讨它在教师学院的地位和作用。学生群体从本科生变成了研究生,并且大多数学生现在只在学院居住一年。研究生俱乐部(The Graduate Club)负责指导学生的社会事务,而学生组织办公室(Office of Student Organizations)则承担了学生会许多"信息交换所"的职能。[25]

关于学生会的地位和作用的研究由委员会、师生会议以及定期的学生会会议开展,年底通过了最终报告,其结论如下:

(a) 在理论和实践上,学生会在教师学院中都具有根本地位;(b) 学生会是学生团体可直接接触行政部门也可被行政部门直接接触的渠道;(c) 学生会应更充分地向学生团体通告学生会活动以及学院计划;(d) 学生会的职能不是每年承办某些固定的活动,而更应该合作创造和发展那些能让学生获益的活动。[26]

在次年(1932—1933 年)的首次会议上,这份报告被采纳,并且根据研究结果制定了新的章程。

学生会的活动依旧十分广泛。例如在 1934—1935 年,该组织赞助了一场以学术自由为主题的会议,向纽约立法机构提交了反对《努南法案》(Nunan Bill)的决议,决定就哥伦比亚大学反战示威活动与大学生反战委员会合作,还考虑了在教师学院安装更多自动饮水器的问题。[27]学生会的章程一直有效,直到1948—1949年它被彻底改写,学生会也进行了重组,以便根据各院系而不是各社交和专业俱乐部的代表选举成员。

在学生会的赞助下,学生组织办公室于1973年9月成立,通过管理俱乐部、兄弟会和组织活动来服务学生。多年来,这一重要机构的职能成倍增加。1927—1928年,学生组织办公室发行了《每周公报》(Weekly Bulletin),这是一份关于每周要事的小公告。作为学生会及其所有成员组织的总部,学生组织办公室负责这些组织的财务,为它们提供打字和油印服务。1929—1930年,学生组织办公室开始协助组织安排社交活动,避免日期冲突。在为各组织安排行程的同时,学生组织办公室还负责信件、海报、公告的发布,指南的印制,以及门票的准备和发放。这涉及大量的工作,因为到1932—1933年,共有二十八个活跃组织。到1943—1944年,学生福利和学生组织办公室(Office of Student Welfare and Student Organizations)被并入学生人事部(Division of Student Personnel);如其名所示,它是学生福利主任办公室(Office of the Director of Student Welfare)和学生组织办公室的结合体。除了节省资金和空间之外,这次合并还使得两者之间的合作更加紧密。在战后的几年里,学生生活办公室(Office of Student Life)在贝拉·范·瓦格宁(Beulah C. Van Wagenen)博士的领导下,全面负责教师学院非学术学生生活的组织和监督。学生中心、学生组织办公室、学生咨询服务、宿舍的社交和娱乐项目现在也在瓦格宁博士的管辖范围之内。所有的这一切都是为了帮助学生充分利用时间以及学院的各种服务。

《教师学院新闻》是教师学院史上第一份也是唯一一份全体学生报纸,于1935年9月开始发行。在此之前的几次春季和夏季课程中,学生们进行了一系列的非正式讨论。之后,在学生会的主持下,一个小组调查了师生对学生报纸的看法。学院的各个组织、院系出版了四种小型报刊:《每周公报》刊登官方通知和公告;《社会行动新闻公报》(Social Action News Bulletin)由学生会的一个委员会发布,罗列涉及当代社会问题的会议、小册子、书籍、戏剧和文章;高等学院每月油印一份刊物分发给博士生;而图书馆则发布新购书目的清单。[28]《教师学院新闻》的第一期包括了《每周公报》和《社会行动新闻公报》的内容，其主编表示，希望能在不久的将来将其他两份出版物也含括进来。[29]

《教师学院新闻》第一期于1935年9月21日发行，得到了学生和教师在精神和经济双方面的支持。在发起此事的小组领导下，报纸发行的前六周被视为试验期。在证明了它的价值之后，它被置于学生会的管理之下，不进行任何重大的人员变动。根据最初的社论，报纸在所有问题上的立场都是"进步的"。[30]在它存在的两年中，它在政治上表现活跃，也因此成为了争议的中心。在那段时期结束后，第二年报纸尝试与《哥伦比亚观察家》(Columbia Spectator)合并，以《教师学院论坛》(Teachers College Forum)之名在《观察家》上占据核心版面，但这一尝试以失败告终，教师学院唯一的报纸也随之停办。许多人认为，在专业教育的研究生院里，确实没有学生报纸存在的空间。因此，小罗素院长在给学生会的信中表示，报纸发行的细节和责任对研究生时间的要求与所获得的价值不成比例。[31]其他人则认为，政治问题是这一决定的核心。无论如何，从那时起，学院就再也没有出现过类似的尝试。

在学院的早期历史中，宗教组织为许多课外活动提供了基础。然而，到1926年，学院中几乎没有任何宗教组织在运作。那一年，密歇根大学前校长的遗孀玛乔丽·勒罗伊·伯顿(Marjorie LeRoy Burton)女士被小罗素院长任命为教师学院宗教组织复兴项目的负责人。在接下来的六年里，伯顿夫人积极策划教堂活动，并邀请著名的牧师和教授到学院来演讲，如舍伍德·艾迪(Sherwood Eddy)博士、威廉·亚当斯·布朗(William Adams Brown)博士、哈里·F.沃德(Harry F. Ward)博士、亨利·P.范杜森(Henry P. Van Dusen)博士和保罗·E.谢勒(Paul E. Scherer)博士。[32]当伯顿夫人于1932年辞职时，宗教教育系接管了这项活动，早期强调宗教和伦理利益的社会问题的趋势日益占据主导地位。因此，那一年的首批演讲者有：以"宗教和教育"为主题的小罗素院长，以"宗教和社会变革"为主题的F.欧内斯特·约翰逊(F. Ernest Johnson)博士，以及以"宗教与政治，即将到来的选举"为主题的西德尼·F.戈德斯坦(Sidney F. Goldstein)博士。本学期晚些时候，哈利·F.沃德博士讨论了"文化革命"，而在随后的几年里，约翰·海恩斯·霍姆斯(Dr. John Haynes Holmes)博士、弗朗西斯·J.麦康奈尔主教(Bishop Francis J. McConnell)和莱茵霍尔德·尼布尔(Reinhold Niebuhr)

等人也在教师学院教堂发表了演讲。教堂通过对当前重要主题的持续关注，重建其在战前作为课外项目重要组成部分的地位。[33]

1931 年和 1932 年，学院进行了几项研究，以确定学生们认为最紧迫的问题和需求。毫不奇怪，学生们对经济的关注远超其他所有问题。典型的教师学院毕业生并非来自富裕的家庭，而且他们所从事的职业也并不能保证带来财富。无论以何标准来衡量，他们在大学期间的生活水平都很低。

教师学院是一所私立学校，它的很大一部分资金来自于学生的学杂费。再加上纽约市高昂的生活成本，对于那些不在通勤范围内的学生来说，全日制在学院就读是一项相当昂贵的选择。在 1937—1938 学年，住在宿舍的单身女性平均花费为 1 142 美元。那些住在学校周围带家具的房间或公寓里的人花费减少 42 美元。单身男性，不论是住在宿舍楼或是其他地方，平均花费为 1 050 美元，而住在宿舍楼有家室的学生平均花费 1 792 美元。[34]将这些数据与 1925—1926 年的其他数据进行比较，可以发现学生在纽约市一年的总支出变化不大，但预算范围内某些项目的相对重要性发生了变化。例如，学费增加了，而食品和房租的花销相应地减少了。[35]

1925 年和 1938 年，单身学生的总体平均年度花费约为 1 100 美元。将这一数字与 1953 年期间的数目进行比较十分有趣。1953—1954 年《教师学院公告》（Announcement of Teachers College）指出，一个学生如果完成了全部课程，每学年的学费、住宿费和伙食费平均为 2 500 美元，娱乐、服装和旅行的费用不包括在这一数额内。然而，多年来，学院一直尝试用奖学金和贷款，尽一切努力帮助需要经济支持的学生。

教师学院毕业生都去了哪儿？他们的表现如何？这是克拉伦斯·林顿和约瑟夫·卡特苏拉尼斯（Joseph Katsuranis）针对教师学院校友研究的主题，他们于 1936 年春季获得了公共事业振兴署（Works Progress Administration）的拨款，向所有在 1928 年 6 月到 1935 年 6 月期间获得教师学院学位的毕业生发放问卷。研究发现，大多数毕业生去往大型社区。前往超过 10 万人口城市的毕业生占 38%，前往 5 万到 10 万人口城市的占 9%。[36]研究还发现，在大萧条时期（1936 年），只有大约 5% 的毕业生失业，其中只有略多于 1% 的人认为他们无法立即找到工作。超过 77% 的毕业生在大萧条期间没有失业。约有三分之二的受访者认为，从专业角度而言，他们的就业情况相当令人满意,而另外三分之一的受访者则认为是完全不满意。许多人不得不从事他们能找到的任何工作。[37]尽管他们比一般的美国教师要优秀,但大萧条时期的教师学院毕业生的经济状况和职业发展似乎严重受限。

从 1927 年到 1952 年,学生群体反映了国家和专业教育的不同情况。学院毕业生、有经验的教师以及有实践经验和抱负的管理者都来这里学习、做研究,然后回去为体系化的教育作出贡献。学生留给教师学院最重要和最具特色的东西不在于他们来自哪里,也不在于他们参加了什么课外活动,甚至也不在于他们在那里学习了什么,而是他们将成为美国和世界上许多国家未来的教育领袖。

注释

1 *Report of the Dean*,1928,p. 76.

2 同上,1952,p. 77.

3 同上,1928,p. 21.

4 同上,1938,p. 116.

5 同上,1948,p. 65.

6 同上,1928,p. 77.

7 同上,1938,p. 118.

8 同上,1952,p. 78.

9 Clarence Linton and Joseph Katsuranis, "A Study of Alumni of Teachers College Receiving Degrees, 1928 - 1935," *Teachers College Record*,XXXIX(1938),734 - 35.

10 同上,p. 745.

11 同上,p. 418.

12 *Report of the Dean*,1928,p. 75.

13 同上,1938,p. 115;同上,1948,p. 64.

14 同上,1952,p. 74.

15 同上,1928,pp. 72 - 73.

16 同上,1938,pp. 113 - 114.

17 同上,1948,pp. 62 - 63.

18 同上,1952,pp. 72 - 73.

19 同上,1928,pp. 51 - 52.

20 同上,1947,p. 72.

21 同上,1943,p. 49.

22 Edgar Knight，"It's the People We Meet," *Outlook and Independent*，CLII (1929)，371 –
73；quoted in *Teachers College Record*，**XXXI** (1929)，81 – 84.

23 *Teachers College Record*，**XXIX** (1927)，69 – 70.

24 *Teachers College News*，August 5，1936.

25 *Report of the Dean*，1932，p. 107.

26 同上。

27 *Report of the Dean*，1935，pp. 135 – 136.

28 *Teachers College News*，September 21，1935.

29 同上。

30 同上。

31 *Teachers College Forum*，October 21，1938.

32 Rowena Kesler，"Fifty Years of College Chapel：The Story of Chapel at Teachers College，
Columbia University" (Unpublished typescript in Teachers College Library，dated July，
1940)，pp. 21 – 22.

33 同上，pp. 23 – 24.

34 Harriet Hayes，"Student Life and Welfare at Teachers College，1925 – 38," p. 7,
typewritten.

35 同上，p. 5.

36 Clarence Linton and Joseph Katsuranis，"A Study of Alumni of Teachers College Receiving
Degrees，1928 – 1935," *Teachers College Record*，**XXXIX** (1938)，738 – 739.

37 同上，p. 415.

第十五章
永恒的主题

"这是世界上最强大的教育力量,"《美国退伍军人杂志》(*American Legion Magazine*)的一位作者在 1953 年 6 月评论道,"位于纽约市第 120 街和百老汇大道的交汇处。你孩子的老师在那里接受高级培训……教师学院有 10 万名校友,大约三分之一受认证的美国教师培训学校的现任校长或院长都来自此。它的毕业生组成了我们所有公立学校 20% 的教师。在美国 168 个至少有 5 万人口的城市中,超过四分之一的学校管理者接受过教师学院的培训。这些城市大约有 8 400 万人口,他们的孩子——你的孩子——多达 1 000 万人,每天从上午九点到下午三点,都要接受哥伦比亚大学教师学院的影响。"[1]尽管这一段报道有些夸张,但它体现了一些被广泛接受的观点,展现出教师学院的势力、影响力和崇高的地位。在过去的半个世纪里,是什么使得教师学院在专业教育领域占据主导地位? 对此可以有许多解释,尽管这些解释的提出最多只能是试探的和犹豫的。

毫无疑问,学院的地理位置,以及它与哥伦比亚大学的长期联系,在很大程度上促成了它的实力和影响力。纽约市虽然拥挤、喧嚣并且物价高昂,但是它在许多方面为教育机构提供了无与伦比的环境。这座城市以及周边地区有一流的图书馆设施,其中包括世界上规模最大、价值最高的一些馆藏。同样,纽约还提供了丰富的机会欣赏戏剧、聆听音乐或是参与到造型和绘画艺术之中。在一年的任何一周里,都有成千上万的文化机会供情感丰富的学生们挑选。同时,纽约作为主要的港口和铁路中心,天南海北的人能够相聚于此——这一事实无疑解释了全国各地乃至世界各地的学生前来学院就学的原因。因此,几乎在各个方面,这座城市都展现出一个伟大的创造性思维中心所需的丰富多样的智力挑战、潜力和地理便利。

如果处于城市中心的地理位置为解释教师学院的地位提供了一个重要的线索，那么哥伦比亚大学与教师学院的持续联系也具有重要的作用。这种联系，在多年来的争议和相互的思想激荡下不断发展，学院也因此避免陷入狭隘主义之中，因为狭隘主义往往源于对人类经验单一专业或阶段的专注。学生和教师都从与"第120街对面"①的联系中获益，哥大学术领域的发展常常能够迅速体现在学院理论和实践的变化之中。此外，学院一直是一个私立机构，拥有独立的董事会，这一事实同样也具有巨大的优势。虽然行政部门可能时不时羡慕国立院校有大量的年度预算，但是他们清楚地知道私立身份所带来的实验和创新的巨大自由——这种自由在议会的密切注视下时常会受到削减开支的威胁。因此，小罗素院长在1947年年度报告中很好地阐明了学院的传统："我认为，只有在大城市、私立且与一所伟大大学合作的情况下，才能在当下和未来开展这些项目。"[2]

然而，在别的大城市，其他的教育学院与私立大学也会进行合作。那么在教师学院的传统中，还有什么其他的因素让它变得如此伟大？在回答这个问题时，学院生活中五个持久而突出的主题似乎提供了答案：（1）为培养教育领导者做出特定的努力，同时保持对美国教育基本需求的持续敏感；（2）有意识地在超智主义的斯库拉（Scylla）和反智主义的卡律布狄斯（Charybdis）之间调和学院的思想②；（3）始终从最广泛的意义来看待教育，并将其与美国文明的价值和理想联系起来；（4）不断尝试将民主和自由的概念纳入学院生活；（5）努力建设具有广阔专业视野和能力的男生和女生的学院。教师学院的活力似乎就蕴藏在这五个主题中。

教师学院项目对美国教育基本需求的持续敏感性似乎可以追溯到学院成立的初期。的确，正是这个项目催生了纽约教师培训学院，一个致力于为手工培训这个新学科领域培养合格教师而迅速获得认可的地方。为了应对高中入学人数的快速增长，纽约教师培训学院在创立不久后开始将注意力转向为中学教师进行适当的专业准备。面对入学人数和教师需求的增长，教师学院也积极响应，因为其他机构——主要是国

---

① 哥伦比亚大学和教师学院分别位于第120街的两侧，因此可以说是隔街而望。——译者注
② 斯库拉和卡律布狄斯都是希腊神话中的人物，在现实原型中，斯库拉是位于墨西拿海峡一侧的危险巨岩，它的对面是卡律布狄斯大峡谷，在这两者之间意味着"进退两难"。——译者注

立机构——开始提供类似的培训，并向学院寻求受过良好培训的教学人员。此外，教师学院还为专业学校管理人员开发了教育项目，此项目的毕业生很快取代了以往担任这类职位的行政任命者。同样地，学院任命了美国首位护理教育的教授；直到今天，学院始终一直在"培训"概念长期主导的领域中，追求对专业观念态度的培养。最近，鉴于初级学院（junior college）运动的迅速发展，毫不奇怪，学院的教学专业方向部将注意力聚焦在教师的需要上，以寻求此阶段最有效的教育工具。然而，应该指出的是，对发展的教育需求保持敏感并没有使学院仅仅成为一个做出反应的有机体。学院的实验室和示范学校有许多创新之举，这些创新后来成为美国教育界普遍接受的实践——也因为这个原因，当公众对教育不满时，常常将教师学院作为攻讦的对象。

学院如何能够持续保持对真正教育需要的灵敏嗅觉？多年来对这一问题的思考迅速地反映在学院领导层的品质上。毫无疑问，确定和探索教育前沿的远见在很大程度上植根于历任首席领导者的深谋远虑之中。巴特勒、赫维和罗素希望对教师进行严格的、多方面的专业教育；小罗素对自由社会公民教育提出设想；卡斯韦尔提出一个不断扩大的教育研究项目的构想，使得该专业的每一个成员都能持续地参与——这一直是探索有价值的未知教学和研究领域的指导方针。通过加强教职人员与行政人员之间的持续合作，通过不断努力了解和评估各界对教育的意见，学院得以开拓教育前沿领域，推动教育发展。虽然不可避免地会出现一些错误的判断，但项目整体始终具有足够的灵活性，能够从错误的开端中恢复过来，并转向其他更有成效的方向。

将学院的专业理论和实践扎根于良好的学术研究，展现了教育领导力的另一个推动力量。在罗素担任院长的早期，他就指出了学术专长（academically-minded specialization）和专业专长（professionally-minded specialization）之间的差异。区别在于这些工作的最终目标：前者在研究中获得成果；后者在实践中取得成就。然而，实际上，将两者进行区分是出于分析的目的，但是这种做法并没有在学院的经验中完全得到支持。教师学院的经验更多强调的是两者的综合，而不是其中之一。因此，一方面，全体教员多年来似乎一直谨慎地将自己的构想扎根于当时最好的学术思想，同时又花费巨大的精力积累哲学、历史学、社会学、心理学和公共管理学的知识。另一方面，教师们一直致力于教授一切成功教育者需要知道的内容。比如说，罗素最喜欢的一句话是,如果外科医生需要缝合伤口,那么医学院就需要教他们如何缝合伤口,这和毕业学分或者缝合是不是一门真正意义的"公认"学科毫无关系。他指出的专业教育学校的意义是显而易见的。回顾教师学院的传统,我们可以看到,学院一直努力达成这两种承诺——进行最好的实践和开展最严谨的研究,这使得学院在其领域中一直处于领军地位。并且,学院通过教授们同时保持对这两个信条的忠诚获得了很多活力。

基于对广阔的教育的灵敏嗅觉,学院为更广泛的项目铺好了道路,并未狭隘地局限于学校教学的方法和技术中。学院诞生于一场教育年轻女孩如何承担起家庭生活的责任的运动之中。特别是在世纪之交之后,它迈入了新的领域,它始终关心如何培养有用的公民。而公民权利义务的获取基于教师学院极其宽广的背景。例如,小罗素院长在 1947 年的年度报告中宣称:"学院创始人的真正目标包括改善人民的生活,尤其是贫困者和年轻人;包括利用教育作为地方和国家重建的手段;包括达成国际理解与合作;也包括保护人民的自由,防止教育被政府作为党派和政党的工具而被曲解。"[3] 1927 年罗素退休后这一宗旨持续存在,这之后院长的一系列报告有力地证明了这一点。在他们看来,教育并不单单是传播事实,也不只是传授简单的技术。相反,它被视为一种具有广泛影响力的社会工具,在维护自由和维护奴隶制方面都具有巨大的力量。

也许正是在这方面,教师学院始终面临着一个最大的挑战。乔治·康茨在 1929 年首次发表的论文中指出了这一点,[4] 他认为,全面的教师教育观必须考虑从婴儿期到成年期所受到的多种教育对人类的影响。因此,一所真正的教育学院不仅要有教师学院,还要有亲子学院、宗教教育学院、新闻学院、图书馆服务学院、戏剧学院、展览和远足学院、娱乐学院和成人教育学院。从那以后,在控制人类思想的强大工具的发展之下,可能出现在康茨玩笑中的那些思想都完全被掩盖,尤其是在极权主义国家。教师学院创造新思想和实践的沃土在非学校的教育机构的前沿之中。

将民主融入学院生活的努力是过去四分之一世纪的中心主题。然而,这一尝试在很久以前就开始了,当时罗素在普鲁士意识到,一个民族所接受教育的种类以及数量,是决定一个国家的社会和政治制度的因素之一。它也开始于罗素餐桌上的非正式会议,这些会议在分歧和辩论的考验下,制定了政策,达成了共识。它同样开始于对贫困人口持续的担忧,开始于对世界各地人民日常生活改善的关心。因此,不同肤色、不同信仰、不同国籍的学生源源不断地涌入教师学院。

然而,鉴于这些重要的起源,民主行政的实际发展更大程度上是 20 世纪 30 年代的产物。它产生于大萧条带来的探索性分析,根植于那些尝试将民主原则应用于教育管理和课程建设领域的先锋教师们的思想中。一开始它的进展缓慢,但随着道路越来越清晰,进展便快起来,教师学院在二十年里朝着成为一个协调良好的教师管理团队迈进了一大步。在整个过程中,通过深思熟虑和实验,学院所追求的管理手段,应该始终有助于加强而不是扼杀所有重要教学项目的发展和运作。

与追求民主管理紧密相连的是一种深深的自由信仰,并且这种自由信仰始终与教师的工作联系在一起。在这种自由的基础上有一个基本的原则:这个专业所面临的基本争议是并且将永远是严谨学术研究的合适主题。因此,在学院里,经常能听到人们对一些充满挑战的问题进行全面、公开的讨论,这些问题经常影响到教育工作者的工作,但由于担心它们的"爆炸性",这些问题很少在公众场合被提及。的确,正是这些分歧导致全体教员在 20 世纪 30 年代被贴上了"不幸福的大家庭"的标签,这些分歧也最为有力地证明自由所带来的学院氛围是健康有益且富有创造力的。

最后,教师学院始终都是由人组成的,它的领导者也一直非常清楚这一事实。当巴特勒、赫维和罗素开始引领一门新的专业学科的发展时,没有明确的界限,没有整齐的专业分工,也没有既定的学术兴趣。这并不是找人来担任教授职位的问题,因为教授的职责是众所周知的;而是要寻找有能力的教育家,自己创造一门学科的方法和内容。因此,先驱者的个人品质是学院挑选的依据,然后他们被给予规划和发展各自专业的工具。

时至今日,在先驱者的努力之下,界线变得更加分明,但这一依据在精神上依旧继续发挥作用。可以肯定的是,他们被选中是因为他们的学术和专业能力;但这种对人本身的强调一直存在。能够在教育研究的广阔领域中无拘无束地进行探索正是基于这一永恒主题在学院的延续。在许多情况下,最初进入学院从事特定专业研究的教授,现在已经敢于进入教育前沿的新专业领域;毫无疑问,尽管教育的大部分领域已经确立,但知识探索和自由冒险的精神仍然盛行。

几代学生的生活证明,学院是由人而不是由规章制度组成的。1936年,学生会课程指导委员会(Student Council's Curriculum-Guidance Committee)的宣言认为,学生群体的成熟度和专业能力使其成为美国高等教育中的一个独特群体,这一论断一直受到教师和管理层的赞赏。很少有院校如此严格地把"真正的学生需求"作为指导方针;同样,也只有在很少的学校中,学生能经常成为教授真正的专业同事。这些政策方针,虽然时不时地被称作"溺爱"和"手把手",但毫无疑问,多年来它们对提升教与学关系的质量起到了不可估量的作用。

　　因此,可以说,教师学院生活中的这五个永恒主题,为学院成为对教育拥有极大影响力的机构打好了基础。当然,还有其他的解释,但这丝毫不会减少这一遗产作为当前工作本钱的价值。另一方面,过去的历史积攒了丰功伟绩,同时也遗留了一些长期存在的问题。上述讨论的主题给学院带来了力量,应对过去遗留问题的能力也为学院的进步扫清了道路。这样的问题有很多,但当下需要处理的有三个:(1)长期以来的财政问题;(2)学院培养竞争对手"让自己出局"的持续性问题;(3)保持教学项目平衡的问题。

　　学院近年来没有哪一份年度报告是不以某种方式指出需要增加财政收入来维持学院的众多事务的。私立的身份赋予了教师学院一些重要优势,也使它付出了代价。为了使学院独立于每年的慈善捐款,罗素院长在其任职的早期,将学费提高到可以用培养项目营利的程度。这一举措不仅达到了目的,还使得学院学费收入的比例突然大幅上升,并且从那以后,这个比例持续保持增长。

　　如今,学院近90%的费用都来自于学费。虽然这种情况保持了该机构的财政独立性,但也引发了一些极为紧迫的问题。例如,一种常见的风险可能会存在:学院会为了"接地气",努力使那些能吸引最多学生的培养项目成为核心项目。关于标准的所有问题不断被提及,学院为了在质量和财务日益紧迫的需求之间取得恰当的平衡,不懈地努力着。随着博士项目——高阶专业教育最昂贵的阶段——的巨大增长,这个问题只会越来越严重。

　　奖学金和助学金的问题也一直十分严重。学院一直没有足够的资金来吸引一些高质量的学生,这些学生如果没有财政帮助根本无法完成学业。许多接受高等教育的人已经有了庞大的家庭,这一事实使得完成学业愈加艰难。例如,在 1952—1953 学年间,助学金和奖学金委员会(Committee on Fellowships and Scholarships)审查了数百个富有热情且极具能力的学生提出的经济援助请求。他们手头只有不到五万美元;尽管有超过一百笔拨款,但对于一个像教师学院这样规模和重要性的机构来说,这个数字可以说是少得可怜。

虽然发展项目针对这一问题提供了有效的解决办法,但无疑还需要其他手段的帮助。寻求解决方案可能会继续对教师、管理人员和学生最富创造性的注意力产生负担。回顾 1949 年财务总管洪加特(Hungate)敏锐的观察或许会有很大裨益,他认为,困难在很大程度上在于美国一直不愿慷慨支持高阶的专业教师教育。解决教师学院财政问题的新方案,将很有可能必须等待一项基本的再教育项目,来改变这种过时的观念。

人们常说,医学工作开展得过于成功,就等于把自己置于破产的境地。同样的观点也适用于教师学院。每当教师学院成功地引入一些新的理念或实践,并准备让有能力的领导者来传播和实施,这种创新很快就会被纳入其他专业机构的课程设置中。的确应该如此。然而,这一模式似乎总是使学院陷入思想的开拓和游牧主义(nomadism)中,看到邻居的黑烟将成为前进的动力。尽管艰苦的跋涉很有趣,但永远存在道路错误或思想虚浮的危险——这种创新看似硕果累累,但充其量只是昙花一现的风尚或幻象。在过去的半个世纪里,人们似乎没有理由悲观地认为尚未开发的领域正在迅速缩小,每一个经过卓有成效探索的领域,都揭示了它在知识上仍有等待开发和探究的广阔新天地。现在,对这个问题的单一解决方案似乎是行不通的:培养项目的升级。当大量的其他院校开始提供高质量的学士学位课程时,教师学院在硕士学位课程方面处于领先地位。当类似的发展出现在硕士阶段时,教师学院正在扩大其教育博士项目的设置。现在,当越来越多的教育博士项目在州立院校开设时,博士后领域似乎很难有更大的发展了。相反,就像 1936 年的《沃森-劳埃德-琼斯-科特雷尔报告》和许多后续研究所敦促的那样,学院的未来在于它不断发现、探索和富有成效地开拓教育未知领域的能力。

最后,还有一个一直存在的问题,就是如何在学生项目中保持平衡。上文已经说过,教师学院最大的优势之一是它不断地努力将其专业调查、理论和实践扎根于最好的严谨研究和调查的结果之中。这种努力也反映在保持学生项目的广泛、全面和平衡的持续尝试中。然而,可以预料,有些势力从一开始就反对这一工作。随着教育工作者越来越需要专业培训,学校里有一些团体坚持认为学生绝大多数的学分都应该来自于主要领域。另一些人热衷于培养出未来能够履行其职责的毕业生,倾向于以牺牲掉博雅、通识教育的代价,去强调技术的教学。毫无疑问,还有一些人走到另一个极端,在理论研究的热情中,他们忘记了学校对培养能够实际执行工作的专业人员的承诺。在这方面,学院的传统优势——保持技术和博雅之间平衡——给未来造成了负担:在不断变化的专业需求与不断变化的研究和学术发现之间保持平衡。这样的负担在招生、标准和要求等方面都造成了持续的问题。毫无疑问,教师学院所建立的民主程序将有助于这一目标的实现。

这就是回顾学院五十年历史传承所带来的机遇和挑战。如果,就像一直主张的那样,对未来的每项判断也是对过去的判断,那么那些将在未来影响教师学院生活的人——学生、全体教员、行政人员、职员和董事——有必要着眼于评估和评价,对这一传统进行反思。各种迹象表明,他们将发现这是一种丰富和宝贵的资源,可以用来应对未来的挑战和问题。

注释

1 *American Legion Magazine*,LIV(1953),22 – 23.
2 *Report of the Dean*,1947,p. 9.
3 同上。
4 George S. Counts,"What Is a School of Education?" *Teachers College Record*,**XXX**(1928 – 29),647 – 655.

译后记

　　与《黄金时代：哥伦比亚大学教师学院史》的相遇非常偶然。2017 年的春天，我正在哥伦比亚大学教师学院（下简称 TC）访学，我的导师莱斯克（Nancy Lesko）教授时任课程与教学系主任，同时也是 TC 的 Maxine Greene 教授[①]。在和她交流时，我们聊起了 TC 建立了全美第一个课程与教学系，并在这一学科建立中的贡献。聊完后，我在 TC 的罗素图书馆中进一步查找相关档案，并写了一封邮件给图书馆了解相关资料的查找问题。没想到，图书馆的研究人员很快就回复了我一封很长的电子邮件，中间有相关历史资料的介绍和获取路径，并附上了几本书籍资料的章节内容扫描件，其中一份就是《黄金时代：哥伦比亚大学教师学院史》的相关内容。在感慨 TC 图书馆工作人员的专业以外，我也按图索骥地获取了这一本书的全文并认真阅读。

　　全书从 19 世纪末美国巨大的社会转型背景开始，描绘了 TC 从慈善机构前身到教师培训学校的成立，再到大学学科建设和国内国际影响力的形成的过程。全书以 1927 年为界限，将近 70 年的机构发展分为上下两篇，分别从学院的理念、重要人物、教学建筑、经费收入、附属学校、学生群体、科研机构、教职员团体等内容展开，以全景式的方式，呈现教师学院的各方面的发展与演进。这本书描绘的不仅仅是一个高等教育机构发展的个案，而且是美国教育学科建立和发展的缩影，可以说是描绘了美国乃至世界教育学科发展的"黄金时代"。

　　在出国前选择访学单位时，我毫不犹豫地选择了 TC。原因有几个方面，其中之一是我在攻读博士学位期间，已经在西海岸的加州大学洛杉矶分校（UCLA）学习一年，

---

① 这是哥伦比亚大学教育学院给予优秀教授的荣誉头衔。

因此非常希望有机会能领略东海岸藤校具有古典气息的学术氛围。而另外一个原因，则是 TC 本身的魅力。这里产生过桑代克、杜威、孟禄、克伯屈等知名教育学者，这些学者的名字在美国教育史上乃至世界教育史上闪闪发光，他们促进了 TC 乃至美国整个教育学科的发展。同时，这里也孕育了中国知名的教育学者和改革者，郭秉文、蒋梦麟、张彭春、陶行知、陈鹤琴、郑晓沧等都毕业于此。这些早期的 TC 毕业生回国后，基本奠定了中国现代教育的形态与制度，开创了中国教育学科的建设。因此，对于中国的许多教育学者，TC 就如同教育学科"圣地"一般的存在，有机会来学习自是一件荣幸的事情。

来到 TC 的每一个人，在进入正门后都会被墙上的一句话吸引。这是教师学院知名教授杜威写于 1897 年的一句话："I believe that education is the fundamental method of social progress and reform."（我相信，教育是推动社会进步和改进最根本的方法。）从其慈善机构的前身就可以看到教师学院的理念和精神，社会责任与关怀是一代代哥大教师学院人的价值追求和实践取向。和美国其他高校一样，教师学院的教学楼也都是以学校知名人士的名字来命名的。熟悉教育理论和教育学者的人自然能知道这里的桑代克大楼（Thorndike Hall）、贺拉斯·曼大楼（Horace Mann Hall）是为了纪念谁。但当我初来教师学院时，我却不知道格蕾丝·道奇大楼（Grace Dodge Hall）、罗素大楼（Russel Hall）、梅西大楼（Macy Hall）是为了纪念谁以及他们对于教师学院的意义。虽然后来在与学院师生的交流中知道了这些人是"曾经的院长"、"曾经的捐赠人"、"曾经的创建者"等，但直到我阅读完这本书，我才明白这些闪耀的名字在教师学院发展历史中的重要作用。正是他们在各自的专业领域中披荆斩棘，一往无前，各展所长，推动了一所慈善机构转型成为纽约市的教师培训学校，又在与哥大的合作中推动学术学科建设，使其蜕变为一所奠基现代教育学科建制的高等学府，并成为全美教育研究与教育人才培养的中心，持续推动学校教育转型、学术进步与社会发展。区别于一些高等教育机构只专注学术理论的建设，TC 是全美学校教育改革的"心脏"，它以最新的教育理念和理论培养了大量的教育专业人才。毕业后，这些新式的教育人才进入到全美各州的教育学院和教师学校，并以 TC 为建设模板，在全国建立起"TC式"的教师培养机构。全美的教育研究者、督学、教育部门管理者、教师等都毕业于 TC

或是 TC 毕业生建立的教育学院或教师学校,教师学院因此也在全美建立了巨大的 TC 学缘网络,并源源不断地提供教育科学理论和实践范式。

阅读《黄金时代:哥伦比亚大学教师学院史》时,我时不时会感动于学院蓬勃发展的生机,先驱者们勇往无前的探索,学院师生砥砺前进的勇气。虽然随着社会的转型,局势的影响,学院在发展过程的不同时期中遇到不同的挑战与困难,但 TC 始终不改促进教育发展、促进社会进步的初衷,并随着留学生的回国,在世界范围内建立起更庞大的 TC 网络,传播先进的教育理念。也正因此,我萌生了将这本书介绍给国内读者的想法。

2018 年回国后,因出国一年有所耽误的工作立刻填满了我的时间,翻译这本书的计划也曾一度搁置。直到 2019 年的暑假我又一次拿起一直放在书桌上的这本 TC 史重读,书中文字间那种开创新时代的力量让我重新开始考虑翻译这本书。很感谢华东师范大学出版社的王冰如编辑,她很肯定我翻译这本书的想法;也很感谢华东师范大学出版社的孙娟编辑,她负责了整本书的文字编辑工作,并对译稿提出专业细致且具有建设性的意见。在书稿翻译过程中,许多国内外前辈给予了我很大的支持与肯定,并提供了非常宝贵的建议与意见。其中威斯康星大学麦迪逊分校的托马斯·波普科维兹(Thomas Popkewitz)欣然为本书做了序言。特别感谢单中慧老师对书名提出的宝贵的修改意见,单老师建议将 Teachers College 译成"师范学院",这也是惯常的译法。我最终翻译成教师学院,主要是希望读者能认识到它不仅仅是教师培训机构,更是推动教育学科科学化发展的机构,希望凸显其学科发展的价值和贡献。我很感谢我的研究生杨依林与我共同翻译此书,还有李玥忞、吴雅娟、严天怡为此书的校对做了很多工作。上海纽约大学叶明武老师还为本书提供了相关照片。由于书稿内容跨越历史较长,涉及重要人物、学校管理、课程培养方案、学科建设、物理环境,内容较为全面,而本人才疏学浅和行文仓促,在翻译过程中出现的文笔疏漏,还请读者多多指正。

何珊云

2020 年 8 月于浙江大学紫金港校区